本书为云南省哲学社会科学项目
"河口起义研究"（项目编号YB2013047）的结题成果

本书由红河学院学术著作出版基金资助出版

红河学院
HONGHE UNIVERSITY
学术文库丛书

戊申年（1908）河口起义研究

范德伟 著

中国社会科学出版社

图书在版编目(CIP)数据

戊申年（1908）河口起义研究/范德伟著.—北京：中国社会科学出版社，2016.12
ISBN 978-7-5161-9579-6

Ⅰ.①戊… Ⅱ.①范… Ⅲ.①辛亥革命—研究 Ⅳ.①K257.407

中国版本图书馆 CIP 数据核字(2016)第 325570 号

出 版 人	赵剑英
责任编辑	王 琪
责任校对	胡新芳
责任印制	王 超

出 版	中国社会科学出版社
社 址	北京鼓楼西大街甲 158 号
邮 编	100720
网 址	http://www.csspw.cn
发 行 部	010-84083685
门 市 部	010-84029450
经 销	新华书店及其他书店

印 刷	北京明恒达印务有限公司
装 订	廊坊市广阳区广增装订厂
版 次	2016 年 12 月第 1 版
印 次	2016 年 12 月第 1 次印刷

开 本	710×1000 1/16
印 张	15.5
插 页	2
字 数	254 千字
定 价	59.00 元

凡购买中国社会科学出版社图书，如有质量问题请与本社营销中心联系调换
电话:010-84083683

红河学院学术文库
编委会

《红河学院学术文库》总序

甘雪春

红河学院地处红河哈尼族彝族自治州州府蒙自市，南部与越南接壤。2003 年升本以来，学校通过对高等教育发展规律的不断探索、对自身发展定位的深入思考，完成了从专科到本科、从师范到综合的"两个转变"，实现了由千人大学向万人大学、由外延扩大到内涵发展的"两大跨越"，走出了一条自我完善、不断创新的发展道路。在转变和跨越过程中，学校把服务于边疆少数民族地区的经济社会发展、服务于桥头堡建设、服务于培养合格人才作为自己崇高的核心使命，确立了"立足红河，服务云南，辐射东南亚、南亚的较高水平的区域性、国际化的地方综合大学"的办学定位，凸显了"地方性、民族性、国际化"的办学特色，目前正在为高水平的国门大学建设而努力探索、开拓进取。

近年来，学校结合区位优势和独特环境，整合资源和各方力量，深入开展学术研究并取得了丰硕成果，这些成果是红河学院人坚持学术真理、崇尚学术创新，孜孜以求的积累。为更好地鼓励具有原创性的基础理论和应用理论研究，促进学校深入开展科学研究，激励广大教师多出高水平成果和支持高水平学术著作出版，特设立"红河学院学术著作出版基金"，对反映时代前沿及热点问题、凸显学校办学特色、充实学校内涵建设等方面的专著进行专项资助，并以《红河学院学术文库》的形式出版。

学术文库凸显了学校特色化办学的初步成果。红河学院深入实施"地方性、民族性、国际化"特色发展战略，着力构建结构合理、特色鲜明、创新驱动、协调发展的学科建设体系，不断加大力度推进特色学科研究，形成了鲜明的学科特色，强化了特色成果意识。学术文库的出版在一定程度上凸显了我校的办学特色，反映了我校学者在研究领域关注地方发展、关注民族文化发展、关注边境和谐发展的胸怀和视域。

学术文库体现了学校力争为地方经济社会发展做贡献的能力和担当。服务社会是大学的使命和责任。学术文库的出版，集中展现了我校教师将科研成果服务于云南"两强一堡"建设，服务于推动边疆民族文化繁荣、提升民族文化自信、助推地方工农业生产、加强边境少数民族地区统筹城乡发展的追求和担当，进一步为促进民族团结、民族和谐贡献智慧和力量。

学术文库反映了我校教师在艰苦的条件下努力攀登科研高峰的毅力和信心。我校学者克服了在边疆办高等教育存在的诸多困难，发扬了蛰居书斋、沉潜学问的治学精神。这批成果是他们深入边疆民族贫困地区做访谈、深入田间地头做调查、埋头书斋查资料、埋头实验室做研究等辛勤耕耘的成果。在交通不畅、语言不通、信息缺乏、团队力量薄弱、实验室条件艰苦等不利条件下，学者们摒弃了"学术风气浮躁，科学精神失落，学术品格缺失"的陋习，本着为国家负责、为社会负责、为学术负责的担当和虔诚，展现了追求学术真理、恪守学术道德的学术品格。

本次得到学校全额或部分资助并入选文库的著作涵涉文学、经济学、政治学、教育学等学科门类的七部专著，是对我校学术研究水平的一次检阅。尽管未能深入到更多的学科领域，但我们会以旺盛的学术生命力在创造和进步中不断进行文化传承和科技创新，以锲而不舍的精神和舍我其谁的勇气攀登科学高峰。

"仰之弥高，钻之弥坚；瞻之在前，忽焉在后"，对学术崇高境界的景仰、坚韧不拔的意志和自身的天分与努力造就了一位位学术大师。红河学院人或许不敢轻言"大师级"人物的出现，但我们有理由坚信：学校热爱科学研究的广大师生一定能继承发扬过去我们在探索路上沉淀的办学精神，积蓄力量、敢于追梦，并为努力实现"国门大学"建设的梦想而奋勇前行。当然，《红河学院学术文库》建设肯定会存在一些问题和不足，恳请各位领导、各位专家和广大读者不吝批评指正，以期帮助我们共同推动更多学术精品的出版。

2013 年 10 月

前　言

　　1908 年 4 月 30 日（农历戊申年，光绪三十四年四月一日），中国同盟会在云南河口发动了震惊中外的起义。起义的领导者主要有三人，即黄明堂、关仁甫、王和顺。黄兴也曾一度现身河口，但不到 3 天即离开。起义得到驻防清军的响应，队伍从二三百人迅即扩大到四五千人，乃分三路北上，进抵蛮耗、白河桥、古林箐一线。因饷弹不继、清军大举反扑等原因，革命军于 5 月 26 日（四月二十七日）放弃河口，转战于中越边境地区，直到数月后被法方缴械遣散才告失败。这就是现在通说的河口起义。

　　这样的解释简明扼要，但当时的历史显然要复杂得多。仅就其"震惊中外"这一说，今人似乎就难以想象。要知道，这次起义能够被孙中山列为"十次起义"之一，能够为辛亥革命留下浓墨重彩的一笔，是值得深入研究的。

　　为研究河口起义，梳理相关史料和前人研究是必不可少的工作。

　　一　前人研究综述

　　前人对河口起义的研究，可以从以下方面来研判。

　　第一，对河口起义这一历史事件的记述，以国民党党史专家冯自由和邹鲁的著作[①]影响最大。冯自由、邹鲁均为国民党元老，身兼革命的亲历

---

　　①　冯自由著《中华民国开国前革命史》上、中编，在 1928 年初版，随后不断著文编辑为《革命逸史》出版，到 1948 年出版到第 5 集，《革命逸史》第 6 集完成但未出版，1981 年北京中华书局才以"内部发行"形式在删除他人撰写的序言和题词后，将 6 集全部出齐，2009 年新星出版社推出新版。笔者所使用的仍旧是中华书局版，其第 5 集第 140—154 页为《戊申云南河口革命军实录》。冯自由另外还著有《中国革命运动二十六年组织史》等书；邹鲁著《中国国民党史稿》在 1929 年由上海民智书局初版，后补充增订再版，达 200 万字，1944 年乃节略为 30 万字之《中国国民党史略》，由重庆商务印书馆出版。1989 年，上海书店推出《民国丛书》，影印民国重要书籍，将《中华民国开国前革命史》、《中国国民党史稿》等纳入其中，笔者所引用的为此影印版。

者、记录者与研究者等多重身份。1928 年，冯自由初版其《中华民国开国前革命史》（上中编），次年邹鲁亦初版其《中国国民党史稿》四篇。两人的书中均对河口起义列有专章——《中华民国开国前革命史》是"第四十八章　戊申河口之役"，《中国国民党史稿》是第三篇（甲）之"第十六章　戊申云南河口之役"——做比较系统、详细的叙述。此后，冯自由仍旧笔耕不辍，一是续其《中华民国开国前革命史》下篇，二是为《逸经》文史半月刊撰稿。抗日战争时期他将二者编辑为《革命逸史》分集出版，到 1948 年出版到第 5 集，稍后完成的第 6 集因政局变动未能出版。1981 年，北京中华书局才以"内部发行"形式在删除他人撰写的序言和题词后，将 6 集全部出齐。2009 年，新星出版社又推出新的完整版。在《革命逸史》第 5 集中，冯自由将原来的"戊申河口之役"改名为"戊申云南河口革命军实录"。

冯自由、邹鲁的叙述之所以影响大，是因他们自己所叙述的历史事实具有实录性质，他们亦自称他们的记录是来自当事人。如邹鲁在修订《中国国民党史稿》时说："本书增订所据之材料，除亲自主持者来件及著者本人所知之者外，其他材料，必另询与事件有关系之人证实，始敢采用。"[①] 冯自由则称："本书材料搜集二十余年，无一字无来历。除著者躬亲参与者外……防城镇南关钦廉河口诸役事实，系得自黄克强王和顺黄明堂诸君。"[②] 因此对他们的著作，也可以看作是综述亲历者、知情人的回忆。而且，他们的著作中，还有河口起义主要领导人黄兴、黄明堂、王和顺等人的传记[③]，有助于读者拓展了解相关原委。

第二，河口起义亲历者留下的口述或文字回忆，有四人是很有分量的，他们是孙中山、胡汉民、关仁甫这三个革命党领导人，还有率清军镇压起义的贺宗章。孙中山的历次回忆，后人已辑为《革命尚未成功——孙

①　"凡例"，邹鲁：《中国国民党史稿》第 1 篇，上海书店 1989 年据重庆商务印书馆 1945 年版影印，第 2 页。

②　"本书大意"，冯自由：《中华民国开国前革命史》上编，上海书店 1990 年据中国文化服务社 1946 年版影印，第 8 页。

③　《革命逸史》第 2 集有"南军都督王和顺"目，《中国国民党史稿》则有"黄兴传"、"黄明堂传"目。

中山自述》① 一书。胡汉民有《胡汉民自传》② 传世，关仁甫则述有《革命回顾录》③ 一文。贺宗章，字竺生，湖南安化人，时为云南省自治总局副局长，因有剿平蛮河三点会的经验而受委南防营务处提调，统率清军之西路攻蛮耗，与中路之临安知府王正雅，和东路之开化镇总兵白金柱合围河口。1920 年，他以"己巳居士"为名，与"次者未山道人"（吉仙觀）一起，在上海书坊印发记述自己经历见闻的《幻影谈》一书，约 8 万余言，其中有关记述颇有参考价值。④

　　第三，河口起义的史料，最重要的也是最原始的，是同盟会和清政府当时的函电报告。同盟会方面只留下了两份报告起义情况的函件，是 1908 年 5 月 7 日和 13 日胡汉民从河内两次致孙中山的报告书。5 月 7 日的报告书，冯自由、邹鲁在记述河口起义之后均附有，孙中山曾将此报告书转发给池亨吉、邓泽如等人，这几处的文字虽然略有出入，但内容并没有改变。⑤ 5 月 13 日的报告书，冯自由以《戊申胡汉民上孙总理续报告云南河口军务书》为题，编入《革命逸史》第六集，并加按语于前："此文为戊申（民前四年）五月自越南河内机关部，继续上孙总理关于云南河口军务之报告书。系用胶印版亲笔复写二三份，内有一份寄香港同盟会保存，余以中国报时遭警吏搜检，先后将各密函焚毁，此函乃藏于香港某商号旧箱件之故字堆中，去年以无意中发现，函录之以供有心革命史者之参考。"⑥ 因时局动荡，1948 年《革命逸史》前五集出版后，第六集未及时出版，

---

① 朱正编：《革命尚未成功——孙中山自述》，湖南出版社 1991 年版。

② 《胡汉民自传》，大陆方面在中国社会科学院编的《近代史资料》第 45 辑（1981 年出版）收录；台湾方面由传记文学出版社 1982 年出版单行本。

③ 查关仁甫口述之回忆录，根据玉金等人的《关仁甫革命事略》一文注释判断，最初应该是 1939 年发表在桂林的一份期刊《逸史》第一卷第二、三号上，由龙振济记录，题为"关仁甫四十年革命回顾录"，龙并发表《关仁甫访问记》一文。笔者几经访寻，也未找到该杂志及该文。但中国人民政治协商会议全国委员会文史资料研究委员会编的《辛亥革命回忆录》第 7 集（中华书局 1962 年版）中，有关仁甫口述之《革命回顾录》一文，从 1906 年讲起，虽不是回顾录的全文，但河口起义及部分相关事件已在内。

④ 贺宗章《幻影谈》一书的介绍及有关篇章，收录在方国瑜主编的《云南史料丛刊》第 12 卷，云南大学出版社 2001 年版。

⑤ 孙中山《致池亨吉函》（1908 年 5 月）所转胡汉民 5 月 7 日的报告书，见广东省社科院历史研究室、中国社会科学院近代史研究所中华民国史研究室等合编《孙中山全集》第 1 卷，中华书局 1981 年版，第 371 页。

⑥ 《戊申胡汉民上孙总理续报告云南河口军务书》（1908 年 5 月 13 日），载冯自由《革命逸史》第 6 集，中华书局 1981 年版，第 193—196 页。

直到 1981 年才由中华书局出版。清政府方面留下的档案资料不少，相关
奏折、谕旨、电文、照会等，1957 年公布的有 80 多份[①]；1984 年 7 月
《云南档案史料》第 7 期以《河口起义前后的清政府与法帝国主义》为题
发表的有 50 份；《历史档案》2011 年第 4 期以《光绪三十四年云南河口
起义档案》为题发表的有 26 份；2012 年出版的刘萍、李学通主编的《辛
亥革命资料选编·第一卷·反清革命》上册，收录由金字整理的《锡良镇
压河口起义来往电文选》53 份[②]；其他还有发表的，如《中华民国史档案
资料汇编·第 1 辑·辛亥革命》、《锡良遗稿·奏稿》中所录锡良电稿，前
叙除重复部分，仍旧有百余份。

　　第四，当时的报刊所做的报道也有重要的参考价值。当时报道过河口
起义的报刊，除了外国的报刊，如法国人、英国人、日本人的报纸之外，
华文的主要集中在新加坡的《中兴日报》、香港的《中国日报》和上海的
《申报》、《神州日报》、《东方杂志》等报刊。这些报刊距今已经百余年，
查找并不容易。笔者查到了《中兴日报》、《申报》、《东方杂志》等报刊，
文字多有模糊不清之处，特别是《中兴日报》，只能算是勉强可识认，笔
者只能尽量保其大意不致出错。

　　第五，与河口起义直接关联的法国，也留下了不少的原始档案资料。
其外交部和陆军部的相关档案，经法国史学家白吉尔教授提供复印件，由
李莉翻译后纳入了章开沅、罗福惠、严昌洪主编的《辛亥革命史资料新
编》第 7 卷[③]，成为研究中法围绕河口之役交涉的重要史料。另外，控制
中国海关的外国人在当时往来的函电，对于河口起义的情况也有提及，这
些资料也是原始的，很有参考价值。海关的资料卷帙浩繁，其中已整理出
来的《中国海关与辛亥革命》主题鲜明，翻译收录了辛亥革命前后云南、
广西各海关中有关中国革命的函电。

　　第六，对于河口起义的历史叙述，笔者所见比较早的，是 1913 年 1 月
出版的《东方杂志》第 9 卷第 7 号大增刊所载的《十年以来中国政治通
览》，这是该杂志为"刊行十季之纪念"而推出的纪念增刊，其中第 7 至

---

　　①　《云南河口起义清方档案》，载中国史学会主编中国近代史资料丛刊《辛亥革命》（三），
上海人民出版社 1957 年版，第 269—320 页。

　　②　金字整理：《锡良镇压河口起义来往电文选》，载刘萍、李学通主编《辛亥革命资料选
编·第一卷·反清革命》上册，社会科学文献出版社 2012 年版，第 142—177 页。

　　③　章开沅等主编：《辛亥革命史资料新编》（7），湖北人民出版社 2006 年版。

8 页是如此记载河口起义的：

> 当孙等之攻镇南关也，并遣其党人往云南之河口运动，潜师于边界者百余人，散于车路一带、冒为工人者二百人。清军暗约反正者颇众。适党人之在法界者为清吏侦知，诬以劫案，牒法吏拘之。革党遂即时起兵。时戊申三月二十九夜二时也。当时警察闻警，即杀其管带以应，但仍巡视河口如常。革军攻汛营。其一部先降，一部犹战，不敌，其督办为革党所杀，亦降。遂据河口，并占四炮台。革军复劝告附近之清军来降。降者日众，达五千人。分三路进兵：一溯红河，攻蛮耗，为西路；一由车路攻古林箐，趋开化，为东路；一直攻蒙自，为中路。黄兴由海防入河口督师。滇督闻警，即出省驻通海县，调集营队，分三路进兵：一集蒙自，由大路进为中路；一由开化西南出墨湾之后，为东路，途中不与革军遇，径抵河口近地，大路之革军还攻之，不克；一从霸洒西南距河口三十里之上村，进逼河口，为西路。成三路合围之势。西路清军，败革军于田房，薄霸洒，驻蛮耗。中路清军，入三岔河，攻老范寨。东路清军与之会合，攻车河地，复大小南溪。至四月二十七，西路清军遂入河口。革军退入法界。[①]

此段叙述起义之始末，简明扼要，且"潜师于边界者百余人"是胡汉民 5 月 7 日报告书中的字句，似已看到胡的报告。唯文中提及的河口起义的领导人只有黄兴，可以认为是当时黄兴名声太盛之影响。到冯自由、邹鲁等人的著作，才提及黄明堂、关仁甫、王和顺等人物。

冯、邹之后的有关辛亥革命史、国民党党史、中国近现代史等述及河口起义的论著，无不以冯、邹为参考。由于涉及的论著较多，恕不能在此一一列举。

在诸多论著中，以马竹畦的《河口之役见闻录》所述最详。马竹畦（1895—1967）是蒙自人，家道殷实，受过良好教育，河口起义发生时在蒙自读高等小学堂，有目睹耳闻之体验，又曾按照老师布置访问退役的参战弁兵，后曾长期从事地方史志编修工作，受治史方法训练。他撰写的

---

① 伧父：《十年以来中国政治通览·上篇·通论》，《东方杂志》第 9 卷第 7 号大增刊，1913 年 1 月版。

《南防光复回忆录》发表于 1962 年全国政协推出的《辛亥革命回忆录》第
3 集；《河口之役见闻录》最初发表于 1982 年红河州政协文史委员会所编
的《红河州文史资料选辑》第 1 辑之上，1991 年《云南文史资料选辑》
第 41 辑删其"尾语"后加以收录；1999 年《蒙自文史资料》第 4 辑又以
《滇南革命见闻录》为题收录此文。从该文的内容来看，既有其亲历亲闻
的成分，也有参考贺宗章、邹鲁的著作以及清方档案的地方，因此文中提
及的人物最多，战事最详，许多分析非常精辟，但也有失之偏颇处。该文
的硬伤，一是将王和顺与张德卿视为两人，没有弄清楚张德卿只是王和顺
的化名；二是说黄明堂阵亡，这可能是他综合两方面材料而做的误判。这
两方面材料，一则是其文末提到的云南陆军讲武堂华侨学生梁德芳亲述自
己参加河口起义事，曾述及黄明堂阵亡；另一则是依据光绪三十四年四月
二十三日云贵总督锡良致军机处请代奏电，该电转述王正雅禀报，说及阵
毙革命党王和顺的副头目黄东成时，特意说明"该匪目最称狡悍，去年匪
袭镇南关炮台时，闻即伊首先冲锋，兹经阵毙，匪为夺气"[1]，便以为此处
黄东成即黄明堂。[2]至于在马竹髯之后，1991 年发表在《河口文史资料选
辑》第 1 辑中的《河口起义》一文，则不仅将王和顺与张德卿误认为两
人，且说张德卿在老范寨"负伤后壮烈牺牲"[3]，想是后来不见有张德卿的
记录而设想的结果了。

　　在辛亥革命史研究的众多著作中，以金冲及与胡绳武合著的《辛亥革
命史稿》第二卷（上海人民出版社 1985 年版）、云南省历史学会编的《云
南辛亥革命史》（云南大学出版社 1991 年版）、王玉芝等人著的《滇越铁
路与滇东南少数民族地区社会变迁研究》（云南人民出版社 2012 年版）三
书最有代表性，对河口起义的准备、发动、进兵、撤退全过程，均有论述
和评价。近期对河口起义的研究论文，以笔者的《黄兴与云南河口起义》、
《越南华侨与戊申云南河口起义》、《关仁甫与云南河口起义》、《戊申云南

---

　　①　《光绪三十四年四月二十三日云贵总督锡良致军机处请代奏电》，见《云南河口起义清方
档案》，载中国史学会主编中国近代史资料丛刊《辛亥革命》（三），上海人民出版社 1957 年版，
第 303 页。
　　②　马竹髯：《河口之役见闻录》，载红河哈尼族彝族自治州政协文史资料委员会编印《红河
州文史资料选辑》第 1 辑，1982 年版，第 84—106 页；中国人民政治协商会议云南省委员会文史
资料研究委员会编《云南文史资料选辑》第 41 辑，云南人民出版社 1991 年版，第 210—227 页。
　　③　陈鹤龄整理：《河口起义》，载河口县政协文史资料委员会编印《河口文史资料选辑》第
1 辑，1991 年版，第 218—223 页。

河口之役革命军都督考》等几篇论文较为前沿。这些文章依据所发掘的史料，对黄兴、关仁甫以及越南华侨在河口起义中的史实进行了爬梳，提出了黄兴对河口起义失败没有太大影响，关仁甫也是河口起义中的革命军都督，越南华侨对河口起义做出了巨大贡献和牺牲等观点，还考证了冯自由记述中的个别错误。笔者还以《丁怀瑾（石僧）早期事迹考》一文，否定了丁中江在《北洋军阀史话》中说的丁怀瑾策动河口起义的说法。此外，陈元惠的论文《1908 年河口起义与中法交涉》（《云南民族大学学报》2011 年第 4 期），勾勒出了河口起义中的中法交涉的史实。

笔者发现，河口起义中仍旧有一些问题值得继续深入研究。譬如，河口起义中的胡汉民是什么角色；河口起义主要领导人黄明堂、王和顺、关仁甫都曾经是会党头目，他们之间的关系如何；河口起义与会党的关系；河口起义与 1903 年的周云祥起义的关系；河口起义与清朝的军队（旧军、新军）的关系；河口起义与滇南土司和少数民族的关系等。笔者希望通过河口起义这个窗口，揭示晚清时节云南红河边疆的情况。河口起义中涉及复杂的边疆民族问题、外交问题、革命问题、移民问题、现代文明冲击问题，还有清政府治边策略与统治危机的问题。研究这一系列问题，不仅对边疆历史的丰富和完备具有重要意义，对边疆的管理和建设也有现实参考意义。这就是笔者选择继续研究河口起义的意义与价值所在。

二　本书的研究框架

本书在前人研究的基础上，进一步发掘档案资料和当时的报刊资料，从政治史与军事史、全局历史与地方历史、内地与边疆、国防与外交、革命与华侨、革命与少数民族、革命领袖与部属等多个维度，试图全方位研究河口起义。

本书的框架和内容主要如下：

第一章：河口，为什么会是河口？本章实际上是对河口起义的历史背景进行交代。河口位于云南省红河哈尼族彝族自治州东南端，因南溪河从此处汇入红河而得名，与越南的老街（又称保胜）隔河而望。1869 年，刘永福的黑旗军占领保胜作为根据地，始开拓河口。随着红河水道的繁忙，河口迅速成为重要的交通枢纽。中法战争后，越南成为法国殖民地。随着中法依约开蒙自为商埠、勘定边界、调整机构、设置对汛、议修铁路等活动的展开，河口从开化府安平厅的辖区，迅速擢升为驻蒙自的临安开广道直属的对汛副督办之一，蒙自海关也在此设分关。此时，中越边境多会党、游勇活动，他们与清政府的边防军多有交集，河口亦不例外。红河航运就处在三点会势力的影响之下；后来成为河口起义领导人的关仁甫、王和顺、黄明堂均为会党、游勇的头目。王和顺为广西天地会反清运动的重要人物之一，关仁甫则为河口一带三点会的四大头目之一。1903 年，河口地区的三点会被清政府镇压，关仁甫逃亡越南，开始接受孙中山的革命影响。

第二章：粤桂滇边的革命风潮。孙中山流亡海外成为中国革命的领导人后，他一方面在华侨中宣传鼓动，另一方面密切关注国内会党的反清运动，认为会党是反满革命可依靠的力量。粤桂滇边风起云涌的天地会反清运动，越南华侨对革命的热心赞助，深深影响着孙中山。在争得法国在一定程度上的默许和支持后，孙中山从"急于聚人，利于接济，快于进取"三方面考虑，将同盟会发动革命的首义之地转向华南，并致力于经营粤桂滇三省。1907 年 3 月，孙中山率胡汉民等人，到越南河内甘必达街（Gambetta St，越南独立后改称陈兴道街）61 号设立革命军的总机关部，策划在三省多地同时发动起义，打开革命新局面。但孙中山的计划部署未毕，而各地起义已接连发动，次第有了许雪秋潮州黄冈之役（5 月），邓子瑜惠州七女湖之役（6 月），王和顺钦州、防城之役（9 月），黄明堂、关仁甫的镇南关之役（12 月），但均遭失败。由于清政府抗议，孙中山被法方驱逐出越南而转赴新加坡，"将经营粤桂滇三省军事付托黄克强、胡汉民二人代理"。按照孙中山的规划，黄兴、胡汉民又相继促发钦廉上思之役（1908 年 2 月）和河口之役。

自从孙中山到河内建立革命机关致力粤桂滇边革命，清政府就密切关注。大致来说，清政府在河口起义前采取的防范措施主要有这几方面：密切关注革命党动态、饬令各地军警防范和缉拿革命党人、要求法国方面派军警驱逐在越南的革命党、要求加强对滇越铁路路工的查验和违禁物品的查缉、组织当地居民编练团练等。

第三章：河口起义的经过。1908 年 4 月 24 日，关仁甫从老街入河口，在一旧军官家劫掠到 3000 两银子，暂时解决了发动河口起义的经费问题，但此事亦使清政府名正言顺地照会法方，要求协助缉匪。法方对清政府要求缉拿革命党人多置若罔闻，但对属于刑事方面的劫案没有理由拒绝，遂派军警查禁老街革命机关所在地，缉拿关仁甫等人。与革命党有联系的军警闻讯，极度恐慌，因为他们准备响应起义的所有情况均在关仁甫掌握中。军官熊通、黄体良担心事泄，"决意速举"。胡汉民得知此严重情况，亦急催黄明堂等迅速发动起义。而法方在确认关仁甫为革命党的身份后将之释放，关仁甫允诺当立即发动。1908年4月29日（光绪三十四年三月二十九日）深夜，关仁甫、黄明堂、王和顺率百余革命党人从老街攻河口，潜伏的革命党人士，被策动的河口防军、警察当即按约定起事，其余军警多数投降。革命军相继击杀警察局长蔡正钧、河口副督办王镇邦，夺取了河口，宣布建立革命机关，由关仁甫任云贵都督，黄明堂为南军都督，王和顺为总司令，又发布对外宣言和安民告示，就地因粮筹款，并开庆功会论功行赏。胡汉民闻报，一方面请求孙中山速筹"十万金，分半先为粮食之用，分半预为子弹之补充"，另一方面又想方设法催促河口革命军乘胜北进，攻蒙自、个旧等处，迅趋昆明。从5月2日开始，革命军兵分三路北进。西路由关仁甫率偏师沿红河而上，攻取新街、蛮耗；中路由王和顺率主力顺滇越铁路而上，直抵白河，因清军已由开化府源源不断而来，王和顺又分兵为东路攻古林箐。同时，因钱粮不继，王和顺对继续进军缺乏信心。胡汉民颇感不满，又无可奈何。孙中山亦筹款唯艰，心急如焚。恰在此时，在钦廉上思起义转战多日而声名大著的黄兴退入越南。在胡汉民力荐下，孙中山电令黄兴速往河口出任云南国民军总司令，指挥北进。黄兴根本无法指挥职位上比他还高的黄明堂等人，"知此辈降军，乃为利禄而降，非深明大义者，殊不足以为革命基本队伍"，意识到当务之急是建立一支听命于自己的核心队伍，以之作为督战队强迫其他部队进兵。于是，他赶回河内，胡汉民却责备他"轻离军次"，只好再往河口，被法方扣留驱逐。

河口发生的起义，使清政府从朝廷到云南地方当局都感到惊惧，也深感棘手。这不仅仅因为事发突然，也因河口是被革命党袭占的第一个边关口岸新兴的城市，是滇越交通的孔道，这里有引领云南现代化的海关、邮政、电讯、火车、机船、洋百货；还因为革命党中居然有洋人，革命党有外国支持的背景。清政府军机处、外务部和云贵总督在处理这件事上，从核实情报、对法交涉到拨筹饷械、用人进兵均有功效，可圈可点。尤以依据多个双边条约对法国施压颇占外交优势，还有云贵总督锡良调拨开化镇总兵白金柱、临安府知府王正雅、云南补用同知兼任南防营务处提调贺宗章分统三路大军，由白金柱总统去迎战革命军，做得也很迅速。经过20

多天的鏖战，革命军被迫撤出河口，向东沿中越边境转战。清军遂于 5 月 26 日收复河口。

第四章：河口起义的善后事宜。面对清军大兵压境，胡汉民知道起义已无获胜希望，开始从事善后工作。胡汉民说："余此时之任务，乃在收残败之局。党员之因此被拘者，必须营救之；即诸散卒无所归者，亦必设法资遣。"但在 6 月底胡汉民离开越南的时候，被法方拘禁的大多数人仍旧没有获释，从河口撤退的革命军也还有数百人在中越边境地区转战。大约在 9 月底，在中越边境转战的最后一批革命军 200 余人，在梁正礼调停下向法军缴械。至此，先后被法方拘禁的革命军将士，保守估计在 1600—2000 余人之间。他们可能享受到了法国人让他们自愿选择去留的待遇，其中到新加坡的有两批共 600 余人，其他的则应该是分批分散到柬埔寨、老挝或南圻去安置。而到新加坡的 600 余人的安置问题，也曾令孙中山颇感为难，幸在新加坡侨领张永福、陈楚楠等人努力下，开办"中兴石山公司"加以安置。

清政府的善后事宜，比之革命党方面，除了庆祝胜利、奖励军功、抚恤伤亡等外，更面临恢复秩序、整顿边防、稳定边疆、杜绝后患等一系列内政外交的难题。清政府也做了许多努力，尤其是在对法国的交涉方面，因清军越境击毙法军的飞龙（Pha—Long，又译为芭龙、普隆）事件，使清政府陷于被动。此事成为清廷调离锡良的一个因素。锡良很宽慰自己在调离前已将这些难题处理好，但他没有想到，河口驻军的生活问题并没有有效地解决，在他走后没有多久，同样在河口，没有革命党鼓动，驻军自己起来反抗，酿成了 1909 年底的马使克兵变。

第五章：河口起义的影响。先是从各地对河口起义的报道与响应，论及当时越南华侨、新加坡《中兴日报》、留日中国学生、西方媒体对河口起义的报道情况，还有以云南留日学生为主的响应情况。再是从同盟会革命和清政府统治的双重视角，重新审视河口起义的意义和影响。主要结论是：发生在 1908 年的云南河口起义，是孙中山领导的"十次起义"中规模最大、持续时间最久的一次起义。清政府从云南地方到中央都深感震惊和忧虑，但清政府也通过镇压河口起义，争取了边疆少数民族上层的支持，并通过外交手段，使法国放弃了对中国革命党的支持和同情，暂时消解了滇南边疆内外交迫的危机。孙中山也从河口起义中吸取教训，将发动会党与策动清军作为革命力量的策略，转变为致力于策动清政府的新军。

而河口起义时在日本留学的云南学生中的革命党人，聚会声援起义，以非凡的方式宣布云南独立，开创了宣布革命的新方式，使宣布独立成为辛亥革命时的普遍做法。

为了让读者对河口起义的过程有个简单明了的认识，在书后附有河口从 1869 至 1909 年之间的大事记。当然，照学术著作的一般做法，应该尽可能罗列所参考过的文献，只是又担心被指是拿来充数，故只是罗列出所征引过的文献。

三　本书的价值定位

本书是以前人的研究为基础而对河口起义进行的深入研究，是第一次全方位研究河口起义的成果。河口起义并不是一个单纯的地方性事件，在中国革命史、中国近代史、中外关系史中都占有一定的地位。本书以河口起义的背景、发动、经过、结果和影响为主线展开，涉及河口城镇形成、中越关系、中法关系、滇南边疆民族情况、清政府的治边方略、同盟会的革命方略等诸多方面，既可以说是河口、红河州乃至云南省地方历史的研究成果，也可以说是革命史、边疆史、清史研究的成果。本书严格遵守学术规范，研究态度和方法力求严谨，所叙述的史实和论据都有明确出处，所征引的资料和所得出的结论，能经受学术同行的挑剔和批评。

作为严谨的学术研究著作，本书主要是揭示以河口起义为中心的历史事实，帮助读者认识当时中国边疆社会面临的内外交迫的种种危机，认识爱国的正当性和革命的正当性在具体的行动上并没有那么简单。本书研及的相关历史人物，诸如孙中山、胡汉民、黄兴、关仁甫、黄明堂、王和顺等革命党领导人，还有清政府的锡良、白金柱、贺宗章、王正雅等文官武将，并非脸谱化的非红即白的人物，而是有血有肉、各有所思所想的历史人物。这对还原这一段被逐渐淡忘的历史，唤起人们关注地方社会、了解其中的历史会有许多助益。当然，对于到河口旅游的人们，也可以作为一种有意义的阅读材料。

需要说明的是，现在通称的河口起义，是基于革命史的叙事而言的，从名称上已赋予它为义而起的正义性。相比之下，清政府将河口起义者视为"革匪"、视为"逆党"，称其作乱，则是基于当时的官方视角。非官方的媒体往往称这些人为"革党"或"革命党"，表现出一定的中间立场。作为历史研究的叙事，脱出革命史的视角，本应该称之为"河口之役"，因为这样的称谓是中性的，而且是革命党和清政府双方都采用过的。只是考虑到现在诸多的文献、教科书，提到此役时都称为河口起义，以致说河口之役时，许多人反而不知何指，笔者只好随波逐流，还是称之为河口起义。但须简单说明，笔者在研究叙事时，有意识地站在事件之外来审视，淡化感情倾向，只求将事件从多重角度看到的面相揭示出来，使之尽可能接近真实的情况。

　　唯限于作者水平，难免有诸多遗漏错误之处。恳请各位专家和读者不吝赐教！

目　录

第一章

河口，为什么会是河口？

为了理清河口起义的前因后果，须先了解其时代背景。而欲了解其时代背景，不得不从河口这个城市的形成及其口岸地位的确立开始说起。

河口是一个两广移民会聚而成的城市，其形成始于刘永福黑旗军的开拓。

中法条约体系的构建使河口成为水陆交通枢纽及商贸口岸，其边防地位亦为之凸显，提升为直隶临安开广道的对汛副督办。

河口乃至整个中越边境地区会党麇集。会党、游勇与清军密切关联，不断发动或参与民变、兵变，严重威胁到清政府在各地的统治。1903 年，清政府以武力镇压了河口地区的会党，但会党势力仍旧残存。

第一节 河口口岸的形成

一 河口概况

河口县位于云南省红河哈尼族彝族自治州东南端，东经 103°23′—104°17′，北纬 22°30′—23°02′之间，属热带季风雨林温热型气候。其地势呈阶梯状，北高南低，渐向东南倾斜，以县城河口镇为中心，沿红河、南溪河向东北、西北方向作扇形扩散，南北纵距 57.5 公里，东西横距 90.75 公里。这里山峦起伏，最高海拔 2354.1 米，山区占全县总面积的 97.76%，河谷平坝仅 2.24%，最低海拔即县政府所在地河口镇，仅 76.4 米。全县东北与文山壮族苗族自治州马关县接壤，西隔红河与金平苗族瑶族傣族自治县相望，北靠屏边苗族自治县，南与越南社会主义共和国老街省相邻，国境线长 193 公里。①

这个总面积 1332 平方公里、人口 10 万出头的县，辖河口、南溪 2 个镇，桥头、瑶山、老范寨、莲花滩 4 个乡，是红河州最小也是最后设置的县。

河口县因县城所在地河口镇而得名，这里距省会昆明约 450 公里，距州府蒙自市约 150 公里（蒙河铁路长 141 公里），距越南首都河内约 300 公里。这里是南溪河汇入红河的地方，"河口"的本意应该是指两河汇合之口，即合口，但被记为河口而流传至今。

红河，又称礼社江、元江、富良江，是中越两国的国际性河流。它发源于大理巍山县无量山北麓，汇集多条支流，沿红河谷断裂带，从西北向东南滚滚而下，在与横贯而来的南溪河交汇处，形成一个倾斜的"卜"形。南溪河北岸有中国在此形成的集镇河口，南岸则有越南集镇老街（保胜）。这两集镇的形成，均与红河航运密切相关。红河与南溪河交汇处的海拔仅为 76.4 米，这意味着从此往下 508 公里注入北部湾的红河干流高差只有 76.4 米，比较适宜航运。从老街至安沛 166 公里，因河谷较窄，只有 100—200 米，又有礁石、浅滩，枯水期只能通 20 吨船，洪水期可通 100 吨船；安沛至越池段长 109 公里，可通 100—300 吨船；越池至河内段 46 公里，可通 500 吨船；河内至海防 165 公里，可通 700 吨级的船舰。②而从河口溯流而上，红河干流在红河州境内有 240.6 公里，高差已达 251.6 米。大多数的船，到达海拔 157 米的蛮耗，已达极限，蛮耗距离河口只有 97 公里。再往上，落差更大，到红河县的曼车渡口，海拔已达 259 米。一般而言，从蛮耗以上，船已难以航行，只有在流经坝子的平水段才能通船。尽管如此，在滇越铁路通车以前，红河航运一直是红河州最主要的对外交通线。进口货物从越南海防经河口入境运抵蛮耗，再用骡马驮运 60 公里至蒙自，即可转运内地。出口货物也是从蒙自驮运至蛮耗，装船运抵河内或海防。

---

① 见百度百科"河口瑶族自治县"，http：//baike.baidu.com/link？url=0zgTu8mT4M5LhqWc bedJd8-fZzcAlv7YxakknaqPQLF7pSozlGKiXjR1r272xNwd。

② 云南省地方志编纂委员会总纂：《云南省志》卷 33《交通志》，云南人民出版社 2011 年版，第 605 页。

二　黑旗军与河口、老街市镇的形成

河口镇的形成在老街之后，与老街只是一河之隔。老街，又被译为老开（云南方言，街的音为 gāi，谐音为 kāi），现在是越南的一个省，原来叫保胜，其地处红河水运的枢纽。红河虽然是一条古老的水路交通要道，是云南出海最近的一条通道，但河口与老街的枢纽作用很长时期并没有引起中越官府的重视。鸦片战争后，鸦片种植在云南越来越普遍。商人们发现从广东贩运海盐由红河入云南，再把云南上好的鸦片贩运到广东是利润丰厚的事。于是往来的商人特别是广东商人越来越多，他们在保胜聚居形成一集市。因与当地山区的土著苗族、瑶族时有冲突，商人们武装自保，一个被称为"何公""何伯爷"的广东人何均昌，趁机凭借武力控制了保胜，成为商人的保护者，他设置关卡向过往客商征税。越南政府无力过问，商人们也不敢反抗。

当时正值太平天国被镇压之后，清政府调集大军镇压在广西多地蔓延的天地会反抗势力。广西的天地会难以立足，纷纷逃避越南。其中有一大一小两支势力，都把目光盯向了保胜。

大的一支由黄崇英统领，他是一个适应能力比较强的人，为与当地比较强悍的白苗人搞好关系，他自称盘轮四，表示自己与盘姓的白苗是一家，事实上他在白苗中也确实有影响力。[1]"黄崇英占踞河阳地区，手下有兵数千人；他的几个兄弟也分别率数千人占踞其他地方，他同时还不断召集和联络其余陆续败退入越的广西农军残部，形成一股与越南政府对抗的割据势力，从而成为中越两国政府共同追剿的对象。"[2] 因黄崇英打的旗帜是黄旗，称为黄旗军。

小的一支由刘永福统领，暂以六安州为落脚点，有六七百人，打七星黑旗，称为黑旗军。

说起来，黄崇英和刘永福都曾经是当初颇具声势的天地会领导人吴亚终（又为吴亚忠）的部下。吴亚终的父亲吴凌云于 1861 年在广西太平府建号"延陵国"，1863 年被清军击杀，吴亚终退守归顺州（今广西靖西

---

[1]　广西壮族自治区通志馆编：《中法战争调查资料实录》，广西人民出版社 1982 年版，第 23 页。

[2]　廖宗麟：《抗法名将刘永福》，广西人民出版社 1991 年版，第 30—31 页。

县）坚持反清斗争。刘永福在 1866 年率 200 余人投奔吴亚终时，黄崇英已经是吴部的主将，但吴亚终也很看重刘永福，决定将自己的妹妹许配给刘永福。退入越南后，吴亚终被广西提督冯子材率领的清军越界追剿，于 1869 年败亡，余部多追随黄崇英。在吴亚终退入越南前，刘永福所率的 300 余人，已经以筹集粮饷为借口脱离吴部先期入越，有另谋出路的打算。刘永福选择的是争取越南政府承认其合法地位的路，接受了越南政府封赏的基层小官"百户"，队伍壮大到六七百人。刘永福因六安州的地盘太小，将发展的目标指向保胜。

　　1869 年夏，刘永福向保胜进军。何均昌难以对抗，遂向黄崇英求援。早有夺取保胜打算的黄崇英正愁找不到出兵机会，见何均昌求援，大喜过望，立即出兵。刘永福自知难以力敌，转而送厚礼表示愿意追随黄崇英。黄崇英没有理由拒绝，并认为自己实力远超刘永福，也想将黑旗军纳入自己帐下。刘永福乘黄崇英不备，突然发起攻击。黄崇英一败涂地，退回河阳，何均昌亦不知去向。刘永福占据了保胜。此后十多年，保胜成为刘永福的根据地。刘永福一面配合中越两国政府攻打黄崇英等部农军，收编归降者壮大自己队伍，接受越南政府授予的兴化保胜防御使官职；一面在保胜等地设官收税，招徕各方客商，与土著居民搞好关系，并让黑旗军垦荒种植，保证自己的给养。据知情人回忆称："保胜原来都是竹笪屋，街道很小，黑旗军来后才开大街。黑旗军都是两广人，什么都会做，自己烧砖砍木起屋，筑了一条街，有两三百间砖瓦屋。""听说黑旗军到时，河口这边还没有房屋""黑旗军到河口，一面建房子，一面开荒种东西。从河口往上，直到峒平、北山、坝沙一带，沿红河两岸都是黑旗人开的田地。"①据《河口县志》记载："清朝同治九年（1870），河口名为汛防，实际只有十数个老弱残兵戍守，数十户船工在烂泥塘结茅而居。从保胜过河至烂泥塘来往不便，刘永福命黑旗军在红河与南溪河汇口的三角洲上盖了一些房子，动员烂泥塘的居民迁来居住，从此红河边出现了一条小街，用渡船与保胜相往来。"黑旗军在红河与南溪河汇口处盖了房子，军民杂住，形成河口街的雏形。②

---

　　①　广西壮族自治区通志馆编：《中法战争调查资料实录》，广西人民出版社 1982 年版，第 23 页。

　　②　河口瑶族自治县地方志编纂委员会编：《河口县志》，生活·读书·新知三联书店 1994 年版，第 249、1 页。

三　法国开拓红河水道与黑旗军

这时期，红河的水运比以前热闹许多，主要原因是法国人发现并致力开拓这一条水道。法国从 1858 年侵入越南，就一直在寻找到云南的便捷通道。最初他们看好澜沧江—湄公河。1866 年 6 月，法国人占据湄公河三角洲，派出探险队沿湄公河进入云南，他们发现湄公河浅涧多滩，不适合航运，但"在云南他们从中国官员和法国传教士那里获得了连接云南与东京红河的水路的最有价值的资料。因此，法国把到中国西部的路径的兴趣从湄公河转移到了东京"①。此处的东京，即越南的河内。湄公河探险的结果虽然令法国失望，但接任探险队领队的弗朗西斯·加尼尔（Marie Joseph Francis Garnier，即安邺）意外地找到了从云南顺长江而下的通道，并乘船直下汉口，与法国商人堵布益（Jean DuPuis）相遇。堵布益对红河航道很感兴趣，就动身前往云南。但因云南处在杜文秀起义的战争中，他只能待在云南府等候时机。1871 年 2 月，堵布益答应向正筹谋镇压杜文秀起义的云南提督马如龙提供军火，终于可以南下探路。他一路沿马帮路线进抵蛮耗，见有大民船在河上行驶，便乘船直达河内。他为此行找到红河航道而兴奋，即赶回法国，向海军大臣陈述红河水运的便利，得到支持后率 170 余人，分乘数艘船舰，于 1872 年 10 月从香港启航前往河内，后因红河水浅，换成民船继续上行，于 1873 年 3 月 4 日到达蛮耗，弃船步行 12 天抵昆明，将军火交付马如龙后，原路返回河内。② 堵布益找到的这一条通道，主要的点是昆明—蒙自—蛮耗—海防。昆明到蒙自，有从通海、建水线抵蒙自，也可以从宜良、开远到蒙自，各需约 10 日。"蛮耗在蒙自城南七八公里，合一三五华里，日程二日。蛮耗至河口，水程百余公里，约二百华里左右。由蛮耗至海防需时七、八日至半月；由海防逆流至蛮耗需时约一月。"③ 这样，昆明与越南海防之间，快只需要 20 余天，慢也只需 40 天。这是当时云南最便捷的出海通道。

---

① ［英］D. G. E. 霍尔：《东南亚史》（下册），中山大学东南亚历史研究所译，商务印书馆 1982 年版，第 748—749 页。

② 参见万湘澄《云南对外贸易概观》，新云南丛书社 1946 年版，第 2 页；河口瑶族自治县地方志编纂委员会编《河口县志》，生活·读书·新知三联书店 1994 年版，第 48 页。

③ 牛鸿斌等点校：《新纂云南通志》（4）卷五十六，《交通考一》，云南人民出版社 2007 年版，第 14 页。

　　堵布益探寻红河航道强运武器的做法，已经令越南政府不满，而他随后又欲贩运越南政府垄断的食盐到云南，并蛮横地要求越南政府开放红河航道，更遭到了越南政府的抵制。尚未走出普法战争阴影的法方，企图凭借武力打开红河航道以重振法国的威望，便让加尼尔率 200 余人进行军事冒险活动并最终成功。加尼尔于 1873 年 11 月轻易攻占河内，但越南政府约请刘永福黑旗军前来助战，于 12 月 21 日在河内郊外击毙了加尼尔。英国历史学家霍尔曾就此事感叹说："如果加尼尔不死，那么法国对东京的征服将会提前十年。"① 不过，刘永福黑旗军的胜利，也没能阻止越南顺化朝廷的妥协。1874 年 3 月 15 日，法国诱使越南在西贡签署了《越法和平条约》，8 月 31 日，又签署了商务条约，越南同意开放归仁、岘港、河内为通商口岸，并宣布红河水道可自由航行。从此，法国在红河的航运合法化。到中法战争前，红河已成为一条日益繁忙的水道，云南所产铜、铅、铁、锡、鸦片大都从此出海，海盐和各种洋货也从此流入。保胜和河口，成为红河水道的必经之站。当时运输量最大的船载重约 5 吨，中船为 2 吨，小船也能载0.8 吨。在红河上来来往往的船，"大船有三百多只，条家船有二千多只"。黑旗军在保胜街、大滩、安坝等地设卡收过境税，又派兵保护商帮，收保护费，"这两项收入很大，是黑旗军的主要经费来源"② 。当时，清政府也意识到法国进窥北圻③对我边防的严重危害，出兵救援又恐鞭长莫及，谕令地方大员"法国意在由富良江通商云南，保胜一带实为扼要之地，防务尤为重要"，应"严密防维，相机因应，以杜窥伺而固边疆"。④ 保胜一带，早已成为刘永福的根据地。于是清政府始派唐景崧入越招抚黑旗军。

第二节　中法条约体系构建下的河口

　　中法战争（1883 年 12 月至 1885 年 6 月）后，越南成为法国的殖民

① ［英］D. G. E. 霍尔：《东南亚史》（下册），商务印书馆 1982 年版，第 751 页。

② 广西壮族自治区通志馆编：《中法战争调查资料实录》，广西人民出版社 1982 年版，第28 页。

③ 越南在 19 世纪时将其国土划分为北、中、南三圻，圻有千里之区的含义。北圻，通常指越南以河内为核心的北部地区，因河内又为越南之东京，也称东京地区。

④ 云南省历史研究所编：《清实录有关云南史料汇编》卷四，云南人民出版社 1984 年版，第 799 页。

地，刘永福的黑旗军接受清政府改编，奉调回国。清政府派开化镇总兵覃修纲为南防统领，暂驻河口督理边务。此后，按照 1885 年 6 月 9 日的《中法会订越南条约》（通称《中法新约》，亦称《越南条款》），中法之间围绕开埠通商、勘分国界、剿匪协防、开矿筑路等问题又签订了一系列条约。

一　开埠通商

《中法新约》已经明确中越边境通商，应在保胜以北和凉山以北指定两处口岸，中国设关收税，允许法国设立领事馆，并规定由此进出口的货物，税率要"照现在通商税则较减"。① 1886 年 4 月 25 日，中法签订《越南边界通商章程》，进一步细化通商事宜。1887 年 6 月 2 日，中法签订《续议商务专条》，指明两处开放口岸分别为：保胜以北的蒙自和凉山以北的龙州，"缘因蛮耗系保胜至蒙自水道必由之路，所以中国允开该处通商，与龙州、蒙自无异"，又规定由越南入滇、粤的洋货，及出口至越南的中国土货（"土药"例外），均按中国海关税则减十分之四收纳正税。② 据此，法国领事随即到蒙自东门外选定法国领事馆与中国海关税务司地址，开工建设。1889 年 8 月 24 日，蒙自海关正式开关，下设蛮耗、马白（今马关）分关，另在蒙自西门外、河口设查卡。在战争时几乎停顿的红河航运，至此完全复苏，并因关税比其他口岸低 40% 而更具吸引力。蛮耗因为是水陆交通的枢纽，迅速成为一座繁荣的口岸。据回忆资料称："蔓耗沿河街道商店林立，中外商人云集。居民约 5000 家，加上来往流动人员，人口不下数万。蒙自电信局在大商号同安后院设电报分局（1890—1908）。土产、洋货、大锡堆满码头、货栈（大米堆放在河对岸之米场街）；河面上桅杆如林；河岸上驮马、驼牛成群。"③ 在此，有法国、意大利、德国、美国、日本的领事馆，有西方商人开设的商号、洋行、餐馆、酒吧、医院、剧院，有中国商人的会馆，主要是两广商人的"广府会馆"、"潮州会馆"。几年后，法国人发现在蛮耗不如在河口便捷，1895 年 6 月 20 日，中

---

① 王铁崖编：《中外旧约章汇编》（第一册），生活·读书·新知三联书店 1957 年版，第 466—469 页。

② 同上书，第 515 页。

③ 张照谦：《清末蔓耗纪事》，载政协个旧市文史资料委员会编《个旧文史资料选辑》第 9 辑，1990 年，第 142 页。

法签订《续议商务专条附章》，中国允许法方将蛮耗分关移至河口，法国驻蒙自领事可派员驻河口，并在河口建海关楼。同时，河口分关在海关楼前的南溪河，及南溪河与红河汇纳口上游 50 米处，分别建进口码头两个，以利汽轮或木帆船停泊及进出口货物的查验、装卸、转运和关税的缴纳。南溪河码头停泊由河内上行的船只、红河码头停泊由蛮耗下行的船只。1897 年 7 月 1 日，河口分关正式开关。河口于是成为云南省最前沿的边关，每日停泊的船只由东码头（今中越大桥下面）一直排至烂泥塘坑口。①

二 勘分边界

在中法战争前，中越两国的边界并没有一条明确的界线。因此，勘界才被纳入《中法新约》，要求 6 个月内派员勘界。1885 年 8 月 29 日，清政府委派内阁学士周润德为勘界大臣前往云南，会同云贵总督岑毓英、云南巡抚张凯嵩，在河口设立滇越边界勘界事务署，办理中越勘界事宜。由于受北圻仍旧有抗法武装的影响，法方代表迟至 1886 年 7 月才抵达保胜，开始勘界交涉。中法双方先后签订了《滇越边界勘界节略》（1885 年 10 月 16 日）、《勘界办法节略》（1886 年 8 月 1 日）、《续议界务专条》（1887 年 6 月 26 日）、《续议界务专条附章》（1895 年 6 月 20 日）和《滇越界约》（1897 年 6 月 13 日）②，完成了勘界工作。在勘界中的基本原则大致是，界河以河中为界，能够通船的河以水深航道为界；全段河流在中国者归中国，在越南者归越南；陆地以分水岭为界。双方界定：红河上段归云南，从龙膊河入红河口起，下至南溪河口止，以河中为界，河东属云南，河西属越南，往下则归越南；从南溪河口上至坝结河入南溪河处，以南溪河河中为界，北岸属云南，南岸属越南，坝结河口以上的南溪河全河归云南；从坝结河口至谷方哥峰，以坝结河河中为界，西岸属云南，东岸属越南；其他界线也相继做出了明确规定，并且竖立了界碑。据此，一河之隔的河口与保胜，成为中越两国最前沿的边隘重地。

---

① 河口瑶族自治县地方志编纂委员会编：《河口县志》，生活·读书·新知三联书店 1994 年版，第 249 页。

② 这些界约的全文，均可参见王铁崖编《中外旧约章汇编》（第一册），生活·读书·新知三联书店 1957 年版。

三　临安开广道的设置

考虑到蒙自开埠和河口边隘的实际情况，乃至整个滇越边防的实际情况，清政府对滇东南的行政格局进行了调整，设立了驻蒙自的临安开广道，并在沿边建立对汛。这一调整对蒙自和河口均有重大影响。考虑到后文要多次提及这些机构，在此预先做一简单的说明。

在清政府的行政机构中，地方政权分为省、府、县三级（厅、州或同于府，或同于县）。但就如在中央与省之间有中央派出的总督一级一样，在省与府之间，也有一级居中的独特机构——道，它是省政府为专管某方面事务而设置的机构，如盐法道、粮储道、提学道之类，或为方便统驭地方府厅而特别派出的机构。鸦片战争时期，云南有 5 个道和 23 个府（含与府同级的 5 个直隶厅和 4 个直隶州）。5 个道中，专管一事的只有盐法道（驻昆明），本应是专管粮储的云武粮储道（驻昆明），因兼领云南府和武定州，也具有统驭地方的职能。其他迤东道（驻寻甸）、迤西道（驻大理）、迤南道（驻普洱），合称三迤，均为分巡道加兵备道，民政、军务一起管。迤东道管辖曲靖府、东川府、昭通府、澂江府、广西直隶州、广南府、开化府。迤南道管普洱府、临安府、镇沅直隶厅、元江直隶州、镇边厅。迤西道辖大理府、楚雄府、永昌府、丽江府、顺宁府、蒙化直隶厅、景东直隶厅、永北直隶厅。[1]

中法战争后，随着蒙自开关，为利边境管理与对外交涉，1887 年底，云贵总督岑毓英奏准将与越南交界的三府，即迤东道领的开化府（驻今文山县）、广南府（今广南县）和迤南道领的临安府（驻今建水县），分割出来，增设临安开广道，驻蒙自县，简称临安道或蒙自关道。岑毓英明确其职责为"控驭土夷、交涉中外"，"所有该三府仓库钱粮交代、词讼缉捕等事，均责成该道察核"，并兼管海关，并强调其地位"较之各道缺尤形重要"。[2] 正是临安开广道的设置，使蒙自从临安府属的一个县，一跃而成为滇东南的政治行政中心。在中国城市的发展历史上，行

---

① 参见朱东安《关于清代的道和道员》，《近代史研究》1982 年第 4 期，第 202—203 页。另云南省地方志编纂委员会总纂《云南省志》卷 1《地理志》，云南人民出版社 1998 年版，第 96 页的叙述和第 104 页的《清代云南各道所领州府表》，未记载云南有盐法道。

② 《滇省新设巡道兼管关务遵查事宜折》（光绪十三年十月初八日），载黄盛陆等标点《岑毓英奏稿》（下），广西人民出版社 1989 年版，第 895 页。

政中心的级别对一城市的发展关系甚大。蒙自由此成为云南省的第一个边道的行政中心，加上其作为云南省最先开埠的通商口岸，具有政治中心和经贸中心的双重性质，从而成为引领云南走向近代化的第一城，举凡海关、邮政、交通、商贸、矿产、工厂、农副产品等，无不领先全省，乃至社会层面的民族危亡意识、工人揭竿而起等，在全省亦是最先激荡而发生。

四　沿边对汛的设置

随着中越边界的勘定，中法议定在沿边设置对汛。1897 年，清政府将临安开广道沿边各地划为对汛区域，以临安开广道道尹兼任对汛督办，"设置副督办二员：一驻河口，分辖龙博、那发、新店、老卡五汛；一驻麻栗坡，分辖茅坪、天宝、攀枝花、董干、田蓬五汛。十汛地以那发汛为极西，田蓬汛为极东。河口与麻栗坡既设副督办，各设营房一所。十汛各设汛房一所。两副督办各带练勇一营，每汛各设汛弁一员、书识一名、汛兵三十名"①。虽然说对汛专责于国防外交，汛区民政仍旧由开化府安平厅负责，但由身兼临安、开化、广南三府行政、司法、外交、海关、南防等项大权的道员来兼任对汛督办，有使事权划一的考虑，也是想表明政府对对汛的重视，在实际上提升了对汛的地位。因此，对汛副督办所在地，即河口和麻栗坡，原本都只是属于开化府安平厅的辖地，因由临安开广道道员直管，已经可比附县级行政区。他们在实际上起到了强化边防和开发边疆的作用。

河口的对汛副督办公署，建立在河口街毗邻的山上，是当时河口最富丽堂皇的建筑物之一。首任副督办黄河源是广西人，当时在河口的官兵也基本上都是两广人。河口副督办下辖新店、老卡、坝洒、那发 4 个对汛，另在龙博设分汛，在王布田、田房、桥头、小坝子设副汛。对汛驻管带 1 人，副汛驻队官 1 人，副督办统领南防开边 6 个营。其中：副督办署常驻两个营，设守备 1 人，其余 4 营分驻河口街、南溪、坝洒、曼来。②

---

① 牛鸿斌等点校：《新纂云南通志》（7）卷一百六十二《边裔考一》，云南人民出版社 2007 年版，第 525 页。此处说的"分辖龙博、那发、新店、老卡五汛"有误，应为"分辖坝洒、那发、新店、老卡四汛和龙博分汛"。

② 《河口县志》，生活·读书·新知三联书店 1994 年版，第 480 页。

五 开矿筑路与民变

在《中法新约》的第七款中，规定："中法现立此约，其意系为邻邦益敦和睦、推广互市，现欲善体此意，由法国在北圻一带开辟道路，鼓励建设铁路。彼此言明，日后若中国酌拟创造铁路时，中国自向法国业此之人商办；其招募人工，法国无不尽力襄助。惟彼此言明，不得视此条系为法国一国独受之利益。"[①] 法国故意将在北圻修筑铁路写入条款，有误导中国之嫌疑，即让中国以为下一句"彼此言明"商办铁路的内容仅关联与北圻相邻之地，诱中国同意，即可取得全中国的铁路修筑权，并以冠冕堂皇的"商办""襄助"，掩盖其欲以近代化交通的铁路网控制中国的初衷。当时中国的铁路刚刚起步，列强都清楚，谁能够获得中国铁路的修筑权，谁就能够在该铁路的区域占据绝对优势。因为铁路不仅仅是一个通商的工具，"也是一个征服的工具"[②]。法国在此似乎轻描淡写的一句"彼此言明"，是近代帝国主义列强将争夺中国铁路修筑权纳入条约的开端。而按照片面最惠国待遇，其他列强也同样享有在中国的铁路修筑权，于是又画蛇添足加了一句"惟彼此言明，不得视此条系为法国一国独受之利益"。

当然，当时法国最迫切的目标就是获得云南铁路的修筑权，并希望使之与越南的铁路对接。因此，在取得云南铁路修筑权之前，法国并没有按约在北圻开工修路。1898 年 4 月初，在俄国迫使清政府签订《旅大租借条约》之后，法国驻华公使吕班，也借口法国参与干涉日本归还辽东半岛有功，接连照会清政府总理衙门，要求中国不得割让越南邻省，由法国"租借"广州湾 99 年，还要求"中国国家允许法国国家，或所指法国公司，自越南边界至云南省城修筑铁路一道"。清政府于 4 月 10 日复照"可允照办"[③]。至此，法国取得滇越铁路修筑权。1901 年，法国驻越南总督杜梅（Paul Doumer）授权法国东方汇理银行等四家金融机构，筹备成立滇越铁路公司，承造从老街到昆明的铁路。而越南境内段已于当年从海防开工修

① 王铁崖编：《中外旧约章汇编》（第一册），生活·读书·新知三联书店 1957 年版，第 468 页。

② 《北华捷报》1898 年 7 月 11 日，第 61—62 页，载宓汝成编《中国近代铁路史资料（1863—1911）》（1），中华书局 1963 年版，第 424 页。

③ 《滇越铁路及广州湾等事来往照会》，载王铁崖编《中外旧约章汇编》（第一册），生活·读书·新知三联书店 1957 年版，第 744—745 页。

筑，1903 年修抵老街。这意味着滇越铁路只能从河口进入中国境内，作为水路枢纽的河口，必然成为陆路要冲。1903 年 10 月 29 日，中法签订了《滇越铁路章程》，滇越铁路滇段随即开工。连接老街与河口的跨南溪河的大桥于 1904 年修通，河口的交通条件大为改善，滇越铁路所需器材及各种进出口物资，可以直抵河口转运。河口的商贸更加繁荣，已成为远近出名的"小香港"。

从中法战争结束至 1904 年铁路桥修通，20 年间，河口的发展可以说是突飞猛进。水运交通的繁忙和修筑铁路的需要，使河口的人口迅猛增加。由于此地气候湿热，烟瘴盛行，只有两广地区的人能够很快适应，因此，河口的官、民、军、警多是两广人，尤以广西人居多。这中间，当然也有不少外国人。

修筑铁路犹如晴天霹雳一般，在云南激起巨大的反响，尤其是在滇东南一带，一时间人心惶惶。当时多数的云南人尚不知铁路、火车为何物。对铁路一无所知的乡民，无法想象那钢铁巨龙会带来什么样的改变，而修路要占地、迁房、迁坟等事务却是迫切的现实。而且，铁路由洋人修建，火车由洋人控制，也是明明白白的事实。洋人不受中国王法约束，处处高人一等，随意欺侮中国人，这是乡民们曾经亲身感受或有所听闻的。洋人有洋枪洋炮，如果再有铁路，将会更加嚣张。乡民们尤其是矿主、商人害怕自己的财产被洋人侵占，跑马帮的人也担心有了铁路自己就将面临失业。一时间，各种各样的说法纷起。许多人对有铁路、火车的未来充满了恐惧。如果可以选择，他们更愿意不改变现在的生活。民心不稳，人心惶惶，在勘修铁路开始阶段可以说是个普遍现象。据云贵总督崧蕃奏报，当时，法国派人"于蒙自城外到处测量、钉桩，气焰颇盛。又于开、蒙交界之新现一带，亦有搭棚、钉桩各事"，各处无不"民心惊惶"[①]。对洋人，对洋教，对铁路，对洋人借铁路掠夺中国矿产，乡民们有莫名其妙的惊恐，并因此而发生大规模的抗争。其中，惊动清廷朝野的抗争至少有两次，一为 1899 年（光绪二十五年）6 月 21 日杨自元火烧蒙自海关，二为 1903 年（光绪二十九年）5、6 月间的周云祥带领个旧矿工攻占临安城。

---

① 《滇督崧蕃奏法员来滇议修铁路谨陈商办情形折》（光绪二十四年九月初五日），载王彦威纂辑《清季外交史料》第三册，卷一三五，书目文献出版社 1987 年版，第 2216 页。

蒙自大屯（今属个旧市）人杨自元，本是为与建水厂商杨柱臣在古山争夺被侵占的矿硐。只是蒙自知县颜先春和个旧厂务同知（俗称个旧二府）王镇邦等官员不能主持公道，反欲加害杨自元。顺带提一句，此王镇邦，正是河口起义时被杀的副督办，此是后话，暂不表。杨自元激愤之下，以官方腐败、内欺良民、外媚洋人的事实，号召大屯一带各硐砂丁（即矿工）、附近村寨的农民等，一起去找官府算账，并以驱赶洋人，反对修铁路壮大声势。1899 年 6 月 21 日（五月十四日）夜，杨自元率众攻打蒙自城。蒙自城有城墙，又有兵丁固守，没有攻坚武器、也没有什么训练的杨自元军无法攻入，转攻城东南之海关署。装备精良的法国领事卫队及海关警员负隅抵抗。杨自元久攻不克，纵火焚烧，然后退回大屯。大火烧毁了税务司署大门和数间房屋。两天后，杨自元听闻官兵大队来剿，自知不敌，遂遣散部众，只身逃往江外①逢春岭。不过，蒙自知县颜先春也以"逼民起衅"被革职。1903 年初，杨自元以为风声已弱，且身患瘴疾，偷偷回乡过年，结果被人告发。2 月 11 日（正月十四日），蒙自知县孙家祥和管带麦贵安带兵前往围捕，杨自元被击杀。② 不过，民众反洋拒路的风潮不但没有平息，反而有愈演愈烈之势。在菘蕃调离后暂时署理云贵总督的云南巡抚林绍年就奏报："窃查厂匪杨自元，前因法员勘修铁路，借端煽惑，聚众攻扑蒙自县城，谋杀洋人，焚劫洋关，烧毁税司房屋。""两日之间众至万余，势颇猖獗，几肇大衅。幸防剿得力，随即扑灭。惟该匪首潜伏松树寨等处，踪迹诡秘，久未就获。现在正值开办铁路，洋员工匠往来络绎。该匪乃复潜回杨家寨，欲图生事，倘该员等［不］及时探悉，驰往密拿，必将死灰复燃，更肆狂虐，焦头烂额，不堪设想。"③ 林绍年的奏报，虽以击杀杨自元为幸，也表现得忧心忡忡。随后，就发生了更大规模的周云祥事件。署理云贵总督的丁振铎将事发原因归于修铁路，奏称："惟查临、开各属，民风素悍，勘修铁路以来，人心尤为

---

①　江外通常是指红河以南的各土司属地。

②　见马竹铒《杨自元攻焚洋关》，载红河哈尼族彝族自治州政协文史资料委员会编印《红河州文史资料选辑》第 1 辑，第 242—249 页。

③　《兼署云贵总督云南巡抚林绍年奏参蒙杨自元等聚众攻城折》（光绪二十九年二月二十九日），载中国第一历史档案馆、北京师范大学历史系选《辛亥革命前十年间民变档案史料》（下册），中华书局 1985 年版，第 646、647 页。

浮动，弹压开导，煞费经营。"① 而个旧锡厂，"常虑外人侵占，辄起谣言，均经随时压息"②。

周云祥的事，笔者有专文讨论，可见附录。此处需要说的是，周云祥举事，与会党已经有联系，甚至传闻其以"自立党""保滇会"自况。当时，会党在河口等地确实颇有势力。

第三节　会党与河口

一　会党是什么？

前已述及，刘永福的黑旗军本属于广西天地会系统，他们取得官方的合法身份后，并没有放弃用会党维系和发展其组织的做法。

广西的天地会支系众多，名目亦有同有异，其中以天地会、三合会、三点会、洪门等名称最为人们所熟知。这些名称的变异，一个原因是为了躲避清政府的追查。据称，早在雍正年间，洪门的主持人天佑洪为避开清廷的注意、方便洪门弟兄们活动，"把洪门改为三合会，又名天地会。取'天时，地利，人和'之意"③。晚清时，日本人平山周（1870—1940）接受日本外务部资助，对中国秘密结社进行调查，撰写了《支那革命党及秘密结社》一书，1912 年 5 月，该书由上海商务印书馆出版时，改名为《中国秘密社会史》，其中亦说："三合会，或称天地会，世人以此名之，会中之人亦即以自名，遂成为通称。或曰即三点会，凡清水会、七首会、双刀会等，皆其支会。"④ 另据熟知三点会情况、多年追随孙中山革命的冯自由的说法：

---

① 《署云贵总督丁振铎等为个旧周云祥等抗官攻营事致外务部电》（光绪二十九年四月二十一日），载中国第一历史档案馆、北京师范大学历史系编选《辛亥革命前十年间民变档案史料》（下册），中华书局 1985 年版，第 651—652 页。

② 《署云贵总督丁振铎等奏周云祥聚众攻陷临安派兵堵剿折》（光绪二十九年五月初四日），载中国第一历史档案馆、北京师范大学历史系编选《辛亥革命前十年间民变档案史料》（下册），中华书局 1985 年版，第 655 页。

③ 刘联珂：《中国帮会三百年革命史》，载沈云龙主编《近代中国史料丛刊》（877），文海出版社 1976 年版，第 72 页。

④ ［日］平山周：《中国秘密社会史》，商务印书馆 1927 年版，第 22 页。

洪门即天地会，三合、哥老两会皆其支派。三合会又称三点会，在海外或称洪顺堂及义兴会，在美洲则通称致公堂。檀香山、菲律宾、澳洲亦有称致公堂者。

其宗旨为反清复明，洪门人士将清字减去头上之主字写作泪，满洲之满字亦作㳸，即为废灭清主之表示。

三合会之口号暗语，多以鄙俚粗俗之言表之，如会长曰大佬（犹哥老会之称龙头），主盟人曰老母，介绍人曰舅父，首领曰洪棍，参谋曰纸扇，干事曰草鞋，秘册曰衫仔（哥老会谓之海底），杀人曰洗身，洗澡曰冲凉，割耳曰取顺风，发誓曰斩鸡头，侦探曰风仔，作奸细曰穿花红鞋（此与哥老会同），吃饭曰耕沙，皆最普通者也。其所以故作鄙俚之原因，实由于创设此种秘密团体之本意，专注重于中等以下之社会，盖上等社会所谓士大夫之类，多与官吏接近，而官吏固无一不充满族爪牙而不利于汉人者，因是故作下流粗俗之口语，使一般士大夫闻而生厌，避之若俯，而后其根株乃能保存，而潜滋暗长于异族专制政府之下也。又拜会结盟号曰演戏。戏剧分桃园结义、桥边相会、中堂教子、斩奸定国四幕。秘册所载戏剧及七言诗，一一由大佬先锋等背诵无遗，琅琅可听。斩奸又称斩七，盖少林寺之惨遭满虏毒手，乃由奸人马七之告密，故洪门最恶七字，凡遇七字皆以吉字代之，斩奸时预制一马吉人形，各口出毒誓，以刀斩之，仪式庄严，令人不寒而栗。又其团体异常固结，会章以手足相顾，患难相扶为要旨。凡属同志皆称手足，遇路人有相斗者，每遇暗号，莫不争先协助，惟恐不力。二百年来，种族思想之表现，渐渐有名无实，独于患难相扶之义，则久而益彰，而海外华侨之加盟者，且较内地尤盛，殆亦团体观念使然。①

三点会名称虽多，但拜台、盟誓等维系和发展会众的做法却大致差不多。在越南，刘永福的黑旗军也是靠这些做法，调适其内部组织。中法战争中，刘永福成为清军将领（记名提督），其部属不得不服从统一的调遣，有不少营官实际上已经脱离了刘永福的指挥，改投到滇军、粤军中。战

---

① 《革命党与洪门之关系》，载冯自由《革命逸史》第6集，中华书局1981年版，第37—38页。

后，1885 年 6 月 25 日（光绪十一年五月十三日），刘永福率所部 500 余人，合并家眷约 3000 人回国，进驻文山县之南溪（今河口县南溪镇），9 月 12 日（八月初四日）离滇赴桂。①

二　活跃在中越边境的会党与游勇

刘永福回国时，据说留下的黑旗军战士有 1 万多，他们有的在越南的老街、河阳、十洲与越南抗法义军并肩战斗，有的在河口、南溪、坝洒一带屯垦戍边。留在越南的有：叶成林率领黑旗军余部数千人，联合越南抗法部队，在老街、保乐、谷柳、山罗、莱州等地不断袭击法国侵略军；魏名高率数千人随越南爱国名将阮光碧坚守猛罗，阻法军于宣光、高平一带；汤宗政、练中和率 3000 人在靠近河口、南溪、坝洒一带的中越边境地区继续坚持抗法斗争。退回国内的黑旗军多继续屯垦。刘永福把黑旗军原来所种植的田地交还黄仕灵之孙黄茂兰代管，嘱其照顾黑旗战士及其眷属。②

在入越作战时，清军曾在越募越民入军参战，仅覃修纲部即"陆续招集越民八九千众，编列成营"③。战争结束，中国军队撤出越南，云贵总督岑毓英承认这部分人是"最难安置者"，说是"今官军一撤，此辈即如婴儿之失父母，穷无所依，聚之则为法仇，散之则为法俘"④。这些人多亦沦为中越边界的游勇、土匪。

同时，原来入越作战的滇军，也被大量裁减。被裁减的滇军和遗留下来的大多数黑旗军一样，因为清政府没有很好地安置，多以会党为纽带聚集，继续在中越边界活动，靠向边民、商家收取保护费、过路费为生，甚

---

①　刘永福回到南溪的时间与所带人数，黄海安撰的《刘永福历史草》说是七月十一、十二日（8 月 20、21 日），刘永福带精兵 3000，加上家小、夫役，人数有 5000 左右。参见中国史学会主编中国近代史资料丛刊《中法战争》（一），上海人民出版社 1957 年版，第 285 页。此处是据廖宗麟考证的时间和人数，参见廖宗麟《民族英雄刘永福》，广西人民出版社 1997 年版，第 285—286 页。

②　广西壮族自治区通志馆编：《中法战争调查资料实录》，广西人民出版社 1982 年版，第 67 页。

③　《保覃修纲片》（光绪十一年四月十八日），载《岑毓英奏稿》（下），广西人民出版社 1989 年版，第 753 页。

④　《遵旨停战撤师仍严密整备折》（光绪十一年三月十三日），载《岑毓英奏稿》（下），广西人民出版社 1989 年版，第 743 页。

或打家劫舍。清廷遂将这些曾经为他们效命而后被裁汰的官兵，视为是与会党、土匪并行的匪，称为"游匪"。这实际上形成了清廷已经意识到的"越南游匪为患，关内亦多伏莽"① 的状况。此后十余年，游勇在中越边界一直很活跃。此所谓"自光绪十一年款议已成，战事方终，越乱又始，义民蜂起，游党猬集"② 是也。

游勇、会党、土匪，三者有交融，也有差异。游勇与会党多为外来客籍，土匪则专指土著中恃武力从事打家劫舍的劫掠者。游勇曾经是清军官兵，亦多为会党成员；会党成员中，只有一部分是武装人员，其余多只是受其保护的平民。

三　游勇与清政府的边防军

游勇与未被清政府裁汰而留做边防军的部队，即苏元春所统领的广西边防军和覃修纲所统领的云南边防军，一直保持着良好的关系。当时坐镇河口的覃修纲是广西西林县人，所属官兵亦以广西籍为主，其中大部分是中法战争期间和战后招募的越北三点会成员。这些官兵与游勇，原本为故交战友，又有会党的维系，他们与游勇互为奥援。云贵总督魏光焘便曾感叹说："窃查粤边游匪养痈有年，滇省南疆开、广各属紧与毗连，地多烟瘴。历办防堵，习用广卒，制简饷薄，迁就因循，积弛之余，驯至匪与兵民混而为一。"③ 游勇在越南，与越南人民一起，开展抗法斗争，成为法国人统治北圻最大的威胁。当然，时不时的，这些游勇也会进入中国界内袭扰，成为清朝官员说的"越匪"。

随着中越边界的勘定，法国为清除困扰其在北圻统治的抵抗运动，于1896 年 5 月与中国签订了一份中越《边界会巡章程》。这份通称为"会汛（巡）章程"的条约，将中越边界按照与越南接壤的粤桂滇三省，分为三段，建立对汛，双方各派大员会同巡查。其中明确规定，一方界内有股匪

---

① 《遵筹移镇布防绘图贴说折》（光绪十一年九月二十二日），载《岑毓英奏稿》（下），广西人民出版社 1989 年版，第 780 页。

② 马丕瑶：《边防届满请奖折》（光绪十七年十月初二日），载中国史学会主编中国近代史料丛刊《中法战争》（七），上海人民出版社 1957 年版，第 489 页。

③ 《云贵总督魏光焘等奏粤边游勇窜扰饭朝现筹办理情形折》（光绪二十八年五月初五日，军机处录副奏折），载中国第一历史档案馆、北京师范大学历史系编选《辛亥革命前十年间民变档案史料》（下册），中华书局 1985 年版，第 638 页。

聚会，一经闻信，即通知对方，并禀告己方督办大员，由双方督办大员会商妥当办法，"各自转饬所辖，查拿聚匪"。遇有匪徒被己方追入对方界内，应迅速知会对方，"接追捕获"，"至如此接追知照，倘有稍涉疏忽、迟延之汛弁、管带等员，即应查问重办"①。

中法《边界会巡章程》的实施，成为北越抗法斗争的重要转折点。因为北越的抗法斗争，本多依靠中国移民中的会党和游勇支持，而会党和游勇，又依靠滇桂两省边防军出于私情故谊的暗中关照。但按照此章程，会党与游勇成为了清政府必须协助清剿的"匪"，也就从法理上斩断了滇桂边防军可能的援助。结果，在法军的围剿下，在越北活跃多年的游勇再也难以立足，纷纷转入国内。清政府一时间也无力"接追"助剿，便采取招安手段，将主要的游勇队伍招抚。退入广西的游勇，多由广西边防军统领苏元春招抚。退入云南的游勇，则由临安开广道负责招抚。主要的招抚有：

1896 年 11 月，临安开广道道员刘春霖招安广西会党黄凤图等，编成 4 营，共 1200 人，沿途护卫商旅。②

1897 年，新任临安开广道道员邹馨兰招安广西会党阮朝中、麦贵安等，编成 4 营，共 750 人，驻扎滇、桂边界。③

1897 年，刚到任的河口对汛副督办黄河源，也收编了几位原来的黑旗军将领，让他们驻守河口，如岑德贵为开边巡防营管带；黄茂兰、李兰亭、骆青山为南溪、坝洒、曼来巡防营管带；白志祥为河口街街长。④

四　会党与清政府的边防军

具有会党背景的游勇，摇身一变又成为清政府驻守边防的官兵，其他会党中人，特别是会党领导人，等于得到了清政府官兵的保护与支持，变得更加有恃无恐。由云南巡抚改任广西巡抚的丁振铎便曾在此时奏报称，游勇"未招抚以前，官绅尚可拿办；招抚以后地方拿办，该管带则索去释

①　《边界会巡章程》（1896 年 5 月 7 日，光绪二十二年三月二十五日，北京），载王铁崖编《中外旧约章汇编》（第一册），生活·读书·新知三联书店 1957 年版，第 644—647 页。

②　《广南县志稿·大事记》，民国二十三年抄本，转引自徐珂《清末广西天地会风云录》，广西师范大学出版社 1990 年版，第 19 页。

③　徐珂：《清末广西天地会风云录》，广西师范大学出版社 1990 年版，第 19 页。

④　河口瑶族自治县地方志编纂委员会编：《河口县志》，生活·读书·新知三联书店 1994 年版，第 481，544—545 页。

放。良民被其鱼肉，莫敢谁何。似此相沿，曷怪为匪者日众"①。造成如此局面，究其原因，仍旧是清政府没有很好地安置新招抚的官兵，这些官兵便不得不依靠会党资助。

清政府的边防经费本就紧缺，1897年增设对汛和招抚游勇，并没有见到增加军费。在机构和人员剧增的情况下，人均费用自是大为减少。其结果是官兵粮饷严重不足，甚至吃穿无着，造成人心浮动，军纪涣散，不得不自谋生计。联合会党对商民征收保护费和过关费，或者走私食盐及其他货物，甚至干脆打家劫舍等，都是官兵谋生的手段。譬如，会党势力最盛的广西，苏元春招抚在越南的游勇，"惟安置无法，若辈既营商乏术，又不能安分归农，欲再入越图扰，势已不能，乃散于镇泗边远各地，专事打劫为生，兼之苏元春亏帑侵饷，部下勇丁，往往欠饷不发，以故部下多有私通军火，使之行劫，以分其财，亦多有携械潜逃，与之纠结。于是游勇之名大著"。更令人吃惊的是，当有人控告到官府时，"地方有司，恐碍考成，讳言盗贼，凡有禀报，辄被驳难，即幸而派员委验，而伏马有费，供应有费，种种需索皆有费，计其所失，甚于贼劫，否则以捏告恐吓，反致获罪。事主既不获保护于官，不旋踵又遭贼害，抱怨而雪忿，以故隐忍不言，且冀暂纾目前之祸，多受裹胁，由是遍地皆匪"②。这就是说，当时官兵与会党结成利益共同体，官府不能保护普通百姓，普通百姓就只好寻求会党保护。广西的情况如此，云南的情况亦类似。前引丁振铎的奏报中，也提到此中原委，说：苏元春的各营，"每月每名只发银数钱，不敷口食，亦纷纷冒充游匪，出而抢掠，竟致兵匪无分。臣在滇时，滇、黔边报击毙游匪，内穿提臣边防营号褂为多；近在粤西各属拿获游匪讯据供称来自边防营者亦复不少"③。

由于得到官兵的撑腰，从1897年到1903年的这些年，三点会的力量得到迅猛发展，基本上把控了红河的水运护航权。其中，从蛮耗到河口一

---

① 《广西巡抚丁振铎密陈粤西目前要务折》（光绪二十七年九月二十八日，宫中朱批奏折），载中国第一历史档案馆、北京师范大学历史系编选《辛亥革命前十年间民变档案史料》（下册），中华书局1985年版，第489页。

② 莫炳奎：《邕宁县志》卷四《兵事志》，台湾成文出版社据1937年铅印本影印，第1472页。

③ 《广西巡抚丁振铎密陈粤西目前要务折》（光绪二十七年九月二十八日，宫中朱批奏折），载中国第一历史档案馆、北京师范大学历史系编选《辛亥革命前十年间民变档案史料》（下册），中华书局1985年版，第489页。

带，涌现出四个大的首领，他们是严效平、曾秀兰、钟五孝（又名钟五韶）和关仁甫。这四人的分工，大抵是：蛮耗地区由严效平、关仁甫负责；河口地区由曾秀兰、钟五孝负责。① 另外，他们还通过走私食盐、鸦片、抽捐、强抢等手段敛聚财富。按照他们的规矩，只要加入三点会的人，他们就加以保护；而对没有加入三点会的人则百般刁难，肆意盘剥，乃至公开抢劫，随意杀害。

1903 年，云贵总督丁振铎和云南巡抚林绍年便曾对此联名上奏，称：

> 匪首曾秀兰等，久匿越南之夫厂左州等处，设赌敛财，纠合党类，外人利其身税，任其聚伏。……曾匪即假以胁众，谓入其会者方免烧杀，可保身家。由河口至蛮耗沿河两岸，以及猛喇、王布田等寨，汉夷绅庶率为诱胁，拜台结盟，纷纷入会。……其党或数百一股，或数十一股，聚散靡常，日形猖獗。始则逼胁入会，继则抢掳烧杀，所过村寨勒索银米，蛮河上下劫夺商船，漫棍箐、水冲寨各处蹂躏尤甚。哨弁巡查，惨遭枪毙。并闻囤积粮石，采储军械。商帮停帮，不敢开行。官兵往捕，迭次开仗，败仍窜匿林箐，时复分股四出滋扰。②

时任文山县知县的贺宗章，对蛮河地区的三点会有深刻的印象，他回忆说：

> 三点会大抵奉洪家，以兴明灭清为主，凡字皆加偏旁三点。有大头目四，曰曾秀兰、钟五韶、关辅臣、严效平，其下小头目百余。所至打单拜台，诱胁入会，其出力者，有双金花、九转底等称，其最贵重者，曰"老母主"。入会之始，以供设洪家牌位，上罩黄绸伞，老母主率众罗拜、发誓，而后众拜老母主。以能收徒党多少为阶级，以运销越南私盐为筹款法。暇则酣饮，聚赌如常。其入蛮河也，恃骆、

---

① 杨廷光、傅贵堂：《"三点会"在蛮耗、河口的活动点滴》，载红河哈尼族彝族自治州政协文史资料委员会编印《红河州文史资料选辑》第 2 辑，第 56 页。

② 《署云贵总督丁振铎等奏派兵搜剿河口会党情形折》（光绪二十九年六月十六日，宫中朱批奏折），载中国第一历史档案馆、北京师范大学历史系编选《辛亥革命前十年间民变档案史料》（下册），中华书局 1985 年版，第 665—666 页。

韦、黄各营为护符，每当拜台，各营且有为列队伍以助威者。自河口起，南溪、坝洒、新街、蛮耗、王布田以及三猛土司，千有余里，汉土团汛、官民、商贩，不入其会者，祸立至。自二十八年起，抢掠商船一百二十艘，货值二十余万；被害商民，尸无下落者不知凡几。一日，临安巨商王耀廷、河口台站委员范某，同船九人，被戕于大滩，尸浮河而下，各商号始联名请兵，时关道陈璨无以应。及越南民人蒙大、王二于马鞍底被戕，法国越南总督、保胜五圈官、河口法分领事先后有电严诘，谓：如我不自剿办，法国军队即自过界缉捕。①

于此可见，蛮河地区的三点会势力已成燎原之势。清政府用以剿办的官兵，如贺宗章提到的骆、韦、黄各营，已经到列队为三点会拜台仪式助威的地步，其"剿办"也只是假意而为。贺宗章没有指明这三营管带的名字，仅以姓氏。查覃修纲统领的河口边防军，这三个姓氏的营管带，当指骆家信、韦勋臣、黄凤图。清政府深感事态难以把控，于1899年将覃修纲由南防移驻广南，派去剿办滇桂边界会党武装，随后又将麦贵安、黄凤图等营调驻蒙自。但覃修纲部"纲"字各营并没有因此而有改观。1901年底，新任云贵总督魏光焘痛下决心，将覃修纲所部广勇裁遣，另从昆明调总兵刘万胜统绥靖各营到滇边接防。"纲"字各营官兵转而加入会党，会党力量更加嚣张，譬如在麻栗坡，他们攻入大坪街，抢劫后还放火焚烧。②绥靖各营甫经到边，人地两疏，一时难以担当剿办的重任，遂使会党武装继续扩张其势力。特别是在蛮耗、河口这样的烟瘴之地，除了两广人和当地民众，其他人都视之为畏途，不敢前往。于是，留在蛮河的驻军仍旧同会党混在一起，与席卷广西多地的三点会起义相呼应。后来领导河口起义的重要人物关仁甫和王和顺，均是此时广西三点会诸多起义中的两个领导人。

五　作为三点会头目的关仁甫

关仁甫（1873—1958），字美嘉、嘉善、嘉走，号仁甫，曾改名炳南，

---

① 参见贺宗章《幻影谈》，载方国瑜主编《云南史料丛刊》第12卷，云南大学出版社2001年版，第95页。

② 文山壮族苗族自治州地方志编纂委员会编：《文山壮族苗族自治州志》第1卷，云南人民出版社2000年版，第18—19页。

化名黎雪胡，亦名福臣、辅臣，清朝官吏以之为"关茀臣"，原籍广东南海县九江乡，1873 年（同治十二年）生于广西上思，1958 年 3 月 25 日病逝于香港。关仁甫的父亲是小贩。作为长子，关仁甫在少年时就常帮助父亲经营糖饼糕点，12 岁即跟随父亲至广西镇南关（今友谊关）经商。20 岁时，关仁甫加入了三点会一个堂口。由于他敢作敢为，在会中的地位不断提升。一次，他挟持了负责在越南修筑从河内至谅山的铁路的法国人，获得巨额赎金，购置大量枪械，终于被推为新首领。随即，他率领部众沿中越边境到河口、蛮耗一带，开始把持红河的护航事务，并主持那里的"忠义会"。①

关仁甫入据蛮河的具体时间，还不是很清楚。但既然是在河内至谅山的铁路开修之后，应该是 1901 年前后，此正是游勇被招抚摇身变成官兵之时。关仁甫到蛮河地区，不仅与官兵交好，而且还结交勐拉、三猛等边地土司，迅速成为蛮河三点会的四大头领之一。

勐拉土司刀氏，便是在这样的情况下加入了三点会。刀氏本辖有勐拉坝（今金平县勐拉乡）、铜厂（又叫八甲，因多矿而得名）、王布田（又称九甲，今金平县政府所在地金河镇）三地，包括今红河州金平县的主要区域，是红河南岸存留的"江外十八土司"中比较有势力的一家。光绪初年，土司刀永福（又名国宁）被兄弟刀永生（又名国洪）争袭杀死，刀永福长子刀佩瑜和次子刀佩仁尚年幼，侥幸逃脱。17 年后，刀佩仁的生母谢氏以事成允许开采金矿，得到个旧三个矿老板支持，派人突袭并杀死袭任土司的刀永生一家，迎回刀佩瑜袭职。刀佩瑜感谢氏之恩，将王布田等地析分给刀佩仁，形成上房的勐拉与下房的王布田分治的事实。② 分治后，两兄弟矛盾纠纷不断，尤其是为争祖传宝贝芭蕉胆，闹得沸沸扬扬。到后来，袭任勐拉土司的刀佩瑜之子刀治国，和袭任王布田土司的刀佩仁儿子刀治刚，仍旧争斗不休。时三点会趁机争取土司辖区的居民，王布田土司刀治刚及其土民便加入了三点会。云贵总督丁振铎奏报称："由河口至蛮耗沿河两岸，以及猛喇、王布田等寨，汉夷绅庶率为诱胁，拜台结盟，纷

---

① 参见百度百科"关仁甫"（http://baike.baidu.com/view/1530608.htm）。

② 参见刀家胜等《勐拉土司和管辖区域纪实》，载红河哈尼族彝族自治州政协文史资料委员会编印《红河州文史资料选辑》第 4 辑，红河哈尼族彝族自治州政协文史资料委员会编印，1985 年版，第 147—149 页；刀寿东等《勐拉土司的兴起和衰亡纪实》，载《金平县文史资料》第 1 辑，政协金平苗族瑶族傣族自治县委员会编印，1994 年，第 19 页。

纷入会。"①

至此，三点会已经不仅仅是控制航运交通的问题，而是有占据一方之势。

六 清政府对会党势力的镇压

1902 年，蔓延桂、粤、滇、黔诸省的会党势力越来越盛，已经不是打家劫舍，而是攻城略地。时与广西毗邻的广南府土富州在 1901 年被改土归流，改为富州厅。土知府沈定坤不敢公开对抗，虽然将民政管理权限移交通判王正雅，但拒绝呈缴印信。其族沈老七（沈定良）则秘密招引广西会党，在当年 12 月攻破剥隘，1902 年 4 月又攻富州厅署所在地皈朝。富州通判王正雅左脚、前胸两处负伤，绝望之余射杀其妻，落荒而逃。经过此役，皈朝镇破坏殆尽，民屋官署，悉成灰烬。战后"居民复业者，初仅二十余户"，这座有着 3600 户居民的滇边重镇从此破败。② 王正雅只好报请准将厅署移普厅。

面对声势日盛的会党势力，清政府下令桂、粤、滇、黔数省联合剿办。在滇桂边界，清政府起用当地少数民族的将领白金柱和龙济光统兵前往镇压。

白金柱（1856—1908），字载廷，蒙自县沙甸（今属个旧市）人，回族，"由武童随同军官出师越南，收复广威、不拔城池，迭次剿平滇省各属土匪，骁勇善战，沉毅多谋"③。由武童逐级提升，1902 年时官居二品衔补用参将。其士兵多为回族，在信仰上与三点会的拜台格格不入。

龙济光（1876—1925），哈尼族，本是蒙自犒吾卡（今元阳县逢春岭）土司龙汝霖的第三子，长兄龙觐光（1863—1917），次兄龙裕光（1865—1930）。龙觐光非嫡妻所生，故犒吾卡土司职位是由嫡长子龙裕光继承，嫡出的龙济光同样没有继承的份。光绪初年，受过良好教育的龙觐光机缘巧合，得以代办纳更土司，将司署从擢乐迁新城（今元阳县新城乡），经

---

① 《署云贵总督丁振铎等奏派兵搜剿河口会党情形折》（光绪二十九年六月十六日，宫中朱批奏折），载中国第一历史档案馆、北京师范大学历史系编选《辛亥革命前十年间民变档案史料》（下册），中华书局 1985 年版，第 665 页。

② 徐珂：《清末广西天地会风云录》，广西师范大学出版社 1990 年版，第 37—38 页。

③ 《奏保滇省将才片》（光绪三十三年十一月初二日），中国科学院历史研究所第三所工具书组整理：《锡良遗稿 奏稿》（第二册），中华书局 1959 年版，第 721 页。

营有方，颇著政声。三兄弟中只有厌文习武的龙济光未能掌理政事，遂心存夺非同母的长兄龙觐光土司之念，得同母兄龙裕光支持。龙觐光识破两兄弟阴谋，不愿同室操戈，乃让出纳更土司职位给龙济光，自己外出参加科考求取功名，得以署理会理州知州。① 后龙觐光因母亲去世回籍丁忧，"力劝两弟放弃土职，一同外出施展抱负。两兄弟为兄长宽容大义所感，欣然从命"②。龙济光于 1900 年率犒吾卡、纳更土勇 300 人投效清军，混得"贵州试用知县"、"贵州补用直隶州知州"的虚职。

在镇压会党的起事中，白金柱和龙济光迅速成为清政府手中的利器，他们与会党没有任何联系，也不像其他官兵那样军纪废弛。1902 年，白金柱、龙济光、王正雅等先后在皈朝、普厅打败会党、游勇武装，到 1903 年初，他们擒斩"大匪首李二老板"，终于将滇桂边界的会党基本肃清。6月，白金柱、龙济光率部进入广西西林、百色、南宁等地镇压会党，后滇军统一由龙济光指挥，扫荡泗城等府的会党。③

但河口、蛮耗控制红河航运的三点会仍旧未见收敛，反而与个旧锡矿矿工首领周云祥密商共同起义，并策动驻坝洒的骆家信、驻新街的韦勋臣、驻蛮耗的黄凤图等营内应。④

此时，法国亦看到清除三点会并进一步控制云南的良机，向清政府提出要派军越界自行缉捕，清政府对此不得不认真对待。云贵总督丁振铎奏称："河口为洋商及法员路工人等出入要道，屡经英法各领事以匪阻商停，请速剿办为词，倘有贻误，何堪设想。"⑤ 在滇桂边界扫荡会党游勇取得胜利后，清政府决定围剿蛮河三点会。

奉令围剿蛮河三点会的是文山县知县贺宗章，他倚仗的主力部队，是

----

① 龙顺乾、龙占乾：《纳更土司历史概况》，载红河哈尼族彝族自治州政协文史资料委员会编印《红河州文史资料选辑》第 4 辑，1985 年，第 94—97 页。

② 云南省地方志编纂委员会总纂：《云南省志》卷 80《人物志》，云南人民出版社 2002 年版，第 31 页。

③ 广西壮族自治区地方志编纂委员会编：《广西通志·大事记》，广西民族出版社 1998 年版，第 106 页。

④ 贺宗章：《幻影谈》，载方国瑜主编《云南史料丛刊》第 12 卷，云南大学出版社 2001 年版，第 96 页。

⑤ 《署云贵总督丁振铎等奏派兵搜剿河口会党情形折》（光绪二十九年六月十六日，宫中朱批奏折），载中国第一历史档案馆、北京师范大学历史系编选《辛亥革命前十年间民变档案史料》（下册），中华书局 1985 年版，第 666 页。

龙济光的二哥、犒吾卡土司龙裕光的土勇，还有部分团勇。他饬令巡检柯树勋（柯积臣、柯绩臣）分兵驻扎猛平、石硐、马鞍底、阿得博等处（均在今金平县境），又派人扼守新街、坝洒等处，对蛮耗形成包围之势。贺宗章率龙裕光等人，在底迷团总傅国祯向导下，抄近路从底迷山趋蛮耗，打败蛮耗及其附近三点会，"续派五品顶翎黄体良、团哨傅兴泰等分赴河口、猛喇，会同管带岑得贵、土司刀佩瑜四面合攻"，打败河口三点会众。[①]

当时，个旧矿工的首领周云祥已准备发动，派人联络河口三点会，准备于1903年4月16日（光绪二十九年三月十九日）起事。三点会亦购买武器，积储粮草，并约驻蒙自附近的清军骆、韦、黄三管带反正。因临安开广道魏景桐及时回蒙自，加上三点会"所购枪械亦未到齐，乃改期五月十三。"[②]魏景桐得其情，电请密速拿办。1903年5月14日（光绪二十九年四月十八日），蒙自知县孙家祥与管带麦贵安秘密带兵准备进抵个旧，缉拿周云祥。同时由开化府知府贺宗章兼领开、临营务处，率军前往蛮耗、河口一带镇压三点会。周云祥探知蒙自官方前来缉拿自己，率众伏击，击杀麦贵安，宣布起义。起义军火烧个旧衙署，随即攻克临安城（建水），云南为之震动。清政府从各处会集的"兵勇计用至五十余营，团丁又万余众"[③]，以云南按察使刘春霖为总统，从通海、蒙自等两路会攻建水，于闰五月初三日（6月27日）诱杀周云祥等人，平息此事。同时，贺宗章电请刘春霖、魏景桐将黄凤图、韦勋臣、骆家信等部以前往会攻临安之名调离，然后率土司龙裕光土勇，与柯绩臣、黄体良等部会剿三点会。"沿河村寨，悔罪投诚者以万计"，并相继将钟五韶捕杀于坝洒，将曾秀兰、吕良弼捕杀于河口，严效平隐匿多日后仍旧被捕，押到蒙自处决。至

① 中国第一历史档案馆、北京师范大学历史系编选：《辛亥革命前十年间民变档案史料》（下册），中华书局1985年版，第666页。

② 参见贺宗章《幻影谈》，载方国瑜主编《云南史料丛刊》第9卷，云南大学出版社2001年版，第150页。文中"骆、韦、黄三管"，是指驻防坝洒的骆家信、驻防新街的韦勋臣和驻防蛮耗的黄凤图。

③ 《署云贵总督丁振铎等奏收复临安石屏州城池请奖折》（光绪三十年五月十六日），载中国第一历史档案馆、北京师范大学历史系编选《辛亥革命前十年间民变档案史料》（下册），中华书局1985年版，第677页。

此，河口、蛮耗地区的三点会之四大头领，仅关辅臣（即关仁甫）逃往越南。[①] 其余党众，或被镇压，或缴钱获得宽宥，或暗中潜伏，或逃避越南。

关仁甫从河口退入越南后，谒见当时在越南活动的孙中山，并加入了兴中会，开始从会党转变为革命党。

---

① 参见贺宗章《幻影谈》，载方国瑜主编《云南史料丛刊》第12卷，云南大学出版社2001年版，第95—102页。

第二章

粤桂滇边的革命风潮

会党的势力是孙中山发动起义的依靠。

中国同盟会夺取华南革命方略的确立，与会党活动有很大的关系。

1908 年初，孙中山被法方驱逐出越南，只能将在粤桂滇边起事的重任委托给黄兴和胡汉民，由胡汉民坐镇河内任总指挥，黄兴和黄明堂、关仁甫、王和顺等人分头去准备夺取钦州和河口。两路人马，各只有二三百人，只能寄希望于义旗一举，能够一呼百应，互为策应，进而寻机夺占桂滇两省。孙中山在南洋各地积极筹措款项、购置粮械接济，但所得无多。黄兴在得到部分接济后于 3 月 27 日发动起义，黄明堂却因款粮无着落而静观。

清政府侦知革命党举事的可能，采取了增派军队、加强巡视等措施。但清军受腐败侵蚀，常年欠饷欠薪，基层官兵生活困苦，早就滋生了不满情绪。

第一节　孙中山在粤桂滇边的最初经营

一　孙中山初入越南的活动

孙中山（1866—1925）至少还有两个名字是众所周知的，即孙文和孙逸仙，他是广东省香山县（今中山市）人，1894 年在檀香山创立革命组织兴中会，以"驱除鞑虏，恢复中华，创立合众政府"为基本政纲，吸纳革命志士和秘密会党的成员酝酿革命。1895 年广州起义流产之后，孙中山流亡海外，很快成为国内外著名的中国革命领导人。

活跃在中越边境地区的会党势力，很快引起了在海外寻求革命力量的孙中山的关注。1897 年，他自英国东归，"即有赴安南，以便就近潜入滇桂致力武装起义计划。嗣因日本友人坚留，遂改变初衷暂驻日本。"① 1900年 6 月 6 日，孙中山在准备从日本东京赴越南之前，专门去拜会了法国驻日公使朱尔斯·哈马德（Jules Hormand）。孙中山向哈马德简要讲述了自己的计划，如果能够经越南把武器运入广西等地，并进一步能够由法国军事顾问训练他的追随者，他就能在广西、广东、云南等地区建立革命政府。他还要求哈马德写信给印度支那总督接见他。这是孙中山第一次设想背靠法属印度支那的支持，在粤桂滇边发动革命。哈马德虽然表示法国政府不宜鼓励旨在反对跟它有良好关系的国家的革命，但写信给法属印度支那总督保尔·韬美（Paul Doumer），希望他能在西贡会见孙中山。② 6 月 21 日，孙中山抵达西贡。这是孙中山首次莅临越南。在这里，他除了与韬美会谈，还结识华商李竹痴、曾锡周、马培生等人，向他们宣传革命。

　　1902 年 12 月，孙中山应法国驻越南总督韬美之邀，到河内参观博览会。孙中山再赴越南，花了差不多半年时间，在越南之西贡、堤岸、河内、海防，以及泰国曼谷等地活动，积极吸纳华侨参加革命。③ 其间，孙中山介绍了积极赞成革命的越南华侨黄隆生、杨寿彭等人加入兴中会，成立了河内兴中会，"是为越南创立兴中会之嚆矢"④。不过，由于当时的越南党禁森严，这些工作仍旧只能秘密进行。孙中山能够公开使用的名号，是"致公堂"⑤。前已述及，致公堂实际上也是三点会的另一名称。三点会在越南华侨中，是影响最大的组织。有知情者回忆称："前清末年旅越华侨一些结社活动，除各帮的会馆及帮公所外，华侨中最大的秘密组织，是洪门三合会，据我所知，从事体力劳动的侨胞，十之八、九都参加了这种

---

　　① 吴相湘：《孙逸仙先生传》上册，台湾远东图书公司 1982 年版，第 582 页。
　　② 《法国驻日本东京公使 1900 年 6 月 7 日给印度总督的信》，法国国家档案外国档案印支部分。转引自［美］金姆·曼荷兰德《1900—1908 年的法国与孙中山》，载辛亥革命史丛刊编辑组编《辛亥革命丛刊》第 4 辑，中华书局 1982 年版，第 230 页；巴黎法国国家档案馆海外地区档案，B11（36），卷宗第 33 号，"和孙中山的谈话"，1900 年。转引自［美］杰弗里·巴洛：《1900 至 1908 年孙中山与法国人》，黄芷君、张国瑞译，载辛亥革命史丛刊编辑组编《辛亥革命史丛刊》第 6 辑，中华书局 1986 年版，第 211 页。
　　③ 陈锡祺主编：《孙中山年谱长编》（上册），中华书局 1991 年版，第 282—283 页。
　　④ 冯自由：《革命逸史》第 4 集，中华书局 1981 年版，第 15—16 页。
　　⑤ 陈锡祺主编：《孙中山年谱长编》（上册），中华书局 1991 年版，第 282—290 页。

秘密结社。"① 可以判断，孙中山用致公堂名义，也有将如此广大的会众皆网罗为革命力量的意思。他通过召集三点会各堂口头领开会，调解他们的纠纷，使他在越南三点会中颇具声望，西贡、堤岸等地的三点会堂口之间不再彼此争斗，成为了革命党的外围组织。②

作为蛮河地区三点会头目之一的关仁甫，就是在孙中山尽力网罗会党的时候逃到越南的。似乎没有费太多周折，关仁甫就晋谒了孙中山并加入兴中会。孙中山对在国内有过反清经历的人比较重视。据关仁甫的回忆，他在加入兴中会后，"即受孙先生命，于粤桂滇边活动。孙先生乃赴南洋、美洲，策动华侨，成立兴中支会"③。

查孙中山赴南洋、美洲是在 1903 年 7 月离开西贡之后，关仁甫逃越南是在 5 月份。在 1 个多月的时间中，关仁甫对孙中山印象深刻，他受孙中山的委托，在粤桂滇边活动，建立起不少人脉关系。不过，相比于广西会党持续不断的反清武装斗争，关仁甫的活动并不引人注目。

二　孙中山认为粤桂滇会党的反清斗争是中国革命的一部分

对于粤桂滇三省如火如荼的反清斗争，革命党人颇为关注，乃至将他们引为同党。如他们将 1903 年临安周云祥的反清起义，描述为是在接受孙中山革命党影响下而发动的。④ 1904 年 8 月 31 日，孙中山在美国发文吁请美国支持，也将"现在犹以日益增大的威力与勇气在进行着的""广西的运动"，作为"全国革命的时机，现已成熟"的一个例证，他说：

从最近的经验中可清楚地看到，满清军队在任何战场都不足与我们匹敌，目前爱国分子在广西的起义就是一个明显的例证。他们距海岸非常遥远，武器弹药的供应没有任何来源，他们得到这些物资的唯

---

① 刘汉翘：《孙中山对越南华侨进行革命宣传忆述》，载黄国安、萧德浩、杨立冰《近代中越关系史资料选编》（下），广西人民出版社 1988 年版，第 774 页。

② 刘汉翘：《孙中山对越南华侨进行革命宣传忆述》，陈良口述：《在西贡堤岸三次会见孙中山的回忆》等文，载黄国安等编《近代中越关系史资料选编》（下），广西人民出版社 1988 年版，第 774、777 页。

③ 关仁甫述：《革命回顾录》，载中国人民政治协商会议全国委员会文史资料研究委员会编《辛亥革命回忆录》第 7 集，中华书局 1962 年版，第 241 页。

④ 范德伟：《周云祥与革命党》，《中国国家博物馆刊》2013 年第 8 期。

一方法乃是完全依靠敌人方面去俘获；即使如此，他们业已连续进行了三年的战斗，并且一再打败由全国各地调来的官军对他们的屡次征讨。他们既然有出奇的战斗力，那末，如果给以足够的供应，谁还能说他们无法从中国消灭满清的势力呢？①

1905年2月，孙中山在巴黎更是对法国人表示："目前广西的暴动便是在他的领导下，由他的党提供基金，由他的拥护者们进行的。广西的暴动两年来使官兵受困、束手无策。"此时，孙中山开始设想"在中国南方建立一个联邦国家，包括广东、广西、贵州和湖南四省"的方案，并"打算一旦时机成熟，他就到广西去，在十分有利的条件下作建立革命政府的第一次尝试，然后向广东进发并夺取广州"②。

1905年时，广西会党的反清武装斗争已进入低潮。孙中山的革命党人对于利用会党在粤桂滇三省发动反清武装斗争的热情却越来越高涨。7月28日，到日本准备"联络人才"一并反清的孙中山，就此问题专门向宋教仁表示：

> 方今两粤之间，民气强悍，会党充斥，与清政府为难者已十余年，而清兵不能平之，与其破坏之能力已有余矣；但其间人才太少，无一稍可有为之人以主持之。去岁柳州之役，彼等间关至香港招纳人才，时余在美国而无以应之也。若现在有数十百人者出而联络之，主张之，一切破坏之前之建设，破坏之后之建设，种种方面，件件事情，皆有人以任之，一旦发难，立文明之政府，天下事从此定矣。③

孙中山坚信，革命的形势正在这些地方酝酿成熟。但他要说服革命同志，仍旧需要一些时间和实证。

---

① 《中国问题的真解决——向美国人民呼吁》，载《孙中山全集》第1卷，中华书局1981年版，第252、255页。

② 《与孙逸仙的谈话》（1905年2月9日），载章开沅等主编《辛亥革命史资料新编》（7），湖北人民出版社2006年版，第3—4页。

③ 湖南省哲学社会科学研究所古代近代史研究室校注：《宋教仁日记》，湖南人民出版社1980年版，第90—91页。

第二节 同盟会内部在首义战略点上的分歧

一 孙中山选择的首义地点

孙中山从立志革命时起，便打算以广东作为革命发起的根据地。他最初发动的 1895 年广州之役，1901 年的惠州之役，均在广东。孙中山认为，起义首发之点，关乎革命经略之策，只要发轫一起点，"即如置一星之火于枯木之山矣，不必虑其不焚也"，此起点之地，要求"急于聚人，利于接济，快于进取"，而且"以聚人为第一着"。综合这些因素，他认为广东为最佳。①

1905 年，在同盟会成立前夕，孙中山到日本与黄兴初次见面时，针对革命发动的地点也曾有过分歧和争论。黄兴主张从长江一带尤其是湖南省开始干，他早先的设想是"只宜采取雄踞一省，与各省纷起之法"②。孙中山则坚持从广东开始干。当时，黄兴以为孙中山只是从家乡情感出发，说："你不要光讲自己的老家好不好？"孙中山则分析长江一带与广东的区位优劣，说："你要在长江一带干，但从哪里运送武器呢？长江一带很难运送武器进去，你知道吗？而广东则有几个运送武器的地方。"③ 他说服了黄兴。黄兴后来也持利于接济的观点，并以"吾党举事，须先取得海岸交通线，以输入武器之便"④ 去说服其他人。当然，孙中山倾向在广东发动，还有一个方面的考虑没有对黄兴讲，这就是他自认是继承太平天国洪秀全的未竟事业，要走大致的路径。在 1902 年春，他在与章太炎谈论时，说"洪氏初以广西一部成义旅，所至斩馘，勤于远略，克都邑而不守，跨越江湖以宅金陵"，认为"夫定鼎者相地而宅，发难者乘利而处。后王所起，

---

① 《与宫崎寅藏等笔谈》（1897 年 8 月至 1898 年 8 月），载《孙中山全集》第 1 卷，中华书局 1981 年版，第 183、184 页。

② 《在华兴会成立会上的讲话》（1903 年 11 月），载湖北省社会科学院编《黄兴集》，中华书局 1981 年版，第 2 页。

③ 《宫崎寅藏谈孙中山》，载广东省政协文史资料研究委员会孙中山研究室《广东文史资料》第 25 辑，1979 年，第 316—317 页。

④ 黄兴：《致居正书》（1911 年 2 月上旬），载湖北省社会科学院编《黄兴集》，中华书局 1981 年版，第 34 页。

今纵不豫知所在，大氐（抵）不越骆、粤、湘、蜀"①。

此时，留日学生革命志气的高昂，使孙中山备受鼓舞，"自觉贯彻宿志之时已经迫近"，他分析说："近来本国青年多留学日本欧美，人数不断增加。其毕业归国之后，必有位居枢要者。彼等必厌恶旧习，而欲发展局面，且不免与顽固保守者冲突。基此原因，可知改革之势正在鼓荡，及身可见清王朝崩溃，这是贯彻余多年宿望之秋。"②

1905 年 8 月 20 日，中国同盟会在东京召开成立大会，孙中山被推为总理。此时，他自觉重任在肩，亟盼"为之开一新纪元"③。

要开辟新纪元，坐等革命时机成熟是不够的，即便有了天时，也还需有地利与人和。地利、人和的选择，实际上就是首发之地的选择。孙中山认为，这还是要围绕"急于聚人，利于接济，快于进取"这 12 字方针展开。这几方面居于优势的地点，在孙中山看来，无疑是与越南毗邻的粤桂滇三省边地。不过，当时的同盟会，"原来的那几个小团体专家的畛域并未彻底消除，因此，内部的意见常不一致"④。其他领导人更热衷于做宣传鼓动和联络发展同志的事。就是做这样的事，革命经费已大显拮据。

适逢清政府不断向日本政府施压要求驱逐孙中山。孙中山也考虑到越南去筹措经费，"拟筹足二百万，以为革命之资"⑤。为此，他特地在横滨印制了 200 万元票面为 1000 元的革命军债券，计 2000 张，名义是"中华民务兴利公司"⑥。10 月 7 日，孙中山携黎仲实（黎永锡）、胡毅生、邓慕韩等人离开日本，当然也带着债券，于下旬抵达西贡，随即赴堤岸，改组当地的兴中会，成立以刘易初为会长，李卓峰为副会长的同盟会分会。⑦

---

① 《与章太炎谈话》1902 年春，载《孙中山全集》第 1 卷，中华书局 1981 年版，第 214 页。

② 日本外务省档案：《神奈川县知事报告内务大臣：清国流亡人士言行之报告》（440690，秘第 2047 号，明治 38 年 8 月 16 日），载章开沅等主编《辛亥革命史资料新编》（6），湖北人民出版社 2006 年版，第 112 页。

③ 孙文：《有志竟成》，载朱正编《革命尚未成功——孙中山自述》，湖南出版社 1991 年版，第 61 页。

④ 吴玉章：《辛亥革命》，人民出版社 1961 年版，第 74 页。

⑤ 孙中山：《复陈楚楠函》（1905 年 9 月 30 日），载《孙中山全集》第 1 卷，中华书局 1981 年版，第 287 页。

⑥ 《乙丙两年印行之革命军债票》，载冯自由《革命逸史》初集，中华书局 1981 年版，第 179 页。其债券发行并不理想。

⑦ 陈锡祺主编：《孙中山年谱长编》（上册），中华书局 1991 年版，第 358—359、361—362 页。

孙中山并继续致力整合当地的会党组织，他让同盟会成员也加入会党，邀聚会党首领进行劝解，"结果斗争之事，竟不复见；其各派首领，多加入本党，自是西贡洪门，无形解散矣"①。为避免外间注意，孙中山还把河内的革命组织改为"兴学社"，成员由四五十人增加到300多人，又在海防设"益智学堂"。可以看出，孙中山在越南组织同盟会分会，网罗会党领袖，争取华侨支持，募捐等，均在这时候进行。

二　王和顺、许雪秋的加盟

令孙中山兴奋的是，这期间，王和顺拜谒了孙中山，并加入同盟会。

王和顺（1868—1934），字德馨，号寿山，《邕宁县志》记载是南宁市郊区二塘乡那造村人。冯自由记载他"弱冠入伍，隶提督刘永福部为哨官，每战恒身先士卒，上官多器重之"②，不知所据何处。因为在刘永福被调离时的1885年，王和顺也还只是17岁的少年，如果他成为刘永福的哨官且作战勇猛，应该仍旧追随在刘永福身边。即便被遣散，他也会成为游勇中的一分子，而不会在镇南关起义时在游勇、绿林两派中被认为是绿林出身。③

王和顺初名王顺，家境贫穷，从小就帮家中劳动，主要是放牧，后来入宣化县署当衙役。1884年，少不更事的王顺调进捕盗营，工作干得很卖力，捉贼捕盗下手也狠。他拜的"契爷"（干爹）老差头张发，劝他做事顺时不要太绝，要和顺些。他听从劝告，不再认真捕盗。之后，他更名为王和顺。由于捕盗营有名无实，且时与"贼通"，1898年，署宣化知县沈世培将捕盗营成员全部捕捉，初拟斩杀，其后宽大释放。王和顺获释后，自立帮口，加入天地会。④ 1899年，广西各地会党纷纷起义，王和顺亦竖旗造反，声势大盛，成为广西天地会起义中引人注目的力量。《邕宁县志》记载，各股中"尤以王和顺为大股，尝结党千数百人，扰乱柳庆思南镇泗

---

① 邓慕韩：《本党与洪门》，载丘权政、杜春和等选编《辛亥革命史料选辑》（上册），湖南人民出版社1981年版，第84页。

② 《南军都督王和顺》，载冯自由《革命逸史》第2集，中华书局1981年版，第199页。

③ 《丁未广西镇南关革命军实录》，载冯自由《革命逸史》第5集，中华书局1981年版，第120页。

④ 参见徐舸《清末广西天地会风云录》，广西师范大学出版社1990年版，第73页。

一带，官军屡合围剿捕，终莫能获，亦狡矣哉。"① 王和顺率部转战于柳州、庆远、南宁、思恩、镇安、泗城六府，多次击败清军，尤其是 1902 年 7 月在武缘县（今属南宁市武鸣区）击毙清军署左江镇、柳庆镇总兵马盛治，声名大著。

据冯自由记载，1904 年冬，王和顺战败逃亡香港，接受革命志士史古愚（史坚如的哥哥）与伍汉持、李自重等人的招待，再由香港去西贡，得当地华侨中的兴中会员黄景南、李亦愚救助，并通过他们介绍，得以于 1905 年冬天晋谒孙中山，加入同盟会。时孙中山正愁缺乏军事干才，知道王和顺曾多次打败清军，对王和顺很重视，以致到"解衣推食，礼遇至优"的地步。② 当然，孙中山如此重视王和顺，除了对以后举事中越边境的考虑，应该还有向法国人证明广西会党起义确实是受他领导的意思，也有争取法国进一步支持的心态。

随后，在新加坡，孙中山又得到一会党起义军的领袖许雪秋（1875—1912）。许雪秋出生于新加坡的富商人家，祖籍是潮州人。他受到一些革命思想的影响而有反清之志，于 1904 年 9 月潜回广东潮州，接纳同志，策动会党和潮汕铁路的筑路工人。1905 年初，他被推举为革命军司令，积极准备发动起义，事泄流产，返南洋募集饷糈，企图再举。"丙午某月孙总理自日本至新加坡，雪秋素仰总理名，浼张永福为介，即加入同盟会。时总理方有志图粤，闻雪秋历述早年在潮州经营革命经过，及其所配备各地之潜势力，深为嘉许，即委任为中华国民军东军都督，使在粤省东江各属相机发难。自丙午同盟会本部编定革命方略以来，总理依据方略以委任都督，雪秋实为第一人。"③

王和顺和许雪秋的加入，对于孙中山坚持从两广发动革命有一定的助力。

三 黄兴初入广西的活动

在孙中山抵达越南活动后，在日本主持同盟会事务的黄兴，也将同盟

---

① 莫炳奎：《邕宁县志》卷四《兵事志》，台湾成文出版社据 1937 年铅印本影印，第 1474 页。
② 《南军都督王和顺》，载冯自由《革命逸史》第 2 集，中华书局 1981 年版，第 199—200 页。
③ 《东军都督许雪秋》，载冯自由《革命逸史》第 2 集，中华书局 1981 年版，第 183—184 页。

会事务委托他人，自己起程，辗转进入广西。

黄兴到广西，一个原因也许就是要调查粤桂滇三省的革命条件是否如孙中山所说，看看能否引导会党力量。黄兴早在 1904 年秘密组织华兴会，即有联络会党首领马福益准备在长沙发动起义之事。起义尽管事泄流产，马福益遇难，但他对联络会党仍旧有信心。再一个原因，就是原来华兴会成员聚集广西，有在广西发动起义的打算，如此则与孙中山的谋划直接配合。原来，为镇压广西会党，清政府从湖南调派湘军入桂，广西巡抚李经羲为兴办新军，也延揽了不少湘人。其中任桂林巡防营统领的郭人漳，任随营学堂总办的蔡锷等人，与同为湘人的黄兴均为故交。蔡锷、郭人漳又通过各种关系，邀新化人邹永成和谭人凤等革命志士到桂林的随营学堂。一时间，桂林出现谭人凤感叹的"湘中士子争往赴焉"[1] 之态势，其他还有到过日本留学或考察的钮永建、秦毓鎏、赵声等人，也在广西军中，"有这许多革命党人云集在桂林，当时革命的空气非常紧张，自郭人漳以下无不高谈革命"[2]。黄兴以同乡故旧之谊，可以去做策动工作，尤其是湘潭人郭人漳，虽说是淮军名将郭松林之子，但加入了华兴会，调到广西后仍旧与华兴会人员暗通声气，因此他成为黄兴策动的重点。黄兴化名张守正，号愚臣，以僧人打扮，先后在桂林、梧州、龙州等地活动，出入于郭人漳的军营，既实勘了广西情况，也实习了军事生活，更组织了桂林同盟会，网罗了不少人才。[3] 但因为郭人漳只是口头赞成革命，实际上则首鼠两端，又与蔡锷等不睦，黄兴调解无果，乃于 1906 年 5 月离开广西赴河内。[4]

四　同盟会转向华南战略的确立

在黄兴赴河内前，孙中山早已经停新加坡后赴日本。9 月，黄兴潜回东京。显然，事实比孙中山所设想的开辟新纪元要困难得多。孙中山、黄兴再次聚会东京后，与 7 月抵东京的章太炎聚首，这是同盟会三大来

---

[1] 谭人凤：《石牌词叙录》，载中国社会科学院近代史资料编辑组编《近代史资料》1956 年第 3 期（总第 10 期），第 31 页。

[2] 邹永成口述，杨思义笔记：《邹永成回忆录》，载中国社会科学院近代史资料编辑组编《近代史资料》1956 年第 3 期（总第 10 期），第 84 页。

[3] 石彦陶、石胜文：《黄兴传》，人民出版社 2004 年版，第 97—102 页。

[4] 金冲及、胡绳武：《辛亥革命史稿》第二卷《中国同盟会》，上海人民出版社 1985 年版，第 31—33 页。

源——兴中会、华兴会、光复会——的三巨头，他们齐聚东京，一起认真研讨革命的经验和革命理论，拟定了《中国同盟会革命方略》，作为指导各地起义的纲领性文件。

此时，同盟会成立后派回国内组织分会及调查会党等情况的人员，犹如黄兴在广西一样，也颇有建树。其中，同盟会会员刘道一（1884—1906）、蔡绍南等人潜回湖南，运动洪江会龚春台等原来追随马福益的首领，于1906年12月4日，发动了江西萍乡和湖南浏阳、醴陵的起义。起义人员以"奉中华民国政府令"为名，推举龚春台为"中华民国革命军南军先锋队都督"，发布檄文。孙中山、黄兴等人得知起义消息，当即派杨卓林、谭人凤、宁调元、胡瑛等人赶赴策应，但未及赶到，起义已在清政府大军围攻下失败。

在清政府的镇压和随后的大肆搜捕中，被杀害的同盟会员有刘道一、禹之谟、魏宗铨、杨卓林等数十人，被捕监禁的有宁调元、胡瑛等五十多人，被悬赏通缉的有刘揆一等十多人，因株连被害的无辜群众逾万人。[①]这对同盟会内那些坚持要在长江流域发动的人，是一个不小的打击。有研究认为：经此一役，"湖南、湖北、江西、江苏等省革命力量遭受的摧残，使同盟会在长江中下游的潜在势力受到巨大的打击，一时难以迅速恢复和展开活动，而处于低潮状态。这就促使同盟会在准备发动下一阶段的武装起义时，更把它的全部注意力集中到华南地区去了。"[②] 至此，转向华南发动，成为同盟会内部的共识。

转向华南，后边的历史证明，主要还是在粤桂滇三省。之所以如此，除了前述孙中山对这些地方的希望与关注外，原因大致还应该从如下方面去寻找：

首先是交通的因素。"利于接济"和"快于进取"，最关键的就是对外交通的便捷。随着法国人在越南修筑道路，尤其是相继将铁路修抵云南河口和广西镇南关，再加上越南原有通广东和广西的水道，钦廉二州与越南有陆路相通，可以说与越南毗邻的粤桂滇三省，其对外交通已经比较发达。相比之下，这些地方通往内地的交通并没有多大改善，意味着清政府

①　饶怀民：《狂飙突起，震惊中外——丙午萍浏醴大起义始末》，载萍乡市政协、浏阳县政协、醴陵市政协合编《萍、浏、醴起义资料汇编》，湖南人民出版社1986年版，第19页。

②　金冲及、胡绳武：《辛亥革命史稿》第二卷《中国同盟会》，上海人民出版社1985年版，第155页。

欲调集大军镇压革命将比较困难，而一旦革命军进取不利，也可以快速退出。

其次是华侨的因素。这是"急于聚人"的一个重要方面。孙中山早期的革命，多依靠海外华侨，致有"华侨为革命之母"的题词。由于欧美日本等处的华侨，一因"风气未开，人心锢塞"，对孙中山革命鼓动，最初均"应者寥寥"①。相比之下，孙中山在1902—1903年间的越南之行，颇受当地华侨欢迎，华侨"革命思想勃然而兴"，结社宣传"一时打倒满廷声浪沸腾"②，使他对越南华侨充满信心。此时，随着修筑铁路和开矿山的需要，以及清政府在粤桂滇大规模镇压会党，大量的中国人进入越南。有统计认为，1903年，"曾经充当孙中山策划革命斗争庇护所的法属印度支那的华侨人口，约在中国估计的100000和法国估计的233000之间"③。更有人认为，新近进入越南的华侨，"据法政府公报，1903年已增至三十五万六千人"④。而且与越南毗邻的缅甸、泰国以及距离不远的新加坡等，这些地方的华侨对于孙中山鼓动的革命也抱有极大的热情，其数量也以万计。

其三是会党的因素。这也是"急于聚人"的一个重要方面。粤桂滇三省的会党，与越南、缅甸、新加坡、泰国等地的华侨互通声气，尤在中越边境地区出没无常。当时在粤桂滇三省发生的反清斗争，无不与他们密切关联。

其四是清军的因素。这还是"急于聚人"的一个重要方面。孙中山最初的武装起义是以策动会党为主，并不看好清军。黄兴在组织华兴会时也认为"非可与异族之禁卫军同谋合作"⑤。但孙中山也好，黄兴也好，他们很快发现，清军并非就完全是清政府的忠实维护者，他们中既多会党成

---

① 孙文：《有志竟成》，载朱正编《革命尚未成功——孙中山自述》，湖南出版社1991年版，第53—58页。

② 黄复黄：《华侨西贡党事之经过》，载蒋永敬主编《华侨开国革命史料》，台湾正中书局1977年版，第397、398页。

③ 《越南华侨志》，台湾华侨志编纂委员会编印1958年版，第28页，转引自〔美〕杰弗里·巴洛：《1900至1908年孙中山与法国人》，黄芷君、张国瑞译，载辛亥革命史丛刊编辑组编《辛亥革命史丛刊》第6辑，中华书局1986年版，第207页。

④ 邱致中编：《南洋概况》（史地丛刊），正中书局1937年版，第273页。有关20世纪初在越南华侨的数量，有不同的说法，未经考证，此处暂从一说。

⑤ 《在华兴会成立会上的讲话》（1903年11月），载湖北省社会科学院编《黄兴集》，中华书局1981年版，第2页。

员，部分军官如郭人漳也颇有同情或倾向革命的思想。因此在刘道一从日本起程回国发动萍浏醴起义前，有过广西策反清军经验的黄兴即特别叮嘱："以军队与会党同时并举为上策，否则亦必会党发难，军队急为响应之。"并进一步分析说："新军兵精械良，官佐皆学生出身，多有与吾辈通声气者，运动较为易易。巡防营虽难比新军，然官与兵多洪会中人，以洪会同志游说之，不难归顺。"① 1907 年孙中山到河内后，得知郭人漳带巡防营 3 营，标统赵声带新军 1 营及炮队和机关枪队，奉两广总督周馥之令，前往钦州镇压三那（那黎、那彭、那思）地区抗捐和起义，他希望能够策反郭人漳、赵声部，便专门函招在日本主持同盟会的黄兴前来运动广东清军统领郭人漳。② 在此之前，关仁甫亦在广西活动多时，奔走于镇南关与龙州之间，结识凭祥土司李佑卿等人，并结纳当地驻军参将陆荣廷及其部属临口管带陈炳焜、南关帮带黄福廷、防营总教习易世龙，以及龙州厅幕友陈晓峰等人。

其五是外交因素。法属印度支那当局乃至法国政府中的部分人员，有利用革命造成的混乱从中获利甚或出兵侵占云南的意图，一度对孙中山及其革命抱支持或中立的态度，更增添了孙中山对在中越边境地区展开革命的信心。

尽量争取列强支持，本是孙中山在海外进行中国革命的一大策略。孙中山要将海外的革命落实到中国，上述多方面的因素都使他选择粤桂滇。这三省已经成为英法的势力范围，因此，孙中山在争取英法支持上也下了不少功夫。为争取法国支持，他通过与他接触的法国"代表"，向法国传递了这样的信息：自己的反清革命曾经得到日本支持，他希望法国也成为自己革命运动的支持者，甚至可以取代日本成为最主要的支持者。③ 有研究者就认为：

> 革命党人所以能在安南建立基地，得力于安南总督韬美（Doumer）的协助。韬美的目的，无非想在中国南部扩展法国势力。一九〇七至一九〇八年间，革命党人曾以安南为基地，在云南发动过

① 刘揆一：《黄兴传记》，载饶怀民编《刘揆一集》，湖南人民出版社 2008 年版，第 148 页。
② 毛注青：《黄兴年谱》，湖南人民出版社 1980 年版，第 73 页。
③ ［美］金姆·曼荷兰德：《1900—1908 年的法国与孙中山》，载辛亥革命史丛刊编辑组编《辛亥革命史丛刊》第 4 辑，中华书局 1982 年版，第 232 页。

几次革命暴动，得到法国文武官员的协助，安南的法国报纸对革命活动也大事报道，并加赞扬。[①]

进一步的研究表明，这样的说法是有依据的。在吕班（Dubail）任法国驻华公使时，他对与孙中山合作不太看好，但法国陆军部却想通过与孙中山的合作，"一方面为了（法国）政府更好地评估与中国反满势力合作的可能，另一方面为了进一步提升一直以来令政府忧心忡忡的印度支那边境的安全。"在权衡利弊后，法国陆军部只是通过布加俾（Boucabeille）上尉等职位不高的军官，秘密与孙中山合作。到1906年9月初，他们与孙中山的革命党人完成了17个情报站的共建工作，从而形成了以天津、上海和香港为中心辐射周边地方的信息传递网络。这些情报站的通信联络员都是当地人，并接受了必要的培训，能够及时地向各自情报线上的欧洲情报员汇报。法国外交部对此也给予了配合。1905年7月18日，法国外交部任命一向与中国革命党交好的侯耀（Reau）为蒙自兼河口领事。正是这位法国驻蒙自领事侯耀，还有滇越铁路公司，在河口起义中扮演了极其重要的角色。[②] 因此，胡汉民在河口起义时给孙中山的报告，也专门提及这位蒙自领事"闻我占领河口，即归蒙自语人云，我素助革命党，或恐党军攻蒙自，他法人有误会，故须归为同情。"[③]

可以确定，法国的默许和支持，是孙中山以越南为基地致力于在中越边界地区起义的主要因素之一。

第三节　丁未年同盟会在粤桂边的四次起义

一　同盟会河内指挥中心的建立与策动起义

1907年（农历丁未年）春，清政府不断给日本政府施加外交压力，要求驱逐孙中山。日本政府赠送款项劝孙中山离开日本，同盟会内部也因

---

① 张玉法：《辛亥革命史论》，台湾三民书局1993年版，第245—246页。

② 庄和灏：《列强"襄助"革命的尝试与放弃——以法国与孙逸仙合作为例》，《历史教学问题》2012年第12期。

③ 《胡汉民之报告书》，载冯自由《革命逸史》第5集，中华书局1981年版，第152页。

此而产生龃龉。① 3 月 4 日，孙中山带胡汉民、汪精卫、池亨吉等人离开日本，先到新加坡，又绕道西贡，带上王和顺而抵河内，于河内甘必达街（Gambetta St.，越南独立后改称陈兴道街）61 号设立革命军之总机关部，积极策动会党和华侨力量，准备依托越南作为补给基地，来发动武装起义，夺取邻近数省作为根据地，打开革命新局面。当时，孙中山身边的几人各有分工：胡汉民主内部策划，汪精卫主外部联络，随后赶来的黄兴主前线作战指挥。

　　孙中山最初仍旧是将重心放在广东。从他这段时间给同志的信函中，大致可以判断，他打算在广东东部的潮州、惠州和西部的钦州、廉州（钦廉二州原来属广东省，1965 年才正式划归广西壮族自治区）同时发动，"潮起于东，钦廉应于西，全省风动。尚有数路，次第俱发。当合广、韶、惠、潮、钦、廉诸军，以连为一气"②，并随着"两广义师已分头并起，云南、四川皆可响应"③。孙中山为这一战略的实施，做了准备工作。他先已委任许雪秋为东军都督，命其到广东潮州、嘉应州（今梅州）一带联络会众，策划起义；继而委任王和顺（此时化名为张德卿）为中华国民军南军都督，专任钦廉防城军事④；另委派关仁甫以"中华民国西路都督"名义，与驻镇南关的清军帮带黄福廷（黄瑞兴）、边防统领总教练易世龙、龙州厅幕友陈晓峰等联络，拟策动在广西的龙州、镇南关起义。⑤

　　在东、南、西三路中，孙中山最看重的还是南路。只是孙中山的计划部署尚未完成，各地起义已接连发动，次第有了许雪秋潮州黄冈之役（5 月），邓子瑜惠州七女湖之役（6 月），王和顺钦州、防城之役（9 月），均遭失败。关仁甫策动的镇南关起义，则因事泄而流产，易世龙、陈晓峰二人被捕杀，关仁甫逃越南。孙中山并未因挫折而气馁，仍旧致力于继续策动起义。他希望南洋华侨筹款资助许雪秋再次在潮州发动，另让关仁甫协助王和顺在镇南关发动起义。

---

①　陈锡祺主编：《孙中山年谱长编》（上册），中华书局 1991 年版，第 397—398 页。

②　孙中山：《复张永福函》（1907 年 6 月 5 日），载《孙中山全集》第 1 卷，中华书局 1981 年版，第 336 页。

③　孙中山：《致平山周电》（1907 年 6 月 7 日），载《孙中山全集》第 1 卷，中华书局 1981 年版，第 337 页。

④　《南军都督王和顺》，载冯自由《革命逸史》第 2 集，中华书局 1981 年版，第 200 页。

⑤　关仁甫述：《革命回顾录》，载中国人民政治协商会议全国委员会文史资料研究委员会编《辛亥革命回忆录》第 7 集，中华书局 1962 年版，第 242 页。

二 关仁甫、王和顺、黄明堂的第一次搭档——镇南关之役

关仁甫、王和顺、黄明堂第一次搭档，是在镇南关之役期间。关于镇南关起义的历史，冯自由、邹鲁的记录，以及一些知情者的回忆，彼此有不少出入。这段历史不是本书研究的主要方面，只是梳理关仁甫、王和顺、黄明堂三人的搭档关系，对于理解他们在河口起义中的搭档关系颇有助益，因此，笔者不得不花费些工夫来加以说明。

镇南关今称为友谊关，位于广西西南，是中越边境上重要的边关，地势险要，易守难攻。1885 年 3 月，冯子材在此大败法军，成就中法战争中著名的镇南关大捷。战后，清军在镇南关依托山势，建筑镇南、镇中、镇北诸炮台，被誉为"第二旅顺要塞"。

孙中山在倾力广东的起义时，也计划由广西起兵响应。时关仁甫赴河内，向孙中山报告，说自己这些年在广西活动，以为法国人代招滇越铁路筑路工人的便利，常往来于镇南关与龙州之间，与凭祥土司李佑卿、商人谭达臣等人志趣相投，又注意结纳龙州镇、南关的清军将领，南关帮带黄福廷、防营总教练易世龙、龙州厅幕友陈晓峰等人已"允共举事"。孙中山闻知，颇感兴奋，于 1907 年 6 月委关仁甫为西军都督，嘱在镇南关举事。关仁甫受命后赶赴龙州，准备大举。不幸的是，他所策动的易世龙和陈晓峰的活动，被广西巡抚张鸣岐派到越南的侦探获悉。张鸣岐密令拿办，龙州道庄蕴宽将黄福廷、易世龙二人捕杀。关仁甫得陈炳煜暗助逃越南，被法军逮捕，解至谅章府，囚 20 日。孙中山得讯，急运动当地华侨联名保释，始获释放。①

孙中山再派关仁甫赶赴上思发动起义，以策应王和顺在钦廉的起义。关仁甫潜往上思，聚集 200 余人枪，于 8 月 14 日（农历七月六日）攻上思，不克，即日退扶隆。在得知王和顺于 9 月 4 日（农历七月二十七日）攻克防城后，关仁甫即举兵准备攻东兴，因见东兴清军防备严密，转而前去与王和顺会合，备攻钦州。由于海外接济的武器未至，钦州清军统领郭人漳拒绝响应，王和顺、关仁甫等最后退马笃山，将队伍交黄兴统领，他

---

① 关仁甫述：《革命回顾录》，载中国人民政治协商会议全国委员会文史资料研究委员会编《辛亥革命回忆录》第 7 集，中华书局 1962 年版，第 241—242 页；冯自由：《革命逸史》第 5 集，中华书局 1981 年版，第 120 页。关仁甫说自己于六月二十七日获释，冯自由则记载，关仁甫于六月十九日被捕，七月七日获释。

们回河内向孙中山汇报失败经过。

孙中山安抚一番后，仍要关仁甫、王和顺去准备镇南关起义。也许是考虑到王和顺久经战阵，在防城起义中关仁甫也是居于协助地位，遂改派王和顺为镇南关都督，办理进攻镇南关之军事。①

孙中山这一次的委任，牵动了关仁甫、王和顺、黄明堂的复杂关系，至今还不一定能够理清楚。笔者就他们的关系，还存在一些困惑。

第一个疑惑，据诸多史料与研究论著，起义最关键人物是黄明堂，但为什么孙中山和关仁甫在回忆此次起义时，都没有提及黄明堂？

黄明堂是一个颇富传奇色彩的人物，是盘踞于镇南关附近那模村一带的游勇的头目。野史《朝野新谭》说，这些游勇"不惟横行本地，又常掠夺接于云南边境之法国，屡与法兵战，法兵不胜其扰，深苦之"。"七八年前"，孙中山到越南，越南总督谈及对这些游勇有"不胜其扰"之感，孙中山即承诺可"代为镇抚"，随即派人劝服黄明堂等人归顺革命党，"立誓不扰法境"。越南总督心怀感激，故对孙中山在东京活动，"总督以有前恩置不问"。在孙中山准备攻取镇南关前，"攻镇南关须需游勇之力，乃使李京为密使往那模村说游勇，使为先锋。游勇欣然允诺，遂于十二月一日（新历）之夜，头目黄何李三人率其众百余人进袭，所携兵器除刀叉之外，仅有小铳四十二支，由山后小道进，攀藤附葛而上，出第三炮台之后，既达，众遂呐喊猛进，声震山谷。守兵大惊，不知所措，弃炮台而走"②。而国民党的正史，邹鲁所写的《黄明堂传》，也记录有大致的情节，只是将孙中山劝服黄明堂的时间从"七八年前"改到了"纪元前五年丁未"，即1907年。③

笔者翻检相关回忆资料，孙中山只是说：

钦廉计划不成之后，予乃亲率黄克强、胡汉民并法国军官与安南

---

① 邹鲁：《中国国民党史稿》第4篇，上海书店1989年据重庆商务印书馆1945年版影印，第1311页；金冲及、胡绳武：《辛亥革命史稿》第二卷《中国同盟会》，上海人民出版社1985年版，第234页。

② 姜泣群编：《民国野史》（朝野新谭），广陵古籍刻印社1995年据光华编辑社1914年版影印版，第55—56页。

③ 邹鲁：《中国国民党史稿》第4篇，上海书店1989年据重庆商务印书馆1945年版影印版，第1311页。

同志百数十人，袭取镇南关，占领三要塞，收其降卒。拟由此集合十万大山之众，而会攻龙州。不图十万大山之众以道远不能至，遂以百余众握据三炮台，而与龙济光、陆荣廷等数千之众连战七昼夜，乃退入安南。予过谅山时为清侦探所察悉，报告清吏。后清廷与法国政府交涉，将予放逐出安南。此为予第六次之失败也。①

关仁甫的回忆也只是说：

及至九月中旬，孙先生嘱再于镇南关起义，以取广西为革命策源地。余奉命后，即与凭祥土司李佑卿赴文渊，策划运动南关防军；王和顺则奉命至牧马，策划运动水口关防军，以为响应。②

孙中山回忆说是自己"亲率"同志袭取镇南关。关仁甫说的是他和王和顺都受孙中山委派，分头行动。他们两人都没有提及黄明堂。至于谭永年的《辛亥革命回忆录》，则一方面说是镇南关都督黄明堂和副都督李佑卿发动，副都督关仁甫居中策应，另一方面又说在攻克镇南关后，孙中山亲率胡汉民、黄兴、关仁甫、池亨吉等人由河内赴镇南关。③

第二个疑惑，孙中山为什么改派黄明堂取代王和顺来领导镇南关起义？

据邹鲁记载：

总理以王和顺为都督，办理进攻镇南关事宜，一面电饬明堂，由左州拔队出关，与王和顺并举，至则和顺队伍不集。总理改委黄明堂为镇南关都督，冯祥为司令，李佑卿副之，何伍为支队长，纠集义勇乡团百余人，于十月二十六日绕镇南关之背而潜袭之。④

---

① 孙中山：《有志竟成》，载朱正编《革命尚未成功——孙中山自述》，湖南出版社1991年版，第64页。

② 关仁甫述：《革命回顾录》，载中国人民政治协商会议全国委员会文史资料研究委员会编《辛亥革命回忆录》第7集，中华书局1962年版，第244页。

③ 谭永年编：《辛亥革命回忆录》（下），载沈云龙主编《近代中国史料丛刊续编》第26辑，文海出版社1975年版，第101—102页。

④ 邹鲁：《中国国民党史稿》第3篇，上海书店1989年据重庆商务印书馆1945年版影印版，第738页。

据此判断，其原因当是王和顺未按计划集合其队伍。

冯自由的记载则为：

> 是年七月防城灵山之役既败，黄克强、王和顺先后归越南，总理命和顺再着手镇南关军事。时桂边凭祥土司李佑卿与革命党早有联络，和顺乃于冬十月初五日，偕何海荣前往那模村，欲与李佑卿商议夺取镇南关炮台事，……至那模村后，遂与佑卿议定于十三日晚率所联络之游勇夺取镇南关炮台，并去电河内机关部报告成绩，惟届期佑卿所部游勇与和顺遽生意见，不听调度，遂不克依时发动，盖桂省绿林游勇原分二派，和顺乃绿林出身，故游勇与之无情谊，和顺知无可为，乃怏怏归河内。……总理以和顺与佑卿所部不惬，遂改派黄明堂、关仁甫经营镇南关军事，而使和顺募集同志谋夺水口，以为声援，明堂仁甫向系游勇首领，此次与李佑卿、何伍数人同受革命重任，事前早与台上守兵联络成熟，至十月二十七日黎明，明堂等遂率那模村乡勇八十人，快枪四十二杆，循山背间道突然向关上右辅山攻击……①

此处说明的原因，是李佑卿的游勇不愿意听从绿林出身的王和顺指挥。

邹鲁、冯自由的这两种记载，其中为什么会出现不同说法，迄今笔者也未见有研究者来做解释。只是需要指出的是，邹鲁那一句"冯祥为司令，李佑卿副之"，错得有些离谱，其真实的意思应该是"凭祥土司李佑卿副之"，而不是凭空造出一个没有任何记录的人物"冯祥"。这一错误，误导了一些人。②

综合这两种说法，孙中山改派黄明堂代替王和顺，也许可以理解为：因为李佑卿等人不愿意听王和顺调遣，王和顺无法集合计划中的队伍去与黄明堂会合。但另外的回忆和记录，又提供了第三、第四两种不同的说法。

---

① 《丁未广西镇南关革命军实录》，载冯自由《革命逸史》第5集，中华书局1981年版，第120—121页。

② 譬如钟文典主编的《广西通史》（二），广西人民出版社1999年版，第570页，就沿袭此错误。

第三种说法出自梁亚烈的回忆，他说：

王和顺曾率部"在隆安之马鞍山，把陆荣廷昔日之上司和拜把兄弟、清廷悍将马盛治击毙，消灭其所部清军千余人。1907 年 7 月，王和顺、刘辉廷、李辉堂、唐浦珠等在防城起义。陆荣廷又带队到防城与王为敌，可是，王等已退入十万大山。由于这些历史，王、刘、梁三人与陆氏结下了深仇。此时，党人正在争取陆荣廷，而陆的真实态度又尚未暴露，故王和顺认为自己如继续当南军都督，怕不利于争取，因向孙中山先生恳请辞去南军都督之职。中山先生采纳其意，乃改派黄明堂、李佑卿为南军正副都督，另派王和顺为中华国民军前军第一司令，负进袭平而关、水口关、考利隘之责。外间不明底蕴，说是王与李佑卿所部有不妥协情况，才有这样的变更，并非事实。"①

梁亚烈将孙中山改派黄明堂负责，说成是王和顺从有利于争取陆荣廷的大局出发，主动请辞，但第四种说法却给我们提供了截然不同的思路，这就是日本人池亨吉的记录：

不要忘记有玩弄计谋的人在其间，因为王和顺是广西人，所以广西人的那模村头目拘于常习而服从他，但要他们听从指挥，明明是不够的。初时不过装着服从他的命令，使王君为主，当然孙逸仙接触之后，见到时机已经成熟，各人就只望树立自己的战功，急于打算利害，突然间在事业上未成而排斥王和顺了。……在北方，经过越南的国境，在那模村一带以游勇自居者有：曰黄明堂、曰何伍、曰李辉鉴。如果撇开王和顺而诱以目前的利益，要他们起来，那是如探囊取物，很容易的事。

……孙氏立即派遣李某、眦某去那模村，访黄明堂、何伍、李辉鉴，委托彼等担负攻镇南关之任。果然，他们三人只要求王和顺不来参加为条件而翕然允诺了。如此，11 月 29 日早，即有密电来云：决

---

① 梁烈亚：《镇南关起义回忆录》，载中国人民政治协商会议全国委员会文史资料研究委员会编《辛亥革命回忆录》第 7 集，中华书局 1962 年版，第 286—287 页。

于 12 月 1 日的晚上起事。①

　　对以上四种说法，留下回忆的孙中山和关仁甫只字不提，研究者也只是各自取舍，未加考证。笔者以为，池亨吉的说法最可信。因为池亨吉是孙中山所邀请参加镇南关之役的亲历者和见证者。孙中山曾明确交代他："请君作为见证人前往。我希望你将亲身见闻，自始至终，笔之于书。"②他以一个局外之人，都能够感受到黄明堂等人对王和顺的排挤，真实的情况可能更严重。他判断排挤的原因，主要就是"各人就只望树立自己的战功"，也符合一般人的心态。孙中山、关仁甫在回忆录中不提黄明堂，未必也不是这样的心态作祟。

　　另外，孙中山派人去运动黄明堂等那模村的游勇起事，少不了要带巨款前往。据参加过镇南关之役的邝敬川回忆："先是有本地土目王五、李幼卿运动南关台兵，招黄明堂出。敬川携法国币万余接济明堂。明堂有土枪二十七杆，手足四十余人，总理令明堂为都督，李幼卿、王五为副都督，丁未十月某日占领镇南关炮台三座。"③ 证之于前面引述的几种记录，《朝野新谭》中所说的前往那模村的密使"李京"，是李佑卿的谐音之误；邝敬川大概就是池亨吉记录的"眦某"；邝敬川说的"王五"，可以推断是"关仁甫"谐音之误。邝敬川携带去的"法国币万余"，已经算是一笔巨款。这笔钱，自然是由都督来支配。黄明堂他们排挤王和顺，未必与此毫无关联。后来河口起义中黄明堂亦排挤黄兴，冯自由报告书中说"黄八既据有械药，而不听调度，克兄乃如客矣"，后有一句"石山顶前事亦然"④，即当是指此事。

　　12 月 1 日，黄明堂率军绕袭镇南关，在内应之下，起义军很快占领镇南关三座炮台。孙中山兴奋之下，曾与黄兴、胡汉民、池亨吉等一度亲往镇南关激励将士。起义军发展到数百人，坚持到 12 月 9 日，以粮械不继，

---

　　① 池亨吉：《镇南关起义实地见闻》，载中国人民政治协商会议广西壮族自治区委员会文史资料委员会编《孙中山先生在广西》，广西人民出版社 1996 年版，第 12、16 页。

　　② 《与池亨吉谈话》1907 年 1 月 5 日，载《孙中山全集》第 1 卷，中华书局 1981 年版，第 333 页。

　　③ 陈春生：《邝敬川、陈寿田所述钦、防、镇南关、河口诸役起义详情》，载丘权政、杜春和等选编《辛亥革命史料选辑》（上册），湖南人民出版社 1981 年版，第 300 页。

　　④ 《戊申胡汉民上孙总理续报告云南河口军务书》（1908 年 5 月 13 日），载冯自由《革命逸史》第 6 集，中华书局 1981 年版，第 193 页。

退入越境，部分避入燕子大山，部分则被法方缴械拘禁。到 1908 年 2 月，法国方面的情报说，他们拘禁的革命党人共有 58 人。[①]

第四节　河口，就是合口

一　孙中山以河口作为进取云南的突破口

关仁甫在镇南关起义中左腿受枪伤，幸得急救消肿[②]，快速恢复。随后，黄明堂、关仁甫等人到河内向孙中山汇报失败情况。当时因镇南关事，法国殖民当局迫于清政府外交压力，下令驱逐孙中山出境。孙中山于 1 月下旬转赴新加坡。为完成既定之战略任务，孙中山"将经营粤桂滇三省军事付托黄克强、胡汉民二人代理"，自己则专任筹款、购械等工作。[③]

孙中山的意图，是由胡汉民坐镇河内总机关，黄兴、黄明堂则分头进行桂、滇事宜。1908 年 2 月 8 日，孙中山在给日本友人池亨吉的一封信中，流露出对此布置的十足信心。在信中，他称自己虽然"离开河内重过沦落天涯的亡命生活，但留黄兴及胡氏兄弟，委以当地及广西一带的策划事宜。黄兴君更为奋发，已进入某地点。尤以云南军着着准备，照其预定计划开展工作"[④]。孙中山所说的胡氏兄弟就是胡汉民、胡毅生两兄弟。黄兴进入的"某地点"是指钦州，而在云南边境准备起义的，是黄明堂、关仁甫、王和顺等人。

也就是说，在广东迭遭失败后，孙中山经营的重心，在慢慢西移。他的计划是在广西策动边防营勇响应黄兴在钦廉的起义，"广西得手，则云南之师亦可随之而动。如此则两广、云、贵可期恢复，而革命军之根本固

[①]　《中国——东京边界上的革命者》（1908 年 2 月 3 日，蒙自），载章开沅等主编《辛亥革命史资料新编》（7），湖北人民出版社 2006 年版，第 71 页。

[②]　玉军等：《关仁甫革命事略》，《八桂侨史》1992 年第 2 期。

[③]　《丁未广西镇南关革命军实录》，载冯自由《革命逸史》第 5 集，中华书局 1981 年版，第 124 页。

[④]　孙中山：《复池亨吉函》（1908 年 2 月 8 日），载《孙中山全集》第 1 卷，中华书局 1981 年版，第 359 页。

矣"①。更进一步，"广西、云南两省一起，则钦军无后顾之忧，可以长驱进取，而东路惠潮之义师可以再起，福建漳泉可以响应，如是则南七省之局定矣。此时北军必可起于燕齐，中军必可起于吴楚"②。因此，他以黄兴发动，广西、云南响应作为最初的步骤。他回忆说："予于离河内之际，一面令黄克强筹备再入钦廉，以图集合该地同志；一面令黄明堂窥取河口，以图进取云南，以为吾党根据之地。"③ 于此可知，进入1908年，孙中山有了抢占河口、图取云南作为响应黄兴起义，进而占据南方各省作为革命根据地的战略。怎么图取云南呢？河口是孙中山选择的突破口。冯自由分析说：

> 革命党欲图云南，必先从取河口入手，盖其地居两国边界，为铁路工人及游勇出没之区，输运军械尤形便利，且占有滇越铁路交通上孔道之形势，上通蒙自、阿迷、临安及云南省城，左通蛮耗、普洱，右通剥隘、广南，以达桂边，革命军得之，可以四通八达，诚军事上最佳之发动点也。④

冯自由的分析，凸显了河口的区位优势，几已将河口视为必争之地，颇合同盟会革命的胃口。不过，孙中山也好，冯自由也好，并没有论及当时云南日渐酝酿的革命形势。同盟会注意到了河口清军的情况（后面会叙述），也曾派人去策动以为还在三猛潜伏的周云祥势力，但有两方面的忽略或者说是没有足够的重视。

一个方面是云南人民对滇越铁路普遍的不满。从滇越铁路议修以来，云南人民的反对之声不绝于耳。当然，这反对之声，既有守旧落后意识的因素，也有意识到帝国主义侵略危害而奋起争我利权的爱国情感。在1903年的周云祥事件中，这两种情感均有体现。但革命党有意凸显其反满革命

---

① 孙中山：《致邓泽如函》（1908年4月17日），载《孙中山全集》第1卷，中华书局1981年版，第364页。

② 孙中山：《致挂罗庇胜同盟会员函》（1908年4月22日），载《孙中山全集》第1卷，第365页。

③ 孙中山：《有志竟成》，载朱正编《革命尚未成功——孙中山自述》，湖南出版社1991年版，第61页。

④ 冯自由：《革命逸史》第5集，中华书局1981年版，第140页。

的因素，而淡化反帝侵略的情感。在河口起义发动前夕，滇越铁路的火车已可以从河口上行近百公里，沿途聚集了大量的修路工人，尤其是在南溪工场，有数以万计的苦工。但革命军因得法国方面一些暗助，为了不损害法国权益，尽管知道路工生活与工作条件艰苦，易于策动，也没有专门去策动工人参加起义。

另一方面是连年的水旱灾害导致的民生凋敝。在 1905、1906 年，"时连年大旱，全滇殆遍"，尤以建水县为重，井水也干涸，饥民连洋芋（又称土豆，即马铃薯）也没有吃的，"三五成群，相对流泪，或坐地下痛哭"。个旧锡矿，"米粮腾贵，不惟民食困难，厂情亦十分凋敝"。"滇中自开办铁路以来，人数骤增，屡逢歉岁，百物昂贵，即以前两年考之，凡银元一元，易米十一二斤，在此苦力工资又多苛扣，从何觅得。"导致"群盗如毛""饥民大扰"的社会动荡。① 但以孙中山为首的革命党仍旧专注于会党，而没有认真去发动这些底层的饥民，甚至在蒙自海关的洋人们也为"个旧厅矿工可能发生暴动，这是唯一可怕的事"② 而担心时，革命党也没有能够发动矿工，或者根本没有派人去发动。其结果反而是法国人为"这个省的民众据说已成熟，可以举行普遍起义"，而孙中山的革命党却没有真正把握这样的形势而感到失望。③

这两方面的忽略，几乎注定了孙中山策划的河口起义难以成功。值得注意的是，在孙中山回忆中，仍旧没有意识到这一点。那时，他似乎更在意由谁来负责河口起义，他只说"令黄明堂窥取河口"，没有提及关仁甫和王和顺。孙中山似乎忘记了，追随他的人中，关仁甫才是对河口最熟悉也最有影响力的。有意思的是，在关仁甫的回忆录中，他感到自己才是负责河口起义的人，他说："孙先生命胡汉民来越，嘱余于滇南举义，并嘱王和顺黄明堂为助。"④ 从现有的史料来看，关仁甫的说法，可以从清政府

---

① 云南省水利水电勘测设计研究院编：《云南省历史洪旱灾害史料实录（1911 年〈清宣统三年〉以前）》，云南科技出版社 2008 年版，第 358 页。

② 《1908 年 5 月 11 日蒙自关税务司柯必达致裴式楷第 5 号函》，载中国近代经济史资料丛刊编辑委员会主编的帝国主义与中国海关资料丛编之 09《中国海关与辛亥革命》，中华书局 1983 年版，第 258 页。

③ 《总形势——巴思德致外交部长先生》（1908 年 7 月 9 日，北京），载章开沅等主编《辛亥革命史资料新编》（7），湖北人民出版社 2006 年版，第 120 页。

④ 关仁甫述：《革命回顾录》，载中国人民政治协商会议全国委员会文史资料研究委员会编《辛亥革命回忆录》第 7 集，中华书局 1962 年版，第 245 页。

官员的一份呈报中找到些许佐证，该呈报中提及"革命党首孙汶，时在法属之河内海防一带，与粤犯梁兰泉、滇犯关福臣等，招布党羽，暗结逆谋，希图潜入滇境扰乱"①。这无疑是清政府探知的情报，其中的"关福臣"就是关仁甫。可见关仁甫的说法也非全无道理。

图取河口的革命军基干乃是发动镇南关起义的部队。这些人本是游勇，也就意味着他们有时而为清兵时而为土匪的经历，他们对身份转换已经熟悉，他们聚集在那模村为匪，是受中国传统的江湖义气追随黄明堂，听命于黄明堂。他们参加革命起义，也不代表他们就抛弃江湖义气而听命于孙中山及同盟会组织。他们仍旧是受制于江湖义气那一套，就听黄明堂的，他们愿意参加革命起义，某种程度上也是因为可以得到钱财和武器的接济。对此，可以看看后来胡汉民做的分析：

> 我以为黄明堂这个人好像江湖角色中的宋江一样，自己本身没有什么作为，不过能开大锅饭能养许多的兄弟们，就是在做河口举事的时候还是这套脾气。他带人也没有纪律，譬如黄明堂在抽大烟的时候，底下的小兄弟在旁说道："老大哥烟抽得够了。让弟兄们也来抽抽吧！"他在会党的资格很老，颇得江湖上的人心。叫他办一件事办法是没有的，不过叫他勾结军队联络部队非常来得快，举事来得快，失败也来得快，镇南关之役以至河口之役都是这样。黄明堂一面接受我们的命令发动反抗满清的军事行动，一面仍旧照做开堂的把戏，因为开堂可以赚一笔钱款，依然是一套会党的色彩。更可恶者，他们竟和打抢的土匪分钱，在营盘中分定你做单月我做双月，好像做生意一样。②

黄明堂带着他的这些弟兄在镇南关之役中发挥了作用，又带着他们移动到河口附近。因此，冯自由的记载，明确说关仁甫是助手身份："滇事于镇南关发动以前，早已着手运动，至戊申（民前四年，1908）三月，事

---

① 《云南洋务局为查拿革命党人黄功詠等致云南巡抚锡良呈》（光绪三十三年十一月十日，1907 年 12 月），载《云南档案史料》第 7 期第 1 页。"孙汶"是清政府官员对"孙文"的通称，有歧视之意。

② 《胡汉民讲述南洋华侨参加革命之经过》，载冯自由《革命逸史》第 5 集，中华书局 1981 年版，第 203 页。

机渐熟，总理乃派黄明堂主其事，王和顺、关仁甫佐之。"① 邹鲁的说法却有所淡化，只是以"军事则委黄明堂、关仁甫、张德卿统之"排序，并说"明堂等将镇南关之役退至安南燕子大山之众，潜师于边界者百余人，其散布于车路一带，装为苦力者二百余人"②。

但是，黄明堂及其部众对河口的情况并不熟悉，熟悉河口情况并且在河口有一定根基的是关仁甫，因此，河口之役的关键人物，自然落到关仁甫身上。

关仁甫在河口的根基，是参加过三点会的那些清政府驻军。

二 河口的清军

河口的驻军有多少，笔者见到多种说法。

第一种说法来自胡汉民的报告，这份报告是 1908 年 5 月 7 日，在河口起义进行中，胡汉民从河内发给孙中山的，内中提及"河口原屯重兵，除警察汛兵外，则有督办亲带二营，黄元祯管带一营，岑德桂管带一营"③。这一说法，邹鲁引用了，说"是时清河口督办王玉藩有巡防队四营，中有二营，王自领之，其余二营管带为黄元贞、岑德桂"④。在冯自由的《革命逸史》中，则具体说明各营驻防地，说"河口向有清军四营，一营守城内，一营守山上炮台，管带黄元祯守山上南营，防务处督办王镇邦自率两营驻半山之炮台，管带岑德贵则守城内各处"⑤。至于军官的人名，有用名也有用字，如王玉藩名王镇邦，玉藩是其字，黄元祯（贞）名黄体良；也有别字，如岑德桂应该是岑德贵或岑得贵。

第二种说法，是云贵总督锡良在听闻河口被革命军占领后的奏报，提及"查河口地方与越南保胜仅隔一河，原驻有两营队，自去冬以来又派添驻一营，均归副督办委员王镇邦督率巡防"⑥。据此，河口驻军只有 3 个

---

① 冯自由：《革命逸史》第 5 集，中华书局 1981 年版，第 141 页。

② 邹鲁：《中国国民党史稿》，上海书店 1989 年据重庆商务印书馆 1945 年版影印版，第 745 页。

③ 《胡汉民之报告书》，载冯自由《革命逸史》第 5 集，中华书局 1981 年版，第 147 页。

④ 邹鲁：《中国国民党史稿》第 3 篇，上海书店 1989 年据重庆商务印书馆 1945 年版影印版，第 738 页。

⑤ 《戊申云南河口革命军实录》，载冯自由《革命逸史》第 5 集，中华书局 1981 年版，第 141 页。

⑥ 《光绪三十四年四月初四日云贵总督锡良复外务部电》，载中国史学会主编中国近代史资料丛刊《辛亥革命》（三），上海人民出版社 1957 年版，第 270 页。

营。再可以参考 1907 年底锡良的奏陈，他对云南省军队驻防有过规划，说：

> 拟将全省巡防队及铁路巡防队，每营概以二百五十人为定额，按南防、西防、普防、江防、铁路巡防分为五路，各路以南防为最要，防营亦以南路最多。计南防巡防队共十七营，驻扎临安各属者三营，归临元镇统辖；驻扎开化各属者六营，归开化镇统辖；驻扎广南、蒙自等处者八营，归南防营务处统辖。西防巡防队共十营，驻扎大理、楚雄、永北等处者三营，归提督统辖；驻扎腾越、蛮允、永昌、龙陵等处者五营，归腾越镇统辖；驻扎维西、中甸等处者二营，归鹤丽镇统辖。普防巡防队三营，驻扎普洱、镇边等处，归普洱镇统辖。江防巡防队四营，驻扎永善、昭通、巧家厅等处，归昭通镇统辖。铁路巡防队共十三营，驻扎省城、弥勒、路南、宁州等处者五营，为铁路上段巡防队，派调滇差遣四川补用直隶州赵金鉴为统领；驻扎阿迷、蒙自、文山、安平、河口等处者八营，为铁路下段巡防队，为蒙自关道节制。综计五路，共四十七营，每路各为次序，均自第一营起，依次排列。①

据此，由蒙自关道统辖的军队，有南防巡防队 8 个营驻扎广南、蒙自等处，铁路巡防队 8 个营驻扎阿迷、蒙自、文山、安平、河口等处，这样计算下来，驻防河口一地的，大致也就是 3 个营，但加上附近驻军，就要多一倍以上。

第三种说法，是发表于《东方杂志》和《云南杂志》上的调查报告。

1906 年《东方杂志》刊载的一份报告中说："计自河口至省沿铁路防勇十营，沿红河至蛮耗防勇三营，合计十三营。"② 此处虽然没有指明在河口具体的驻军有几营，但说明铁路巡防队当时是 10 营，如果根据上引锡良奏报，知道 1907 年后增添到 13 个营，河口由 2 个营增加为 3 个营。此外还有沿红河至蛮耗的防勇 3 个营。如此，河口至蛮耗有清军 6 个营。

---

① 《改编滇省防营厘定章制以固边陲而肃戎政折》（光绪三十三年十一月初十日），载中国科学院历史研究所第三所工具书组整理《锡良遗稿　奏稿》（第二册），中华书局 1959 年版，第730 页。

② 《论滇事——节录蛰生氏来稿》，《东方杂志》1906 年第 3 卷第 8 期"社说"，第 173 页。

1907 年《云南》杂志第十号刊载的一份报告中说沿铁路 "防兵自河口至蒙自共五营"，并详细列出沿路各地具体的驻军表，"其他由河口上蛮耗至蒙自一带，亦驻扎有五防营。第一营归副督办管属，第二营管带岑德贵驻河口，开临前营管带黄体良驻沙坝，开临后营管带汪文兴驻蛮耗"①。另外还有河口对汛各点的防兵和警察。

第四种说法，是一些知情者的回忆。如说 "河口原驻巡防兵四营，副督办王正藩自统二营，以守备熊通（达卿）、李美为督队官，余二营管带为黄体良（元贞）、岑德贵"②。还有说："光绪三十三年，清政府在河口设置 '河口对讯副督办'，属蒙自道管辖。副督办下设新店、老卡、坝洒、那发四个对讯，各汛设汛长。副督办所在地河口城区驻四个巡防营，其中正师两个营由副督办王玉藩亲自率领指挥，守备熊通协之。右师一营由管带黄元（体）良率领，下隶四个哨，分别驻守四连山的四个炮台。另一营左师，由管带岑德贵率领，驻河口城区左侧山头（现河口气象站山头），与右师成为犄角之势。城区内设有警察局，警长蔡景元。另有铁路警备两个营，一营由管带李兰亭率领，驻守南溪河畔的三腰（现山腰车站）至老范寨。其他各汛均驻汛兵一哨，设哨长或副哨长。总屯兵二千余人，武器比较精良，大部分是德造的毛瑟枪"③。另说："清末时期的副督办没有行政管辖区，仅负对外交涉和安边守土的责任。下辖营务处，设防军三个营，每个营一百多人。一个营常驻河口；两个营分驻沿边一线。"④

以上四种说法，主要分歧在驻河口的清军是 3 个营还是 4 个营。笔者不厌其烦地罗列这些说法，目的只是让读者知道，清政府在河口及其附近的武装力量，总共有这么几种：

一是直属于河口副督办的对汛力量。根据 1896 年中越《边界会巡章程》的规定："中法各汛至少驻官兵三十名，各有军械，每汛以一弁

---

①　志复：《滇越边务及铁道之实况》，载中国科学院历史研究所第三所编《云南杂志选辑》，科学出版社 1958 年版，第 522—526 页。

②　马竹犀：《河口之役见闻录》，载中国人民政治协商会议云南省委员会文史资料研究委员会编《云南文史资料选辑》第 41 辑，云南人民出版社 1991 年版，第 213 页。

③　陈鹤龄整理：《河口起义》，载河口县政协文史资料委员会编印《河口文史资料选辑》第 1 辑，1991 年，第 357 页。

④　黄日雄：《河口对汛督办简介》，载河口县政协文史资料委员会编印《河口文史资料选辑》第 2 辑，1993 年，第 128 页。

管带"①，河口副督办作为主管对汛的官员，这些汛兵正好有 1 个营 250 人，其中驻河口 100 人，驻新店、老卡、坝洒、那发、龙博五汛地各 30 人。

二是警察，是 1906 年底从河口汛兵中分 1 哨 30 人组建，首任警察长是黎国英，继任是蔡正钧（蔡景元）。需要说明的是，当时云南各县警察，多者 60 名，少者 20 名，大约只相当于哨，均设正副巡长各 1 名②，可称警长。警察局及局长之名，是后人习惯所称。

三是铁路巡防队，沿河口到蒙自的铁路线有 5 个营，分防南溪（1—23 公里）、阿白（24—93 公里）、俅姑（96—141 公里）、芷村（145—169 公里）、蒙自（171—210 公里）沿线，一般间隔数公里就驻军，少的半棚、一棚，多的四五棚。③ 1907 年夏，5 个营的管带分别是：南溪管带胡得胜，阿白管带柯树勋，俅姑管带杨光宸，芷村管带谢逢春，蒙自管带马文星。④

四是南防巡防队，由河口经蛮耗到蒙自有 5 个营，其中河口至蛮耗有 3 个营。副督办自领 1 营，岑德贵管带 1 营也驻防河口，开临前营管带黄体良驻沙坝，开临后营管带汪文兴驻蛮耗。

五是团总，这是从 1901 年开始建立的，是由乡民自筹经费组建的保安性质或者民兵性质的武装。

将这些力量总计起来计算，大概如《河口县志》所述："河口副督办下辖新店、老卡、坝洒、那发 4 个对汛，另在龙博设分汛，在王布田、田房、桥头、小坝子设副汛。对汛驻管带 1 人，副汛驻队官 1 人，副督办统领南防开边 6 个营。其中：副督办署常驻两个营，设守备 1 人，其余 4 营分驻河口街、南溪、坝洒、曼来。"⑤

所有这些武装力量，均归属河口副督办及其下的营务处统领。从《云南杂志》所刊载的调查来看，担任河口副督办的人，1907 年初是黄河源，

---

① 《边界会巡章程》（1896 年 5 月 7 日，光绪二十二年三月二十五日，北京），载王铁崖编《中外旧约章汇编》（第一册），生活·读书·新知三联书店 1957 年版，第 645 页。

② 牛鸿斌等点校：《新纂云南通志》（6）卷一百二十六《庶政考六》，云南人民出版社 2007 年版，第 525 页。

③ 清绿营兵制，营下有队、哨、棚各级，约相当于后来的连、排、班。

④ 志复：《滇越边务及铁道之实况》，载中国科学院历史研究所第三所编《云南杂志选辑》，科学出版社 1958 年版，第 523—526 页。

⑤ 河口瑶族自治县地方志编纂委员会编：《河口县志》，生活·读书·新知三联书店 1994 年版，第 480 页。

1907 年夏是梁某①，1907 年底是王镇邦（字玉藩，又写为若藩、玉帆）。

这些驻军的编制，是按每营分 5 哨计 250 人配置②，但实际上没有满员的。其具体情况可以用缺额多、素质低、待遇差、生活苦来概括。举凡清代绿营之弊端，在此均有表现。看看锡良奏报中述及的这些军队的住所："至各路防营向无营舍，沿边对汛，半多倾折，其驻防铁路边地者，居住草棚，不堪棲止。"锡良述及这些兵丁的军饷，也是少得可怜：

> 惟是滇省饷章，较之各省为减少。现值荒欠之后，百物翔贵，兵丁所得为数不多，不敷糊口，军事腐败，实原于此。现既认真整饬，自应酌加薪饷，俾资饱腾。查滇省防营于正饷之外，原有津贴名目，拟将正勇月饷一律加为三两六钱，员弁、什长、伙夫较前亦稍有增加。其驻扎边界及铁路者，食用其昂，倍于内地，拟再分别酌加津贴，以示体恤。③

即便将兵勇月饷增加到 3 两 6 钱，仍旧是入不敷出。

且看当时杂志所发的调查报告：

《东方杂志》在一篇来稿中说：

> 计自河口至省沿铁路防勇十营，沿红河至蛮耗防勇三营，合计十三营，每营兵额二百五十名。然其实数，每营仅百名上下，且有两营只有八十余名者，中惟阿白管带柯树勋一营尚有一百四十余名，刺竹坝管带全保珍一营尚有一百七十余名，此两营管带于压粮习饷尚属稍

---

① 河口县瑶族自治县地方志编纂委员会编：《河口县志》第 483 页《历任河口对汛督办名录》显示：黄河源的任职时间是 1897—1903 年，梁世隆的任职时间为 1904—1905 年，梁煜墀（音 chí）的任职时间为 1906 年，王若藩的任职时间为 1907 年至 1908 年 5 月。其依据似乎来自《河口文史资料选辑》第 1 辑第 133 页黄日雄《河口对汛督办简介》文末所列的河口对汛督办名单，对各人的任职时间做个判断。笔者从《云南》杂志第五号、第六号中明确提到"河口督办黄河源"（引文见后）判断，至迟在 1907 年 2 月，河口副督办仍旧是黄河源。

② 又有说："除警察外，清政府有四个步兵营驻扎在河口。按当时的军制，每营有 659 人。"见［美］薛君度著，杨慎之译《黄兴与中国革命》，湖南人民出版社 1980 年版，第 75 页。这是误将新军的营当作旧军的营了，北洋陆军的营才是 659 人。

③ 《改编滇省防营厘定章制以固边陲而肃戎政折》（光绪三十三年十一月初十日），载中国科学院历史研究所第三所工具书组《锡良遗稿　奏稿》（第二册），中华书局 1959 年版，第 731 页。

有天良者。

　　（副督办黄某）所带防勇一切弊端较他营尤甚三成，实兵非残废疲倦，即光棍游匪，日则吸烟聚赌，夜则四出偷劫，且倚外人势力凌辱妇女，拘禁乡民，其素称循谨者，亦不过代法人作工，夜归营栅歇宿而已。虽然据沿边各防营勇观之，无一不与黄如出一辙，即有稍胜者，亦十步百步间耳。①

　　《云南》杂志在1907年出版的第五号、第六号、第十号，均有有关河口驻军的报告。

　　第五号中直接以《河口兵卒警察之腐败》为题说：

　　　　河口督办黄河源，其属下之兵卒素无规律，又常多缺额。统揭发于沪港各报，滇大吏置若罔闻。月间云南学生经过其地，目睹腐败状况，不胜愤激。诘黄以所属边防，何其弛废至此。黄云：大吏不加意整顿，咎非在我。学生又诘以所属士卒，何不在营，代法人修路？黄云兵卒所领饷银不足敷用，故任彼佣工。又据学生查察，黄属下之兵卒实不满三分之二，且有者亦尽属佣工。其他兵房军械等情，尤腐败不堪寓目。而最为可笑可哭者，则以年来滇民舆论沸腾，均以法人暗输军火为讽刺。滇大吏不得已，粉饰外观，于河口设警察三十名，所发给皆属新式枪，警兵不加擦抹，多经腐臭。有以枪倒抬上肩者，有以枪倒挂在背者，所穿警兵衣服，杂乱而破裂。观其形象，似人非人，似鬼非鬼。凡经其地者，无不以作笑噱。对面法属营伍，则整齐严肃，日夜操演，炮声隆隆。我边属之将兵，以烟枪和之。诚令人一见而笑不成声，继之以哭。②

　　第六号中的报告是1907年初春做的调查，先说警察：

　　　　看中国警察兵，其形状装束，与省垣无异。兵皆戴黑色军帽，青

---

　　① 《论滇事——节录蛰生氏来稿》，《东方杂志》1906年第3卷第8期"社说"，第173—174页。

　　② 本社调查员：《河口兵卒警察之腐败》，载中国科学院历史研究所第三所编《云南杂志选辑》，科学出版社1958年版，第327—328页。

洋缎操衣，上有红绣警察两字，赤足，持木棍往来行游。……其枪皆锈坏不堪，造法亦极粗笨难用，且各警兵亦不知章程规矩，有与人闲谈者，有蹲地吸烟者，有半睡半醒者，有吃饮食者，状极丑恶。

再说河口副督办黄河源的汛防：

"黄河源之兵，共二百五十名，分对汛凡五处，每处三十名。住河口尚有一百名，实不过每对二十五人。而住河口才四五十人而已。"

"岑管带之兵，一营共二百五十人，实不过一百人。岑自云系随岑勤勤出关，至河口已数十年。勤勤公在时，兵饷尚足，如今实是使兵卒受苦，每人每月得饷三两，折下来只得四元。每人每月要三元的米银，下剩一元，连买盐、柴都不敷。所以兵士们不得不打柴做工为生。他们连他们的衣食尚且不能保，安能冲锋打仗，替国出力？……以河口直接重要边防地，而仅驻兵五百人，且又到处瓜分，黄岑又从中私吞，实只三百多人。"在山顶地势险要的一炮台哨楼，"兵五十人，实只十六七人。旧式大炮二门，中炮三门"。[①]

第十号中的报告是 1907 年夏做的报告，署名"志复"，据李根源的回忆，这是杨振鸿的笔名。[②] 杨振鸿（1874—1909），昆明人，字秋帆，号思复，1903 年留学日本学习军事，1905 年加入同盟会，是云南辛亥革命的志士。他调查河口后，以《滇越边务及铁道之实况》详列了河口铁路沿线驻军情况，前已引述。他特别列出"南防兵营之腐败"一节，以自己亲自见营兵强索面饼、为法国人送邮件当差等事，为"法人言云南止有乞丐并无兵士之说"感到悲愤，对这些官兵的军事装备和技能，他的报告是："至防兵住所及所携枪械，均污朽淆杂，见之令人难堪。且此等兵员，多系招自路工之染病不能操作者充之，服装既形褴褛，面目尤多菜色，而娴于步法精于射击者，即求之统带官长中亦觉罕见。"在悲愤中，他忍不住质询河口副督办梁某：

---

① 特派员对镜狂呼客：《调查河口情形记》，载中国科学院历史研究所第三所编《云南杂志选辑》，科学出版社 1958 年版，第 328—331 页。

② 李根源：《〈云南杂志选辑〉序》，载中国科学院历史研究所第三所编《云南杂志选辑》，科学出版社 1958 年版，第 1 页。

警兵每人每月9元，已不菲薄。食越米每月不过2元，加以菜蔬三四元，尚绰有余裕。何警兵无帽无鞋，衣多褴褛，瑟缩局促，形同乞丐。公等固安之若素，其如辱国体何！

在报告中，他还提及河口居民受官吏压榨而控诉的情况：

我居民受官吏苛虐久矣，而苦无告诉，饮〔隐〕忍至今，户口日见凋残，商旅日形困苦，至今群怀适彼乐郊之感，皆豺狼当道之所至也。爰河口之设有团总，自庚子后始。本义团总薪俸，于上下马匹加抽二仙，每年约得一千余元。前任弹压委员陈鹏视为优差，特保其私友土绅白致祥充之，与之分肥。夫白致祥者，目不识丁，负性贪酷，凡遇事则与陈鹏狼狈为奸，动辄敲搕居民，受冤屈者莫敢谁何；今则更委白以猪牛各项税务，肆行尤甚。其尤可痛恨者，则因滇越路工程多有病亡，各居民念切同胞，捐数千元，给病工归家外，所有余款交陈委员收存，俾代为收埋路工尸体之用。嗣因陈委员卸任，此款即为白团总骗吞。此乃吾民之汗血，徒为悍吏牺牲，吾居民实不甘心，然亦无奈彼何。今阁下幸临，众居民特委弟等有所沥诉，乞转达留学诸君，代为电禀关道，札现任廖委员，追究此款，并撤换白团总，另由我众居民投票举公正绅董充之。庶吾民稍得生息，则感激无既矣。①

河口驻军和居民处于腐败官府的压榨下，不满在日积月累。因此才会一经策动，便参加革命军或同情革命军。

三　钦廉上思之役与河口未按计划响应

按照孙中山的计划，桂滇两省的起义，宜同时发动，互为声张，以形成对两省清军的牵制。1908年2月初，黄兴前往中越边境准备钦州起义。黄兴仍旧满怀雄心壮志，只是苦于子弹无来源，"颇焦灼"②。随即，黄兴

① 志复：《滇越边务及铁道之实况》，载中国科学院历史研究所第三所编《云南杂志选辑》，科学出版社1958年版，第522—523，511—512页。
② 谭人凤：《石牌词叙录》，载中国社会科学院近代史资料编辑组编《近代史资料》1956年第3期（总第10期），第38页。

得到冯自由从香港购置并从海防偷运入越的子弹补充，即与黎仲实等人，率主要由越南华侨志士 200 余人组成的队伍，于 1908 年 3 月 27 日（农历戊申年二月二十五日），高举青天白日旗，越过边界。黄兴以"中华国民军南军总司令黄"发布告示，在钦廉、上思、防城地区转战约 40 天，多次以少胜多，并由此而受到革命党人的交口称赞，威名大振。①

　　但负责攻击河口的黄明堂，却迟迟未按照预订计划举兵响应黄兴。原因很简单，就是没有得到补给。

　　从黄兴离开河内后，留在河内机关部的，就只有胡汉民、黎仲实、张翼枢等数人。随即，黎仲实前往与黄兴会合，成为黄兴最重要的助手，以致被认为是"钦州副元帅"。此时，胡汉民实际上已成为坐镇河内统筹、调度、指挥滇桂军事的统帅。身膺总负责人，他多次催促黄明堂发动起义，但因没有得到粮饷，黄明堂迟疑不决。这令胡汉民大为不满，这在 4 月 24 日他寄给孙中山的一份报告中有清楚的表示。报告说：

　　　　黄八之件。据其同行者，皆云事已急切。而黄八时上时落，恋色贪财，阻误不细。渠于二十复上，再求助百四十元。然查其人则正以收山兄弟已无伙食，而安南人之允借金者不能践约，营盘中人要求伙食，黄八更无以应，亦不敢再向吾等饶舌。弟以其事之真相及如何供给调度，非得亲信可靠有用之人上不可。仲实适归来，其所得诸经验者不少。因使其于今晨带一千元上，戒以必事发动，方给伙食，事发若有所为，则径直往为照料因粮筹款之事。张翼书以黎上，伊亦应允，如河口果能起事，伊亦往为办外交云。②

————————

① 见冯自由《戊申钦州上思革命军实录》，载冯自由《革命逸史》第 5 集，中华书局 1981 年版，第 128—131 页；毛注青编：《黄兴年谱》，湖南人民出版社 1980 年版，第 79—80 页；石彦陶、石胜文：《黄兴传》，人民出版社 2004 年版，第 148—151 页。

② 《胡汉民致孙总理报告钦军解散及滇桂军务书》（1908 年 4 月 24 日），载冯自由《革命逸史》第 5 集，中华书局 1981 年版，第 138 页。因发现原文标点有多处不通顺，此处引文的标点，为笔者重新整理。读者如有兴趣，可参照其原文："黄八之件据其同行者皆云事已急切，而黄八时上时落恋色贪财阻误不细，渠于二十复上，再求助百四十元，然查其人则正以收山兄弟已无伙食，而安南人之允借金者，不能践约，营盘中人要求伙食黄八更无以应，亦不敢再向吾等饶舌，弟以其事之真相及如何供给调度，非得亲信可靠有用之人，上不可，仲实适归来，其所得诸经验者不少，因使其于今晨带一千元，上戒以必事发动，方给伙食，事发若有所为，则径直往为照料，因粮筹款之事张翼书以黎上伊亦应允，如河口果能起事，伊亦往为办外交云。"这其中，"黄八"是黄明堂的绰号，"仲实"即黎仲实，"张翼书"即留在河内机关部陪胡汉民的张翼枢。

从这份报告来看，黄明堂部已经连伙食钱都没有了。黄明堂在 4 月 20 日赴河内，求助仅 140 元，可见其窘态。只是胡汉民对黄明堂说的话已不大相信，正好黎仲实于 4 月 18 日回到河内，在让他稍微休整几天后，胡汉民即让他于 4 月 24 日带 1000 元赴老街，并让他转告黄明堂："必事发动，方给伙食，事发若有所为，则径直往为照料。"黎仲实的任务，是到老街设立同盟会的革命机关，"预备起义后办理民政及因粮事宜"，陪同他的另有高德亮、饶章甫、麦香泉、梁恩、陈二华等 7 人。[①]

黄明堂不按计划发动，是因为他的部下很大程度上是为钱而动的。前已述及，镇南关之役时，邝敬川携带"法国币万余"接济，实际上是黄明堂部立即进攻镇南关的直接动因。当时，清政府尚疏于防范。可如今在河口，生活费都成问题，而且清政府又做了不少防范措施。

四　清政府的防范措施

自从孙中山到河内建立革命机关致力粤桂滇边革命，清政府就密切关注。大致来说，清政府在河口起义前采取的防范措施主要有这几方面：密切关注革命党动态、饬令各地军警防范和缉拿革命党人、要求法国方面派军警驱逐在越南的革命党、要求加强对滇越铁路路工的查验和违禁物品的查缉、组织当地居民编练团练等。

两广总督和云贵总督都曾饬令派人前往河内等地打探情报，并根据这些情报来采取措施。

1907 年 6 月，清政府已坐实孙中山在越南，外务部特电云贵总督锡良，说是孙中山可能入滇，"希密饬防范，倘有赴滇事，应即严行查拿，勿任漏网"[②]。锡良立即密令边地文武官员遵办。河口副督办黄河源即派人化装入河内、海防刺探孙中山动向，知孙中山转赴新加坡。锡良断定孙中山暂未入滇，电饬临安开广道魏景桐"仍随时设法探访勿稍松懈"[③]。

　　① 冯自由：《中国革命运动二十六年组织史》，上海书店 1990 年据中国文化服务社 1946 年版影印版，第 159 页。另，冯自由《革命逸史》第 5 集，中华书局 1981 年版，第 141 页将"饶章甫"记为"姚章甫"，"梁恩"记为"梁思"，孰对孰误，待考。

　　② 《外务部为严防孙中山入滇致滇督桂抚电》（光绪三十三年五月初八日），中国第一历史档案馆：《清政府镇压孙中山革命活动史料选》，《历史档案》1985 年第 1 期。

　　③ 《云贵总督锡良为孙中山已往新加坡并未入滇事致外务部电》（光绪三十三年五月十五日），《历史档案》1985 年第 1 期。

　　针对孙中山在越南的活动，1907 年 7 月 18 日，广西巡抚张鸣岐奏报："论若辈行径于大局原亦无足深虑，惟越边相逼过近，若竟长听此辈倚为窟穴，酿纵日久，终于治安有妨。目前既无法可以歼除，倘能屏之远方，使与内地隔绝，则亦无可逞其伎俩。"他建议通过外交手段与法国交涉，"将该逆及其党羽一律逐出越南境，永远不准潜回，以保全边境治安"①。

　　清政府的外交手段也有一定的成效。1908 年 1 月，法越当局按照清政府的要求，将孙中山驱逐出越南。受此鼓舞，清政府外务部与法国驻华公使巴思德（Bapst）会商合作镇压革命党的问题，并提交了一份备忘录。②这份备忘录的核心内容，后来被称为《禁止逆党章程五条》，是让法国遣散在越南成股的中国"逆党"，禁止"匪党""传播有碍中国治安的言论"，拘禁对抗中国官兵逃入越南的武装分子，引渡刑事犯，相关费用可由中国承当等。但法国方面并未立即接受。③

　　此时，清政府探知革命党在镇南关失败后转而欲图云南的情报。或者，这根本就算不上是什么秘密，因为在日本东京的云南留学生主办的《云南》杂志，在 1908 年 3 月出版的第 13 号的"大事记"中，也刊登了这样的消息："越南那岑那漠一带，有革命排满党数百人潜踪其间，阴谋大举，经外部照会法使代为捕逐。法使复称既为革命党，乃带有政治性质，属国事犯，未便捕交。"广西巡抚张鸣岐甚至准确判断革命党已移师到滇边，准备潜入滇境"扰乱"，他报告说："革命党首孙汶［文］，时在法属之河内海防一带，与粤犯梁兰泉、滇犯关福臣等，招布党羽，暗结逆谋，希图潜入滇境扰乱。""顷复探闻，梁兰泉阴令其党黄功詠、高树功，分途绕至下段一带铁路并开属之白马、麻栗坡，诱胁各边民苦力入会情事。"1907 年 12 月 14 日，云南洋务局据此呈请云贵总督锡良，要求滇越铁路下段各巡防团营、河口和麻栗坡两副督办以及开化镇总兵白金柱等，

---

　　① 《广西巡抚张鸣岐为孙中山现在越南致外务部电》（光绪三十三年六月初九日），《历史档案》1985 年第 1 期。

　　② 《关于中法合作弹压中国革命党的备忘录——中国外务部致法国驻华公使先生》（1908 年 3 月 15 日，北京），载章开沅等主编《辛亥革命史资料新编》（7），湖北人民出版社 2006 年版，第 72—73 页。

　　③ 牛鸿斌等点校：《新纂云南通志》（7）卷一百六十四《外交考一》，云南人民出版社 2007 年版，第 559 页。

查拿要犯，"以绝根诛，而消暴动"①。

收到张鸣岐的这一通报后一个月，锡良又收到河口副督办王镇邦的密报："探闻匪首孙汶暨梁关等仍在东京复集得快枪二千支，欲图再举，并遣小股头目张晚、梁金秀、谢亚南、李二、吕二等，各率党百余，伏于越界之龙鲁旁坡芭蕉、平隆巷各处，均据河口不及三十里，现在昼夜戒严，如匪偷渡，即行截击。"②

到此时，锡良等云南官员对各种可能性做了预想。他将刚刚编练的新军1个营派往蒙自居中策应，要求临安开广道道尹魏景桐增派1个营到河口，"严饬各该文武，加意防缉，勿稍疏虞"。但滇越边界上千里，高山河谷纵横交错，"匪情极为诡秘，沿边亦伏莽未清"，"山径皆处处可通"，可谓防不胜防。当务之急是严防交通要道，尤其是滇越铁路。因为滇越铁路的路工，本多两广人。法国招募工人时不问来历，辞退时又不给回家路费。许多人被辞退后无钱回家，徘徊在沿途，靠偷鸡摸狗、乞讨抢夺维持生计。1908年1月初，更有声称是路工的百余人，乘坐火车从老街入河口直抵桥头，拒绝官兵查验。镇压了镇南关革命党的龙济光也通报说，"风闻有镇南关败匪七十余名经法人截送滇路充工"，这些革命党潜伏在路工中，极难分辨。最担心的是，一旦这五六万路工被他们策动起来，后果不堪设想。因此，锡良致电外务部，要求按照滇越铁路章程的规定由中国官弁查验路工，并严查军火等违禁之物载运。③

锡良一方面电呈外务部请求交涉，另一方面，又让云南按察使兼云南省洋务局总办沈秉堃先后与法国驻昆明苏副领事和总领事商谈，达成了几条协议：一是请"允电达越南总督，派遣军队警察，于滇越交界，凡可通行之处拦截，不准入滇。设有匪徒窜至，即由滇省驻兵，两相夹击，务期扑灭"；二是"将匪首数人姓名开列，一并电请越南总督代拿交办"；三是允电知雷（侯耀）正领事及驻蒙铁路总公司，停止招募两广工人，"以后工程，即就滇省内地招募，俾路工不旷，而盗

---

① 《云南洋务局为查拿革命党人黄功詠等致云南巡抚锡良呈》（光绪三十三年十一月十日，1907年12月），载《云南档案史料》1984年第7期，第1页。

② 《云南省电稿》，光绪三十三年十二月十三日《致外务部》，载台湾世界书局编《涓滴成洪流——清宫国民革命史料汇编》（2），台湾世界书局股份有限公司2011年版，第289—291页。

③ 同上。

源断绝"。① 但这几条协议，并不是法国领事代为接受，而只是答应代为转达而已。随后也没有看到越南立即照办，其对革命党的活动仍抱同情支持之态度。在河口局势日趋紧张的情况下，4 月 25 日，云南洋务局给法国驻滇领事馆发出了一份正式照会，说："据各报告称，有匪徒数百名，系从越南宝胜窜入云南境地，有意作乱，此后铁路因有之损负，云南未能为之担负。"②

再考虑到"惟滇境毗连桂越者，沿边千有余里，处处悉虞窜入，则节节均应设防，若募集多兵，微特无从筹饷，边地烟瘴毒烈，选材尤属为难"，锡良将组织本土居民编练团练作为一个重要手段，称"计维团练土民，既皆习耐瘴病之人，且有各保身家之念，以居为守，无异寓兵于农，情势实为便利。现饬开化等府，除原有之保卫队外，劝谕各乡团整旧添新，更番自为教练，由官酌筹饷械津贴以董其成"。可又考虑到"然匪踪飘忽无常，民团只能捍卫乡里，仍非有策应游击之兵，不足以操胜算"，锡良在派新军 1 营到蒙自居中策应，给河口增派 1 营后，又"饬开化镇总兵白金柱添募游击一营，上下梭巡，稽洁匪类"③。

有意思的是，就在锡良对自己的防范措施自认为有效，刚刚奏报说"用期兵民相辅，巩固边疆。数月以来，各边尚称安谧，足以仰纾宸廑"④的时候，河口起义就爆发了。而且，他根本没有意识到，同盟会成功发动河口起义最关键的一环，居然是策反清政府自己用来防范革命党的军警。

策反河口军警的主要人物，还是关仁甫。

---

① 《锡良为法国驻滇总领事通知有革命党将窜滇边，已电饬沿边防军严防致法国驻滇总领事的复照》（光绪三十三年十二月十四日，1908 年 1 月），载《云南档案史料》第 7 期，1984 年 7 月，第 2 页。

② 《法国驻滇总领事宝如华为追究革党活动影响铁路之责任复云南洋务总局三月二十五日的复照》，载《云南档案史料》1984 年第 7 期，第 12 页。

③ 《云贵总督锡良为团练乡民并添拨新军严密筹防事片》（光绪三十四年三月二十九日），载中国第一历史档案馆《光绪三十四年云南河口起义档案》，《历史档案》2011 年第 4 期。

④ 锡良：《团练土民并添练游击营防范逆党片》（光绪三十四年三月二十九日），载中国科学院历史研究所第三所工具书组整理《锡良遗稿 奏稿》（第二册），中华书局 1959 年版，第 787 页。

第三章

河口起义的经过

在关仁甫的策动下，河口的清政府军警多通款于革命党。法国方面突然逮捕关仁甫随即又加以释放的信息传来，使这些官兵先感惶恐继又感兴奋。河口起义就在这样的情况下，于1908年4月29日（光绪三十四年三月二十九日）午夜爆发。

河口起义经过，大致可以分四个阶段。

第一阶段从4月29日至5月1日，革命军夺取河口，并立即采取了一系列革命措施。

第二阶段从5月2日至7日，革命军兵分三路推进到蛮耗、白河桥、古林箐一线。

第三阶段从5月7日至25日，革命军进军受挫转入防御，经过20天的鏖战，最后退出河口。

第四阶段从5月26日到9月下旬，革命军在中越边境转战百余日，直至相继被法军缴械收监。

第一节　革命军抢占河口

一　关仁甫与河口起义的发动

关仁甫对于缺少款项发动起义的事，很是着急。他以"义之所在，穷亦当干"之精神，于4月14日（农历三月十四日）入河口。他探知"河口半鹅村骆管带家，有银三千两，适由蒙自解到"，便动了心思，认为如果能够得到这一笔巨款来做军饷，即可暂时解决缺款问题。4月24日夜，他带领十余人，从老街直趋半鹅村（查河口现在的村寨并没有半鹅村之名，但从河口沿红河上约 10 公里处，有曼峨村，属河口镇坝洒办事处，半鹅村应该就是曼峨村），轻而易举就将这些银两俘获。关仁甫有此 3000 两银子做起义经费，遂向清军许诺，"凡绝清投降，携械至新坡者，即与银一元"①。

在讨论河口的驻军时已述及，河口军警生活艰苦，形同乞丐，兵士们不得不靠打柴和为法国人做苦工为生。苦日子当然使他们抱怨和不满，可更令他们不满的是，清政府编练新军时大幅度裁撤旧军。1903 年，云南开始实施裁军计划，按照每年递减一成，以十年裁尽旧军。锡良到云南，锐意编练新军，加快裁撤旧军。他认为"十年递减之案，阅今已历五年，兵将尽则官不能独留"，奏准将全省仅剩余的 125 名旧军官，除留下提督、总兵等 13 员，"所余各标、镇、协、营、副、参、游、都、守及千、把、外委等官，共一百一十二员。步、战、守兵二千六百九十名，自光绪三十四年二月起，概予一律裁撤"②。河口的驻军，虽然划归对汛边防和铁路巡防，实际上也在旧军之列，照样面临被裁撤的结局。回想当年三点会得势时，他们亦兵亦匪，生活要惬意得多。现在艰苦戍边多年，还要面临被裁撤的命运，他们为朝廷的薄情深感心寒。因此，当蛮河三点会原来的头目关仁甫来策反时，参加过三点会的官兵多蠢蠢欲动，再听说还有赏钱，都跃跃欲试，故关仁甫能用"与银一元"就诱使清军多数愿意响应起义。另外，黄明堂等人早就到老街潜伏，以他在会党中的影响力，是能够动员当地军队中会党成员的。胡汉民对黄明堂的这一能力也是肯定的，说："我以为黄明堂这个人好像江湖角色中的宋江一样，自己本身没有什么作为，不过能开大锅饭能养许多的兄弟们，就是在做河口举事的时候还是这套脾气。……他在会党的资格很老，颇得江湖上的人心。叫他办一件事办法是没有的，不过叫他勾结军队联络部队非常来得快。"③

据此，策动河口军警的功劳，应该记在黄明堂、关仁甫名下。不过，也有人将这份功劳抢在自己先人丁怀瑾的头上，说是孙中山"先派丁怀瑾

　　① 关仁甫述：《革命回顾录》，载中国人民政治协商会议全国委员会文史资料研究委员会编《辛亥革命回忆录》第 7 集，中华书局 1962 年版，第245 页。

　　② 《滇省绿营官兵分别酌拟裁留折》（光绪三十三年十二月二十四日），载中国科学院历史研究所第三所工具书组整理《锡良遗稿　奏稿》（第二册），中华书局 1959 年版，第 748 页。

　　③ 《胡汉民讲述南洋华侨参加革命之经过》，载冯自由《革命逸史》第 5 集，中华书局 1981年版，第 203 页。

潜入滇南各地联络临安八属前起义失败之同志，伪装为苦力预伏滇越铁路两侧，同时运动河口督办公署的巡防营为内应"，"其时清河口督办王玉藩尚有巡防四营，但王所辖的守备熊通及管带黄元贞经丁怀瑾策反，宣誓投效革命"。[1] 此事的考证颇为繁复，可以参见拙文《丁怀瑾（石僧）早期事迹考》[2]，不赘述。

在黄明堂、关仁甫运动下，管带黄体良、守备熊通等清军官兵均同意起义，"暗约反正投降者日众"[3]。

不过，关仁甫抢掠骆管带家的事，使清政府名正言顺地照会法方，要求协助缉匪，引渡要犯关汉臣。此即胡汉民5月7日报告书所指的"诬以劫案"。

在此之前数星期，清政府在河口的最高职位官员即对汛副督办王镇邦，已侦知有革命党在老街活动。按照中法签订的中越《边界会巡章程》的规定，他"通知法国副领事杜邦（Dupon）说，有革命党藏在法属越南地方"，要求取缔。据河口海关洋人的观察，王镇邦怕法方拖延，"连革命党藏匿所在的地名都指出了"。但法越当局对于革命党的活动，多听之任之，"铁路也是由革命党随意利用，来去都没有人拦阻"。越南总督派驻当地的专员爱墨里克（Emmerich）因奉到"严守中立"的命令，对于王镇邦的要求，仍旧没有采取任何行动。[4] 可是，中立是以承认革命党人为"国事犯"（政治犯）为前提的，现在发生的关仁甫劫掠骆管带家的银两，可是刑事案件。按照会巡章程，对此类刑事案件，法方没有理由拒绝，遂派军警查禁老街革命机关所在地，缉拿黎仲实等8人，又继续搜查，将关仁甫、翟西铭二人缉捕。

黎仲实与关仁甫被捕的时间，冯自由的记载有误。他说，黎仲实等8人在三月（阳历4月）中旬被法方拘押，关仁甫在三月二十三日（阳历4

① 丁中江：《北洋军阀史话》第1集，中国友谊出版公司1992年版，第170页。

② 范德伟：《丁怀瑾（石僧）早期事迹考》，载《中国国家博物馆馆刊》2012年第11期，第97—103页。

③ 《胡汉民之报告书》（1908年5月7日），载冯自由《革命逸史》第5集，中华书局1981年版，第147页。

④ 《1908年5月1日蒙自分关河口分关主任额尔德（F. W. K. Otte）致裴式楷第1号函（自越南老街发）》，载中国近代经济史资料丛刊编辑委员会主编的帝国主义与中国海关资料丛编之09《中国海关与辛亥革命》，中华书局1983年版，第256—257页。

月 23 日）始至老街，亦被拘禁。① 关仁甫对黎仲实被捕的记忆也有误，他说自己于三月十四日（4 月 14 日）赴滇时，"黎颂实等八人因法兵搜检，得革命文件，被拘押出境赴港"②。但查 4 月 24 日胡汉民致孙中山的报告，提及黎仲实于 4 月 18 日由钦州返河内，"因使其于今晨带一千元"上老街，可知黎仲实此前在黄兴军中，于 4 月 18 日由钦州返河内，4 月 24 日方赴老街。③ 5 月 7 日，胡汉民给孙中山的报告中，说黎仲实等是被清谍"诬以劫案"而请法方拘留的，此可以印证关仁甫夜劫骆管带家的事。5 月 1 日河口海关的报告亦说明："在这次起事的四天以前，老街的法国当局捉到了五、六名革命党，搜出一些文告，上面都是反官吏、反朝廷的话，并声明对外国人和一般人民并无恶意，等等。"④ 据此推断黎仲实、关仁甫被捕时间应该在 4 月 26 日。关仁甫的回忆亦说："至二十六晚，法军遂于老街施戒严，严搜居户。余时匿居新坡，是地均苦力馆之茅寮，搜查所至，余与翟西铭同志遂复在安南作阶下囚矣。"⑤

劫案发生后，河口的局势已经越来越紧张。王镇邦不但侦知老街革命党机关所在，他还得到其部下守备熊通、营管带黄体良等人通款革命党的密报。由于没有确凿证据，他只有预为防备，密陈上级，并欲告老请辞以图回避。当上级发来将黄体良调省之信时，老街方面又传来关仁甫被拘的消息。与革命党有联系的军警闻讯，极度恐慌，因为他们准备响应起义的所有情况，均在关仁甫掌握中。熊通、黄体良担心事泄，"决意速举"。胡汉民得知此严重情况，亦急催黄明堂等迅速发动起义。⑥

还好，法方在审知关仁甫即将举事后，对于王镇邦的引渡要求决定投机取巧，以所抓的是关仁甫，不能证明是王镇邦所求之关汉臣为名，拒绝

---

① 《戊申云南河口革命军实录》，载冯自由《革命逸史》第 5 集，中华书局 1981 年版，第 141 页。

② 关仁甫述：《革命回顾录》，载中国人民政治协商会议全国委员会文史资料研究委员会编《辛亥革命回忆录》第 7 集，中华书局 1962 年版，第 245 页。

③ 《胡汉民致孙总理报告钦军解散及滇桂军务书》（1908 年 4 月 24 日），载冯自由《革命逸史》第 5 集，中华书局 1981 年版，第 138 页。

④ 《1908 年 5 月 1 日蒙自分关河口分关主任额尔德（F. W. K. Otte）致裴式楷第 1 号函（自越南老街发）》，载中国近代经济史资料丛刊编辑委员会主编的帝国主义与中国海关资料丛编之 09《中国海关与辛亥革命》，中华书局 1983 年版，第 252 页。

⑤ 关仁甫述：《革命回顾录》，载中国人民政治协商会议全国委员会文史资料研究委员会编《辛亥革命回忆录》第 7 集，中华书局 1962 年版，第 245—246 页。

⑥ 《胡汉民之报告书》，载冯自由《革命逸史》第 5 集，中华书局 1981 年版，第 148 页。

引渡。关仁甫在忆及此段审讯时，得意之态溢于言表：

> 惟以余旧名汉臣，入兴中会后易名仁甫，黄振邦〔王镇邦〕固未审余名之既易也，是以仍以余之旧名请缉，法方以名不符，拒不引渡，余遂得免死于清奴之手。然法官固知之甚审也，是以二十八鞠余之日，询余何故在此为匪？并有枪若干？我愤然对曰："贵政府乃以匪目余辈耶？余辈岂为匪类，乃革命党耳。余辈图驱除鞑虏，恢复中华久矣，故欲假此起义，以取滇南。"嗣法官复以革命党首领何人为问，余曰："吾党首领乃孙文也。"再问革命党人数若干，余曰："凡有辫者皆是。"法官以余言甚辩，略一微笑。继问山上尚有部众否？余曰："固甚多也。"问有枪否？余曰："人皆有之，无枪何足以举事？"法官大惊，余乃笑谓法官曰："余辈乃假道耳，非欲有扰于贵国属地也。请速释我，庶几无变，否则部伍哗扰，将毋谓余言之不预矣。"法官闻言，益失措，乃询余曰："然则君等将于何日起义耶？"余应曰："余何时得释，则何日起义，事不成余即率部去，请信余言！"讯毕，果于是日释余。①

关仁甫不知道，他的获释还得力于当地"华商各店户联名保释"②，而且为了向清政府表态，法方仍旧扣留黎仲实等8人不放，直到5月初才按国际法例将他们遣送香港。

关仁甫获释后，好不容易才找到已转移他处藏匿的黄明堂、王和顺等人，连夜商议举事。他自认为已经向法国审问他的官员承诺过"余何时得释，则何日起义"，表示"今明日必须起事"，"如不举义，即当他去"，以示对法方守信。黄明堂等已得胡汉民催促令，也赞同立即发动。只是他们用于发动的基干队伍，"枪枝甚缺，悉数收集，仅得长枪二十余枝，手枪十三枝，共四十枝耳"③。他们的希望，只有寄托在河口军警的反正上。

---

① 关仁甫述：《革命回顾录》，载中国人民政治协商会议全国委员会文史资料研究委员会编《辛亥革命回忆录》第7集，中华书局1962年版，第246页。

② 冯自由：《革命逸史》第5集，中华书局1981年版，第141页。关仁甫回忆未提及华商保释之事。

③ 关仁甫述：《革命回顾录》，载中国人民政治协商会议全国委员会文史资料研究委员会编《辛亥革命回忆录》第7集，中华书局1962年版，第426页。

河口的情况，关仁甫最熟悉，该怎么行动，最好还是由关仁甫部署。关仁甫把起义队伍分两队，一队配手枪，由王和顺带领，集中在连接老街与河口间的铁路桥头，准备随时过桥攻击警察局。另一队配长枪，由关仁甫、黄明堂带领，乘夜色掩护由老街绕经牛角湾至河口，准备仰攻半山炮台。

参加攻击河口的革命党人数，外国人的观察大约有 400 人，① 胡汉民的报告是 300 多人，即"潜师于边界者百余人，其散布于车路一带装为苦力者二百人"②。

二　革命军占领河口之经过

1908 年 4 月 29 日（光绪三十四年三月二十九日）夜，一切如常。半夜（实际上已是 30 日凌晨）2 点（锡良据王镇邦的电报，上奏说是 1 点③），起义如期发动。王和顺（张德卿）率一部候守桥头，做正面攻击之势。黄明堂、关仁甫则率一部从老街绕经牛角湾进入河口侧背，先切断电线使敌不能通过电报求援，又断其交通。潜伏的革命党人士、被策动的河口防军，城内警察当即按约定起事，杀死巡长蔡景元（蔡正钧）④。巡防营管带岑德贵和哨弁张印堂率残部退入半山炮台，同王镇邦并力守御。

凌晨 4 点钟，革命军已占河口城。黄明堂、关仁甫即攻击半山炮台前哨。哨官林胜安指挥部属负隅顽抗。关仁甫对他留下了比较深刻的印象，认为他是"最能战，且拒不响应"的人。但林的部属本有准备内应者，他们趁机杀了林胜安，焚哨棚以迎革命军。⑤ 革命军继向半山主炮台及督办公署进攻，守军在副督办王镇邦指挥下坚守。革命军攻击不遂，稍事休整，于上午 9 时续攻。此时，王镇邦已下令将阵前被击毙的十余名革命军

①　《1908 年 5 月 1 日蒙自分关河口分关主任额尔德（F. W. K. Otte）致裴式楷第 1 号函（自越南老街发）》，载中国近代经济史资料丛刊编辑委员会主编的帝国主义与中国海关资料丛编之 09《中国海关与辛亥革命》，中华书局 1983 年版，第 256 页。

②　《胡汉民之报告书》，载冯自由《革命逸史》第 5 集，中华书局 1981 年版，第 147 页。

③　《光绪三十四年四月初四日云贵总督锡良复外务部电》，载中国史学会主编中国近代史资料丛刊《辛亥革命》（三），上海人民出版社 1957 年版，第 270 页。

④　冯自由：《革命逸史》第 5 集，中华书局 1981 年版，第 141 页。需要说明的是，当时云南各县警察，多者 60 名，少者 20 名，均设正副巡长各 1 名，冯自由所说的局长之名，是后人习惯所称。

⑤　关仁甫述：《革命回忆录》，载中国人民政治协商会议全国委员会文史资料研究委员会编《辛亥革命回忆录》第 7 集，中华书局 1962 年版，第 246 页。

士兵枭首示众①，悬于阵地前。关仁甫放出话，说是有杀督办者赏 2000 元。但由于王镇邦依托炮台防御工事，居高临下，革命军难以攻占。在双方激战中，驻防四连山的黄体良（黄元祯）部 4 哨相继反戈助战。到下午 4 点，副督办王镇邦眼见不敌，便托词约降。

王镇邦，字玉藩，虽是文官，亦是久经战阵之人，尤以在 1903 年镇压桂滇会党的起义中，以补用知县身份率罗平、丘北的旧防团 4 营和黄凤图营，进抵广西西隆州等处，配合在西林、泗城等处的龙济光部搜剿，多有斩获，颇受赏识。② 锡良任云贵总督时，王镇邦任宜良县知县。锡良在上奏中对其评价颇高，说"宜良县知县王镇邦，才足有为，性沉安逸"③。在黄河源被调离河口后，王镇邦即继任河口副督办职位。在探知革命党图取河口的消息时，他一方面积极采取防御措施，向法国方面提出交涉，再一方面是提出辞呈，准备以告老避开是是非非。但他没有料到，法国方面拘捕关仁甫后又将之释放，革命党的进攻就拉开了。面对这突然的进攻，王镇邦组织队伍固守居高临下的督办公署，在查知河口经蛮耗通蒙自的电报线路被切断后，他选择从河口通河内——香港再通国内的线路，发出求救电报称："逆党分股来攻，经激励弁勇奋力堵击，毙匪十余名，天明匪始暂退，我军亦有阵亡，军情万分紧急，请速援应。"④ 另派人飞檄附近驻军，"内称革匪千余人自越边来扑，鏖战一昼两夜未退，乞速援应"⑤。此时，王镇邦想以约降，一谋拖延时间以待援，二谋挟持前来谈判的革命党领导人以迫其退兵。此外，他还突发奇想，派人入老街向法国人求救，说是借兵两哨攻贼。法军派一名四画官⑥，"亲到河口炮台见王督办，谓：闻

---

① 《光绪三十四年四月初四日云贵总督锡良复外务部电》，载中国史学会主编中国近代史资料丛刊《辛亥革命》（三），上海人民出版社 1957 年版，第 270 页。

② 见云南巡抚林绍年《遵旨派员赴调并沿边会剿情形折》（光绪二十九年七月）、《滇军出师会剿情形片》（光绪二十九年十一月），载林绍年撰，康春华、许新民校注《林文直公奏稿校注》，中国书籍出版社 2013 年版，第 102、109 页。

③ 《甄别属员贤否请旨劝惩折》（光绪三十三年七月二十四日），载中国科学院历史研究所第三所工具书组整理《锡良遗稿 奏稿》（第二册），中华书局 1959 年版，第 692 页。

④ 《云贵总督锡良为报河口军情事致外务部电》（光绪三十四年四月初二日），中国第一历史档案馆：《光绪三十四年云南河口起义档案》，《历史档案》2011 年第 4 期。

⑤ 《云贵总督锡良为河口被革命党占据情形陈请代奏事致军机处等电》（光绪二十四年四月初四日），中国第一历史档案馆：《光绪三十四年云南河口起义档案》，《历史档案》2011 年第 4 期。

⑥ 四画官，又为四圈官。画圈是法国军官的军衔标识。时在越南法军官最高军衔为七画，最低为一画，约相当于少将至少尉。据此推断四画官约相当于少校。

此次起义并非盗贼,乃是革命党,不能派兵代攻"①。

黄明堂、关仁甫等怀疑王镇邦诈降,但因有法国军官来说,便选派与王镇邦有同乡、同宗之谊的广西泗城人王槐廷(又写为黄华亭、黄华廷),带两人随法国四画官前去谈判。② 后来,对这名法国四画官,革命党方面将之说成是商人,清政府则认为是官员(四圈官)。

对于革命党立即派王槐廷前来接洽投降事,出乎王镇邦预料。他拒绝与王槐廷谈,说是只能与革命党领袖谈判。王槐廷欲离开。王镇邦暗令亲兵突然开枪,击毙王槐廷及其随从1人。法四画官逃回。革命军闻讯大愤,立即发动猛攻,击毙张印堂。在激烈的交战之中,与革命党有约并表示过愿杀王镇邦以献的守备熊通,乘机用枪逼住王镇邦,要求王镇邦投降。王镇邦倒也硬朗,表示自己年过花甲,不能晚节不保,要效忠大清朝。熊通等遂杀王镇邦而投降革命军。③ 跟随在王镇邦身边的次子王由焘,

① 《口述革命军攻破河口情形》,《中兴日报》1908年5月28日(农历戊申年四月廿九日)。

② 此据前引相关资料整理。关仁甫《革命回忆录》中,将王镇邦、王槐廷写为"黄振邦"、"黄华廷";马竹髯《河口之役见闻录》则将此二人写作"王正藩"、"王廷槐";陈鹤龄《河口起义》则用"王玉藩"、"王槐廷"。关仁甫、马竹髯、陈鹤龄三人均述及法国盐商调停事,但没有说王镇邦向法国求兵。冯自由《革命逸史》将王镇邦、王槐廷写为"王玉帆(镇邦)"、"黄华廷"。王镇邦向法国求兵,亦见于冯自由所载。查清方档案有"河口副督办委员王镇邦","副督办委员、知府用、在任候补同知、开缺云南宜良县知县王镇邦"之记载(中国史学会主编:中国近代史资料丛刊《辛亥革命》(三),上海人民出版社1957年版,第269、284页),故可知王镇邦是其本名,字玉藩(玉帆)。

③ 王槐廷遇害与王镇邦被杀情节,根据关仁甫、马竹髯、陈鹤龄三人回忆与撰述,大致为:王镇邦拒绝与王槐廷谈,说是只能与黄明堂谈判。王槐廷欲离开,王镇邦突然挥刀,砍杀王槐廷,并枪击王槐廷亲兵1人。与革命党有约并表示过愿杀王镇邦以献的守备熊通,立即开枪击毙王镇邦,压服众官兵投降。岑德贵、李美等官长逃走。他们所据,似乎皆为邹鲁《中国国民党史稿》第3篇。而邹鲁所据,应是《胡汉民之报告书》,只是胡之报告,有"熊守备急举枪拟督办,其部下从所指,督办遂伏诛"的情节,邹鲁则发展为"熊通急举枪向玉藩,毙之"(《中国国民党史稿》第3篇,上海书店1989年据重庆商务印书馆1945年版影印版,第745页)。然据《1908年5月1日蒙自分关河口分关主任额尔德(F. W. K. Otte)致裴式楷第1号函(自越南老街发)》载:"4月30日的夜里,副督办(王镇邦)拒绝投降,被他自己的人所杀,这些人都已经被革命党收买了。桥上高挂了两个人头。听说这位副督办很有骨气。问他是否愿意投到革命党那边去,他说自己年过六十,一向效忠政府,现在不愿意变节。"(《中国海关与辛亥革命》,第255页)。据此,关仁甫、马竹髯、陈鹤龄三人所说便令人质疑。最可疑处是,王镇邦以花甲之年龄,还挥刀砍杀王槐廷。且三人既没有提及王镇邦之年纪,也没有说到悬首桥头的细节。相比之下,冯自由《革命逸史》所载可能更符合史实:黄华廷(即王槐廷——引者注)"既至,王督办不应,黄起身告行,王督办暗命亲兵乘黄不备,猝然开枪击之,黄伤仆死,复击毙黄之随兵一人,法商幸无伤"(冯自由:《革命逸史》第5集,中华书局1981年版,第142页)。

也一同被杀。管带岑德贵本是前云贵总督岑毓英的同宗，与王镇邦负隅顽抗，此时见败绩已定，潜逃上山找黄元祯。"黄遂缚之纳降。革命军赦岑不杀，释之。"①

至此，河口地区和炮台均插上了革命党人的青天白日满地红的旗帜。其战果为：共缴得十响毛瑟枪千余杆，子弹约 20 万发。革命党人将河口副督办王镇邦、警察局长蔡正钧首级，悬于桥头示众，半日即允其家属收尸埋葬。②

第二节　革命军占领河口后的措施

革命党夺取河口之顺利，出乎黄明堂、王和顺、关仁甫等人之预料。河口的军警多数投降。黄元祯当即修书，向驻防南溪、阿白的李兰亭、黄茂兰两营管带劝降。李兰亭得书后，5 月 1 日晚率全营来降，"缴枪二百余枝，子弹三万，谷一百担"。黄茂兰则回复说待革命军到即降。③ 至此，归降之清军防汛警营已达 5 营。

按照预定计划，革命军应该迅即出兵北上，攻取蒙自、昆明。

但黄明堂并没有下令立即进兵。对此颇多责备的是胡汉民，他说：

> 本来占领河口后，蒙自方面没有敌人，而且岑春煊的三千枝枪藏在蒙自，我们如果能够乘其不备占领蒙自，并可增加军器。而且到了蒙自以后，我们事先和滇越铁路公司也接洽过，铁路线可以给我们应用，军用品也可以运送便利。可是他们竟迟迟不进，坐失良机。④

对于胡汉民的责备，冯自由只是部分赞同，认为："河口占领后，革

---

① 《口述革命军攻破河口情形》，《中兴日报》1908 年 5 月 28 日（农历戊申年四月廿九日）。

② 悬王镇邦首级示众，见于冯自由记述，又据《1908 年 5 月 1 日蒙自分关河口分关主任额尔德（F. W. K. Otte）致裴式楷第 1 号函（自越南老街发）》载："桥上高挂了两个人头。"推断另一人头当是警察局长蔡正钧的。

③ 《胡汉民之报告书》，载冯自由《革命逸史》第 5 集，中华书局 1981 年版，第 149 页。

④ 《胡汉民讲述南洋华侨参加革命之经过》，载冯自由《革命逸史》第 5 集，中华书局 1981 年版，第 203—204 页。

命军办理因粮事务乏人指导，民政方面纷乱如丝，黄明堂以是不能依预定计划，于最短时间分兵四出，以攻取蒙自、昆明，实为用兵之大忌。"在此，冯自由认可黄明堂没有在最短时间内分兵四出，但把原因归之于"因粮事务乏人指导，民政方面纷乱如丝"①。

算起来，胡汉民的责备也许有些苛刻。因为起义军仅耽搁一天，也就是5月1日没有进兵。在这一天，革命军也干了许多事情。

一　建立革命机关

遵照1906年秋冬，孙中山、黄兴、章太炎共同拟定的《中国同盟会革命方略》（以下简称"革命方略"）的规定，革命党夺取河口，即组建革命机关。唯组建机关很匆忙，只是发布告示宣布成立，举行个授印仪式罢了。问题是在河口的革命机关的领导人是谁？

革命方略所设定的原则是："一、各处国民军，每军立一都督，以起义之首领任之。二、军都督有全权掌理军务，便宜行事。……"② 但是在河口的国民军，却有3个首领，即黄明堂、关仁甫、王和顺。孙中山并没有明确他们的隶属关系，或者孙中山曾经明确过他们的隶属关系，但他们并不接受。譬如在镇南关之役，由于黄明堂不接受南军都督王和顺指挥，孙中山只好改委黄明堂为都督，以致有人认为黄明堂是南军都督。也有人认为黄明堂是镇南关都督。前已述及，当时这3人的搭档就很不愉快，为准备河口起义，孙中山回忆说是"令黄明堂窥取河口"，但关仁甫说是"嘱余于滇南举义，并嘱王和顺黄明堂为助"。可见他们的隶属关系并没有确立。孙中山"十次起义"，并没有一次真正建立起符合革命方略设想的国民军，多只是"就地取材"，改造会党力量以打出国民军旗号。这样的国民军，其隶属关系仓促之间并不可能打破会党那一套。再加上孙中山委任原来的会党领袖为国民军都督时并不严谨，王和顺、关仁甫、黄明堂都曾经被委以都督名号，委任以后又没有免去的程序，遂使这三人对隶属关系的认识不能够统一。

指挥系统不统一，这是兵家大忌。

① 《戊申云南河口革命军实录》，载冯自由《革命逸史》第5集，中华书局1981年版，第142页。

② 《中国同盟会革命方略》（1906年秋冬间），载《孙中山全集》第1卷，中华书局1981年版，第298页。

按照关仁甫的说法，占领河口后，革命党立即"于河口成立云贵都督府，及总司令部，余与黄明堂王和顺分任之"①。他虽然没有说明云贵都督府是一个机构，抑或是云南都督府与贵州都督府两个机构，但以他后文提及黄兴被孙中山电委为"云贵总司令"而言，再联想清政府设置有云贵总督府，可以判断云贵都督府只是一个机构。

在这一机构中，关仁甫与黄明堂、王和顺怎么任职？从胡汉民5月13日报告中一句"德有统带全军之名"②，此处"德"是对张德卿的简称，张德卿即王和顺的化名，可以判断，王和顺是总司令。如此则关仁甫、黄明堂应该有一人是云贵都督，另一位是副都督。从关仁甫记述的"余与黄明堂王和顺分任之"句判断，他才是云贵都督。这并非孤证，至少还有如下的证据③：一是作为关仁甫对手的贺宗章，在回忆中也印证了关仁甫的说法："忽有河口之变，革党以关辅臣为都督"④；二是法国驻蒙自领事侯耀于5月7日向法国驻华公使巴思德提交的报告中，有"这次袭击是由孙逸仙的主要助手关辅臣指挥的"⑤；三是有知情者的回忆亦说"于是群推辅臣为都督"⑥；四是清政府的档案亦有证明，如云贵总督锡良在奏折中，先特别强调"查此股匪首为关莆臣、黄和顺，皆孙汶所领大头目。关莆臣者，本曩年滇边著匪，逋逃越南"⑦，后来又提供了一个关仁甫接受都督印的细节："四月初二日八钟，匪首王和顺骑马捧伪都督印，率党七十名，

① 关仁甫：《革命回忆录》，载中国人民政治协商会议全国委员会文史资料研究委员会编《辛亥革命回忆录》第7集，中华书局1962年版，第247页。

② 《戊申胡汉民上孙总理续报告云南河口军务书》（1908年5月13日），载冯自由《革命逸史》第6集，中华书局1981年版，第193页。

③ 有关关仁甫为都督的考证，详见范德伟、王丽云《关仁甫与云南河口起义》，载《八桂侨刊》2011年第4期；范德伟、庄兴国《戊申云南河口之役革命军都督考》，收入范建华主编《云南省社科界纪念辛亥革命100周年文集》，云南大学出版社2011年版，第290—301页。

④ 贺宗章：《幻影谈》，载方国瑜主编《云南史料丛刊》第12卷，云南大学出版社2001年版，第109页。

⑤ 《侯耀致法国驻华公使先生》（1908年5月7日，蒙自），载章开沅等主编《辛亥革命史资料新编》（7），湖北人民出版社2006年版，第90页。

⑥ 马竹斋：《河口之役见闻录》，载中国人民政治协商会议云南省委员会文史资料研究委员会编《云南文史资料选辑》第41辑，云南人民出版社1991年版，第214页。

⑦ 《光绪三十四年四月初五日云贵总督锡良致外务部电》，载中国史学会主编中国近代史资料丛刊《辛亥革命》（三），上海人民出版社1957年版，第273页。

荷枪排队，由保胜过桥，送交关匪接受。"①　清军收复河口后，云南布政使沈秉堃致法方的照会中，也明言"匪首关辅臣，为滇历年索交要犯，前经越南政府拘获复纵。今率众攻陷河口，伪称大都督者，即是该犯"②；五是1908年5月24日，留学日本的中国学生，在东京神田锦辉馆召开"中国留日学生全体大会"，声援河口起义，大会把河口起义称为"关仁甫起义"③，并有"云南革命军之首领关仁甫"④的演说词；六是河口起义军曾以"云贵大都督"的名义发布告示，此可见后面引述的告示。

显然，冯自由、邹鲁的著作，无视关仁甫为云贵都督的事实，仅说关仁甫是黄明堂的助手，是值得怀疑的。但以黄明堂在镇南关之役的事例，要他做关仁甫的助手，也是不靠谱的。那黄明堂是什么职位？冯自由记载，黄明堂在河口"用南军都督黄明堂名义布告安民"⑤，说明黄明堂并没有受用云贵都督名号，而是用南军都督。黄明堂在镇南关已经接替王和顺任南军都督，此时，他继续袭用此名号也是顺理成章的。特别是在关仁甫率偏师进军蛮耗后，坐镇河口的黄明堂，实际上已居于全军主帅的位置。

如此一来，河口的国民军，实际上有了两个都督。

还有一件事也值得一提，即在河口的革命机关成立时，河口商人纷纷表示祝贺，法国人也前来表示祝贺。⑥革命军自诩文明之师，其言行确实受到赞誉。

二　发布对外宣言和安民告示

革命方略对于对外宣言和安民告示，亦有明确规定，并要求"国旗、

---

① 《光绪三十四年五月初八日云贵总督锡良致军机处外务部电》，载中国史学会主编中国近代史资料丛刊《辛亥革命》（三），上海人民出版社1957年版，第313页。

② 《云南布政使沈秉堃复法国驻昆领事宝如华的照会》（光绪三十四年五月二日），载《云南档案史料》1984年第7期，第16—17页。

③ 《日本外务省档案》，明治四十一年五月二十四日，乙秘第366号。转引自陈锡祺主编《孙中山年谱长编》（上册），中华书局1991年版，第432页。

④ 《清国革命党人士谈云南起义》（1908年5月28日），载章开沅等主编《辛亥革命史资料新编》（6），湖北人民出版社2006年版，第128页。

⑤ 《戊申云南河口革命军实录》，载冯自由《革命逸史》第5集，中华书局1981年版，第142页。

⑥ 关仁甫：《革命回忆录》，载中国人民政治协商会议全国委员会文史资料研究委员会编《辛亥革命回忆录》第7集，中华书局1962年版，第247页。

军政府宣言、安民布告、对外宣言，军都督当依军政府所定，不得变更"①。黄明堂以中华国民军政府的名义，向各国发布预先拟就的宣言，称："本军政府今起国民军，欲推倒现今之清政府，建造社会的民主国家；同时，对于友邦各国益敦睦谊，以维持世界之和平，增进人类的幸福。"宣言一面规定："在军政府占领地内之一切外国人民财产，一概保护之"，"在军政府占领地内，外国人于条约上已得之权利皆得继续有效力"；另一面又宣布："外国人若有援助清政府妨害国民军者，国民军即将其认作敌国"，"外国人如以战争用品接济清政府，则国民军立即没收之"②。

这份宣言，代表了当时同盟会对对外关系的认识，其中对外国人的竭力保护曾招致批评。《民报》第22期专门登载了《革命军约法问答》，对批评做出回答。批评者称："满洲异族，惟知俛首摇尾以媚泰西，而视皇汉之裔如草芥。吾党仗义兴师，为民请命，亦有所轩轾如是乎？"章太炎答辩称："言种族革命，则满人为巨敌，而欧美少轻。以异族之攘吾政府者在彼不在此也。若就政治社会计之，则西人之祸吾族，其烈千万倍于满洲。""然以利害相较，则革命军不得不姑示宽容，无使清人、白人协以谋我。我军中约法，半为利害，不尽为是非也。"③ 因此，在革命军占领河口后，对洋人也切实保护。清政府派驻河口的弹压委员兼海关委员（未记姓名），也是在这种情况下，跑去找河口分关主任额尔德（F. W. K. Otte）庇护，并由额尔德装入大箱子中，从河口过桥安全送到老街，再乘船赴海防的。当然，从额尔德的报告来看，革命党人对于海关税款和"大清邮局"的款项，曾想截留，但仅找到大约60元，其他都被洋员打包带到老街去了。④

---

① 《中国同盟会革命方略》（1906年秋冬间），载《孙中山全集》第1卷，中华书局1981年版，第309—311、298页。

② 陈春生：《戊申河口起义记》，《革命文献》第67辑，第136、137页。转引自金冲及、胡绳武《辛亥革命史稿》第二卷《中国同盟会》，上海人民出版社1985年版，第333页。

③ 公是先生问，太炎答：《革命军约法问答》，《民报》第22号，第45—51页，载中国科学院历史研究所第三所编《民报》合订本第4册，科学出版社1957年版。

④ 此事见《1908年5月1日蒙自分关河口分关主任额尔德（F. W. K. Otte）致裴式楷第1号函（自越南老街发）》，载中国近代经济史资料丛刊编辑委员会主编的帝国主义与中国海关资料丛编之09《中国海关与辛亥革命》，中华书局1983年版，第253—254页。弹压委员，是清政府在土司区设置的流官，负责监督土司执行政府的各项政令，为将来设县做准备。

　　安民告示，黄明堂是以中华国民军南军都督名义发的，其内容不外乎说明起义宗旨和保护正常商旅居民等方面。

　　笔者曾看到有在书中插入的《同盟会起义发布的安民告示》图片①，以"中华民国南军都督布告"抬头，内容为通俗诗句，共24句，表示"布告河口民众，吾等今起义师，推翻满清是宗，建我民国是旨"。其落款加红印均为"黄明堂"，日期为"光绪三十四年五月一日"。从其使用现代标点即可以判断其形式是后人仿作。而从其使用光绪年号判断，其内容也值得怀疑。因当时同盟会已经很在乎采用什么方式纪年。同盟会机关刊物《民报》从第一期就在版权页采用"中国开国纪元"（黄帝纪年），同时附公历、日本明治、光绪 3 种纪年。革命方略中的《军政府宣言》《安民告示》等文件，其开篇明确示范要采用"天

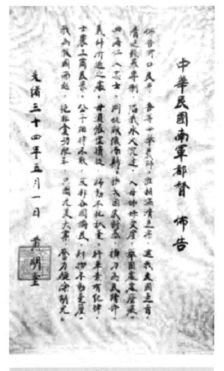

同盟会河口起义发布的安民布告

运岁次　年　月　日，中华国民军　军都督奉军政府命，布告安民"的格式②，而这份布告并没有采用此格式。

　　冯自由等人记载的黄明堂以南军都督发布安民告示，在其他的记录中并没有出现。有意思的是，笔者见到了思茅关税务司的一份报告函，附录了《中华民国云贵大都督告示》，其内容为：

　　　　义师到境，纪律严明；
　　　　创兴革命，伐罪吊民；

<hr />

　　① 李涛主编：《话说红河·河口》，云南人民出版社 2009 年版，第 64 页。
　　② 孙中山等：《中国同盟会革命方略》（1906 年秋冬间），载《孙中山全集》第 1 卷，中华书局 1981 年版，第 296、309 页。

> 恢复祖国，驱逐满清；
> 扫除旧弊，洗涤羶腥；
> 军旅经过，商民勿惊；
> 城墟市镇，依旧经营；
> 农工商士，安分谋生；
> 秋毫无犯，买卖公平。
> 奸淫抢杀，处以极刑；
> 私通异类，重惩勿轻；
> 一秉至公，决不徇情；
> 示出法随，各宜凛遵。

而且该函还说明"另抄呈叛党大都督在河口发的告示，这个告示已经在蒙自和思茅之间各城镇私下传开了"①。这份布告的真实性是确定无疑的，这也证明了关仁甫所说的建立云贵都督府是可信的。这份布告，如果不是革命军占领河口后所发的布告，也是黄明堂准备进取思茅时，仍以云贵都督的名义发的布告。

三　就地因粮筹款

胡汉民曾经让黎仲实等人到老街设立革命机关，准备起义后因粮筹款的事，但因关仁甫劫银案，黎仲实等人被法国方面拘捕，机关被破坏。现在革命军占据河口，急需军费，只能一方面向河内的胡汉民告急请款，另一方面就是就地因粮筹款。

在革命方略中，要求立即设因粮局来负责因粮筹款事宜，并规定其基本办法是：将清政府的官业、反抗革命的官员和人民的财产都充公，在现银不足时可以开具凭票强买军用货物，可以用给付债券形式"与境内人民有家产者借用现银"，还可以令家产万元以上者，按其财产多少捐纳十分之一至十分之四的钱财。

革命军占领河口后，也想方设法开展因粮筹款活动，是宣传与强迫并

---

① 《1908 年 6 月 9 日瑚斯敦致裴式楷第 3 号函》，载中国近代经济史资料丛刊编辑委员会主编的帝国主义与中国海关资料丛编之 09《中国海关与辛亥革命》，中华书局 1983 年版，第 271—272 页。

用。关仁甫回忆：河口商民"踊跃捐输，亦仅得一千七百余元"①。胡汉民则称："收复河口，即就地征收义捐，得银三千五百元"②。据海关河口分关主任记载："革命党发布了安定人心的布告，但是并没有完全履行他们的诺言。他们用强力筹巨款，商人们当然要抱怨了。"③ 出于担心和抱怨，不少商民都逃往老街。河口的商业活动，多因此而终止。

四　论功行赏

论功行赏，兑现承诺，是革命军占据河口后的一大措施。这一措施，是争取清军归降最有力的一大诱饵，也是革命军得到拥护的重要保障。胡汉民的报告称："此次德卿仁甫踊跃用兵，发愤进取，而发难之始，则功在黄明堂，然而黄元贞内应之功实大，反正以后，即立作招书，而李兰亭听信其言，全营来降，以致黄茂兰等亦相率先后而来，皆黄元贞之力也。……惟发饷时，杀督办花红二千，占山上炮台及以哨官首级献者，大小花红二千八百，共花红四千八百。"④

在论功行赏时，革命军军费拮据的问题很快暴露出来。因为河口起义能够发动，得益于关仁甫攫取骆管带家 3000 两银。3000 两银，折合约 4000 元⑤，加上所募得的 1700 余元，也只有 5700 余元，而论功行赏就花去 4800 元，所余已不足千元。即使是按照胡汉民所说募集到 3500 元，总数有 7500 元，扣除"花红"之费，所余也只有 2700 元。结果是由于没有足够的钱，"其得河口后来降者即皆不给赏，但发伙食而已"⑥。军费不足问题的暴露，对于革命军的进兵士气和争取清军归降极为不利。

原来，曾经传说孙中山的革命党在越南"有一百万两以上的巨款，专

① 关仁甫述：《革命回顾录》，载中国人民政治协商会议全国委员会文史资料研究委员会编《辛亥革命回忆录》第 7 集，中华书局 1962 年版，第 247 页。

② 《胡汉民之报告书》，载冯自由《革命逸史》第 5 集，中华书局 1981 年版，第 150 页。

③ 《1908 年 5 月 3 日额尔德致裴式楷第 2 号函（自河口发）》，载中国近代经济史资料丛刊编辑委员会主编的帝国主义与中国海关资料丛编之 09《中国海关与辛亥革命》，中华书局 1983 年版，第 257 页。

④ 《胡汉民之报告书》，载冯自由《革命逸史》第 5 集，中华书局 1981 年版，第 150 页。

⑤ 银两与"元"比值，是参考河口兵卒"每人每月得饷三两，折下来只得四元"之说。见特派员对镜狂呼客《调查河口情形记》，载中国科学院历史研究所第三所编《云南杂志选辑》，科学出版社 1958 年版，第 330 页。

⑥ 《胡汉民之报告书》，载冯自由《革命逸史》第 5 集，中华书局 1981 年版，第 150 页。

供进行叛乱、反对清政府"①。胡汉民在要求发动起义时，也"曾有军饷不足虑之说"②，因为他背后也有孙中山对他做出的许诺。起义军占领河口，归降之清军警有 5 营，加上滇越铁路筑路工人及其他响应者，人数从原来的 300 多人一下子扩展到 3000 余人，每日每人至少要伙食费 3 毛，仅"粮食一项亦几及千元"。为维持日常开销，河口起义军向胡汉民要求预发3 万元军饷。

胡汉民能不能提供这些钱呢？

第三节　革命军三路北进

一　胡汉民想方设法推动河口革命军进兵

此时，胡汉民既惊喜又焦急。他知道，如果革命军占领河口后，能够抛开各种顾虑而迅速进兵，可直上蒙自、文山（开化），进逼昆明而下全省。胡汉民得到的情报，"蒙自、开化藏枪各数千（藏置为招募新军之用），而守兵各不过两三营，合其附近可取救援之兵亦不过各得二千人而止。以我朝起之锐气，攻彼腐败之营兵，且又有会党相通之妙用，一可敌十，何况彼力之尚有不如我耶"。而且他已与"底波洋行私约，如得蒙自，伊有洋行在彼，军用亦可任取，艮班大班私语□□养云，若有占领蒙自消息，请党人告我，我有大好意相酬"。因此，胡汉民认为"大抵若得蒙自，弟在河内亦可尽力运动，使得种种之裨助"③。可是，黄明堂等人更关心的是军饷不继，对进兵迟疑不决，他们"要求预发军饷三万金"，不发就"按兵不肯进"④ 以等待。

胡汉民对此气愤异常，后来提到此事还颇有怨言，说：

①　《1907 年 10 月 19 日阿歧森致赫德第 10 号函》，载中国近代经济史资料丛刊编辑委员会主编的帝国主义与中国海关资料丛编之 09《中国海关与辛亥革命》，中华书局 1983 年版，第 236 页。

②　谭人凤：《石牌词叙录》，载中国社会科学院近代史资料编辑组编《近代史资料》1956 年第 3 期（总第 10 期），第 38 页。

③　《胡汉民之报告书》，载冯自由《革命逸史》第 5 集，中华书局 1981 年版，第 151—152 页。

④　谭人凤：《石牌词叙录》，载中国社会科学院近代史资料编辑组编《近代史资料》1956 年第 3 期（总第 10 期），第 38 页。

本来占领河口后，蒙自方面没有敌人，而且岑春煊的三千枝枪藏在蒙自，我们如果能够乘其不备占领蒙自，并可增加军器。而且到了蒙自以后，我们事先和滇越铁路公司也接洽过，铁路线可以给我们应用，军用品也可以运送便利。可是他们竟迟迟不进，坐失良机。①

胡汉民的意思，是要河口革命军暂时克服眼前军费不足的困难，攻取蒙自来获取补充。

但前方不进兵，在河内统筹的胡汉民并没有军队统帅那样的处决权。他绞尽脑汁也拿不出如此巨款，只有向孙中山告急，请求筹"十万金，分半先为粮食之用，分半预为子弹之补充"。他清楚，河口的起义军多为降军，他们没有什么革命理想。他向孙中山表达了只要有钱就能够获胜的期许，指望孙中山能够尽快汇款，说：

> 云南近越边一带，粮食既昂，河口之兵正以饷食不周，为倒戈降我之大原因，若我有后援，粮食充足，则彼敌兵降者恐后，盖以彼卒常饥之故。②

黄明堂、关仁甫、王和顺等人商讨起义后的问题时，似乎没有人提及原定的迅速进占蒙自、昆明的计划。显然，他们对此计划并不热心。黄明堂热衷于眼前的胜利，盼望胡汉民能够兑现承诺送来大笔款项。但这么多起义军（约3000人）集中河口，河口的商户又有许多逃避老街，不要说没有钱，即使有钱，一时间也难以购买那么多粮食。仅仅靠缴获的粮食，也维持不了几天。为解决粮食短缺的大问题，关仁甫提出，这么多人在河口，既然担心"饷源不继"，不如"分军就食"。③

为推动河口革命军进兵，胡汉民在连电向孙中山告急的同时，还在越南华侨中筹款。由于有同盟会组织的西贡、堤岸、河内、海防等地的越南华侨多已倾囊，到筹备河口起义时，这些地方的华侨一时再难以妥

---

①　《胡汉民讲述南洋华侨参加革命之经过》，载冯自由《革命逸史》第5集，中华书局1981年版，第203—204页。

②　《胡汉民之报告书》，载冯自由《革命逸史》第5集，中华书局1981年版，第151页。

③　关仁甫述：《革命回顾录》，载中国人民政治协商会议全国委员会文史资料研究委员会编《辛亥革命回忆录》第7集，中华书局1962年版，第247—248页。

筹巨款，连向当地法国商行购置枪械的费用，还是由华侨杨寿彭、梁秋等"负责保证，限期偿还债款"①。此时，胡汉民深感"河内同志力竭于前"，但他还是只有硬着头皮去募捐。使他略感兴奋的是，在他说明情况后，河内华侨还是"捐款千余"，而且孙中山也回电称"三日有款"。胡汉民即拿着电报去找前月才借过2000元的梁成泰之子梁秋，约定只要新加坡的汇款一到就立即归还，借到3000元。② 胡汉民在河内所筹借到的上述款项，总计有6000多元，此前已让黎仲实带走1000元。此时，胡汉民将剩下的款项，于5月1日和3日，分两次让甄吉亭（又为甄吉廷、甄吉庭）、黄龙生（又为黄隆生）各带2200元急送前方，以催动进兵。③

在得到甄吉亭送来的2200元款项后，提议"分军就食"的关仁甫，于5月2日（农历四月初三日）正午祭旗，誓师出征。他的进军路线，是顺红河而上蛮耗，沿商道攻蒙自和个旧，是为西（左）路军。

同时还由宁大率一部作为先锋队，沿铁路突进南溪。在得到黄龙生送来的2200元款项后，5月4日（农历四月初五日），王和顺率大队出发，到南溪会合宁大的先锋队，沿铁路而上，挺进蒙自，是为中路军。随后他分兵一路到古林箐方面抵御从开化府过来的清军，成为东（右）路军。

黄明堂自己则留守河口。

从锡良5月3日奏报中提及"据驻糯姑防营管带杨光雇飞檄称，初三日五钟雷领事由河口乘火车过营，称王镇邦业已遇害，匪分三路进扰"④来判断，在关仁甫祭旗出师的5月2日，革命军已形成兵分三路推进的战略，且已派先头部队进兵。

二　关仁甫在西路的进战

关仁甫此次进兵，选择的是自己熟悉的路线，所率领的是配备400杆新式九响枪的数百人，与5年前的三点会众相比可谓鸟枪换炮。据冯自由

---

① 冯自由：《华侨革命开国史》，商务印书馆1947年版，第61页。

② 《胡汉民致孙总理报告钦军解散及滇桂军务书》《胡汉民之报告书》，载冯自由《革命逸史》第5集，中华书局1981年版，第138、151页。

③ 《胡汉民之报告书》，载冯自由《革命逸史》第5集，中华书局1981年版，第150页。

④ 《云贵总督锡良为河口被革命党占据情形陈请代奏事致军机处等电》（光绪三十四年四月初四日），载《历史档案》2011年第4期。雷，又译为侯耀，为法国驻蒙自领事。

记载，跟随关仁甫的知名人物还有何有才、黎国英等人，这黎国英，正是河口前任警察长。听闻关仁甫率大军来，蛰伏的三点会余部纷纷响应，沿途的清军，坝洒管带何德兴、田房管带项显、安定哨官岑德明等均反正归到关仁甫麾下，致有"清兵闻关某之名，皆纷纷来降"之说①。关仁甫回忆说自己是势如破竹，但实际上，他的进兵是比较缓慢的。按他的说法，他于5月2日（初三日）进兵，"初四，进抵巴沙，得管带何德兴响应。初五晚至田防，又得管带项显反正。初六至安定，哨官岑德明又反正，势如破竹"。一路未经战斗，3天时间，他仅推进五六十公里，于5月5日才抵新街（今莲花塘乡老新街）。

在新街，关仁甫与清军发生了激战，而且一直打到蛮耗。关仁甫回忆说："时新街驻军为督带韦高魁部，初劝韦降，韦不降，乃下令攻。但韦部愿降者众，纷悬白旗，韦急走万河，与驻万河督带柯积臣合。初九，余又率部自新街攻万河，激战甚久，柯终败北，退入观音岩，负隅固守。余遂与之相持达半月，饷绌，幸红河沿岸多属洪门旧部，稍得接济。"②

关仁甫所说的"万河"，也就是蛮耗。至于与他交战的督带韦高魁和柯积臣，前者估计是他记错，因清方档案记录中并没有此管带，清军在此地的管带是曾国桢和柯树勋，韦可能只是哨官；后者亦写为柯绩臣或柯积臣，本名为柯树勋。在河口的清军中，柯树勋（1862—1926）可是一个厉害的人物，他本亦是来自广西，为柳州府马平县畹田村人。前已提及，在1903年，他就追随贺宗章镇压蛮河地区的三点会，随后被任命为滇越铁路下段巡防营阿白管带，在其他营多吃空额扣兵勇薪饷的情况下，他被认为是"于压粮习饷尚属稍有天良者"③。随即，他又被调派驻防蛮耗。在镇压河口起义后，他又率部平定西双版纳勐遮土司的反叛，民国初年成为坐镇南疆边陲的普思沿边行政总局的局长，为开拓西双版纳等地贡献颇著。

面对关仁甫的进攻，柯树勋知道自己兵力远远不及。连锡良也忧心忡忡，说："查西路以蛮耗为扼要地方，原驻仅柯树勋一营，及曾国桢护商

---

① 陈鹤龄整理：《河口起义》，载河口县政协文史资料委员会编印《河口文史资料选辑》第1辑，1991年，第222页。

② 关仁甫述：《革命回忆录》，载中国人民政治协商会议全国委员会文史资料研究委员会编《辛亥革命回忆录》第7集，中华书局1962年版，第247—248页。

③ 《论滇事——节录蜇生氏来稿》，《东方杂志》1906年第3卷第8期"社说"，第173页。

一营，兵力太薄。"①但柯树勋使出了诡计，派百余人假装投降。关仁甫对柯树勋并不了解，他不知道，相比于其他军官，柯树勋是比较体贴部属的好管带，又刚刚发生韦管带不降而其部属纷纷投降的事，使他以为柯树勋部也是同样情况，毫无警惕之心。及至他率部向山坡上的柯树勋发起进攻，诈降的柯树勋部属突然倒戈，使关仁甫部陷于混乱。关仁甫肩膀受轻伤，"急走避，此次未免小挫"②。

关仁甫很快重整队伍，以优势兵力攻蛮耗。柯树勋依托观音岩的有利地势，顽强抵抗。5月7日，贺宗章统率的清军西路军前锋马廷芳、周国祥两营赶至，形成柯树勋、曾国桢、马廷芳、周国祥四营合击关仁甫部的情况，"得获大胜"③。关仁甫不得已，退守新街，双方呈现对峙状态。

三　王和顺在中路、东路的进战

沿滇越铁路而上是革命军计划的主攻方向，沿途有清军驻南溪（1—23公里）、阿白（24—93公里）、俣姑（96—141公里）、芷村（145—169公里）、蒙自（171—210公里）的5个铁路巡防营。在驻防南溪一带的李兰亭来降后，沿线已控制在革命军手中。5月2日，宁大率一部已先挺进距离河口23公里的南溪，清军胡华甫、王玉珠两哨相继投降。5月4日，王和顺率主力2000余人的大军北上，会同宁大的部队，收降黄茂兰部，推进到了距河口78公里的白河（今屏边县白河乡）。黄茂兰是黑旗军首领刘永福妻子黄美兰的堂弟，黑旗军被调离时在南溪、河口、坝洒所开垦土地均交给他。④他被清政府招安成为清军管带，据说"河口周围百里的地方都是他的田地，有钱有势，鬼都怕他"⑤。黄茂兰归降革命军，他的儿子拒绝归降，反而率军前来攻打，被王和顺军击退。此时，滇越铁路上的火

---

①　《光绪三十四年四月初九日云贵总督锡良致军机处请代奏电》，载中国史学会主编中国近代史资料丛刊《辛亥革命》（三），上海人民出版社1957年版，第283页。

②　《戊申胡汉民上孙总理续报告云南河口军务书》（1908年5月13日），载冯自由《革命逸史》第6集，中华书局1981年版，第193页。

③　《光绪三十四年四月初九日云贵总督锡良致军机处请代奏电》，载中国史学会主编中国近代史资料丛刊《辛亥革命》（三），上海人民出版社1957年版，第283页。

④　据河口瑶族自治县地方志编纂委员会编《河口县志》，生活·读书·新知三联书店1994年版，第731、733、2页整理。

⑤　广西壮族自治区通志馆：《中法战争调查资料实录》，广西人民出版社1982年版，第67页。

车还在运行，且已可以开抵距离河口 92 公里的蚂蝗田。革命军本有利用火车快速进取之便捷，清政府为此也极为担心。但由于饷源不接，革命军进取之勇气不足，故多在铁路上徘徊。此即胡汉民报告书中所说的"此回滇师之不能急大进步，以粮款不足为第一原因。度支之困，已如前函。而来源之艰，又出意外。是以占领河口五、六日，而后以出大队。队出三日，又以粮缺而复返（德卿将兵初七日复返河口）"①。王和顺实际上是返回南溪，设司令部于黄茂兰家。②

此时清开化镇总兵白金柱部先锋 4 营进抵八寨（今马关县八寨镇，距离马关约 50 公里），大队正从开化源源而来。王和顺分兵前去，命袭占古林箐（今马关县古林箐乡）以拦阻，实际上成为革命军的东路。古林箐是河口至马关的要隘，1885 年（光绪十一年），云贵总督岑毓英奏准将开化镇总兵移至马关，在古林箐设都司，建都司署驻防。革命军没有及时进兵攻占原本防务不足的古林箐，不能不说是一战略失误。当得知白金柱部前锋进抵八寨，距离古林箐只有 40 公里时，革命军才分兵前去，进抵古林箐时清军援兵已赶至，已难以攻克。从锡良的奏报看，在初八日（5 月 7 日），东路白金柱的姜含章营在古林箐迎击获胜，"匪已失险"③，革命军已处于不利地位。胡汉民的报告亦很清楚地述及这一战的情况，并分析挫败原因说："德卿攻古林镇之师，虽有枪六百，然号令颇不统一。德有统带全军之名，未能实践。又与之同军者多新手，战不甚得力，因而古林镇未破。"王和顺遇此挫折，"以粮缺而复返（德卿将兵初七日复返河口）"④，与黄明堂商议。显然，革命军的东路进取失败了，但冯自由却将之记载为胜仗，说是"时开广镇总兵白金柱奉滇督锡良命，带兵四营到八寨，其地离开化城八十里，王和顺闻报，乃分兵袭取古林箐，以牵制白金

---

① 《戊申胡汉民上孙总理续报告云南河口军务书》（1908 年 5 月 13 日），载冯自由《革命逸史》第 6 集，中华书局 1981 年版，第 194 页。

② 《戊申云南河口革命军实录》，载冯自由《革命逸史》第 5 集，中华书局 1981 年版，第 142—143 页。

③ 《光绪三十四年四月初九日云贵总督锡良致军机处请代奏电》，载中国史学会主编中国近代史资料丛刊《辛亥革命》（三），上海人民出版社 1957 年版，第 283 页。

④ 《戊申胡汉民上孙总理续报告云南河口军务书》（1908 年 5 月 13 日）记载："队出三日，又以粮缺而复返（德卿将兵初七日复返河口）。"参见冯自由《革命逸史》第 6 集，中华书局 1981 年版，第 194 页。

柱之军，白军降者百余人，是时原可乘胜进克蒙自，以后方饷弹不继，不得已暂驻原地听候供给"①。

西路关仁甫部和作为主力的中、东（右）两路军王和顺部同日遇挫，王和顺且"以粮缺而复返"河口，一下子把起义军弱点完全暴露出来，成为河口起义的转折点。胡汉民对此专门报告孙中山，称："蛮耗各处，始亦复言降，而闻我粮糈之缺，乃复设计相抗。"② 原来准备响应的清军及三点会众，还有广大的滇越铁路工人，在获知响应也没有粮饷供应后，判断起义难以成功，遂改变对起义的态度。

四　黄兴的登场与离场

坐镇河内的胡汉民，对黄明堂、王和顺的作为极端不满，又无可奈何。恰在此时，在钦廉上思起义转战多日而声名大著的黄兴退入越南。胡汉民得讯大喜过望，立即向孙中山建议："今为补救之法，惟有速令克强出统其军，更使知军事同志，助之指挥，庶可进战。"③ 孙中山也正为筹不到款舒缓河口革命军的困局焦虑不安，得胡汉民建议说派黄兴去可能是最好的办法，心意略宽，立即"转电委黄兴为云南国民军总司令，节制各军"④。

黄兴是在 5 月 4 日率部属从钦州退入越南先安的。从 3 月 27 日由越南入两广地盘，至今已一个多月。这一个多月的转战钦廉，黄兴实践了其军事统兵的知识，多次以少胜多，积累了丰富的作战经验，起到了一鸣惊人的作用，成为其军事生涯的辉煌点，也成为令孙中山和同盟会其他人员公认的具有军事天赋的将才。现在因弹尽援绝，将士多感染瘴疾，自己却安然无恙，能够从容全身而退，黄兴也颇感欣慰。接到胡汉民转来的孙中山电令，他感到很突然。毕竟，钦廉起义的诸多善后工作还需要处理，撤退人员尤其是伤病员的安置，都指望着黄兴。将士们都反对黄兴离开。谭人凤记述："时克强尚在粤边，士卒相依为命，不令行。各将领有家眷在海防，海防同志刘岐山以危言吓之，声称不顾大局，扣留克强，必先杀其家

　　① 冯自由：《革命逸史》第 5 集，中华书局 1981 年版，第 142 页。
　　② 《戊申胡汉民上孙总理续报告云南河口军务书》（1908 年 5 月 13 日），载冯自由《革命逸史》第 6 集，中华书局 1981 年版，第 194 页。
　　③ 《胡汉民自传》，传记文学出版社 1982 年版，第 27 页。
　　④ 冯自由：《革命逸史》第 5 集，中华书局 1981 年版，第 142 页。

眷；克强始得出而驰赴。"①

黄兴于 5 月 5 日晚从海防连夜乘火车到河内，向胡汉民了解情况后，即于 5 月 7 日晨从河内上火车，经 12 小时的车程，到老街时已是夜间。黄兴没敢耽搁，连夜过桥入河口。法国方面在这些天在桥头边关基本上没有任何检查。

黄兴到河口时，是带着满腔热情的。这热情很大程度上是在河内由胡汉民激发的。请仔细看看胡汉民报告书中的说法：

> 初六晚车克由海防入河口，今日早上老开，往河口督师，弟已将各将士才干及进展之近情备细告知，克兄精神完足，殊无鞍马之劳，濒行谓云南敌兵若不能为我患，则或取广西之兵自救。宜于其间更谋出一路于归顺，以牵制之云。想克兄亲行督师，士气更当百倍也，德卿濒行，谓此行攻战之事必克，以我力充足，而敌势脆弱，又有会党相通，其士卒莫为彼虏用命也。②

"克"是对黄兴的简称，黄兴字克强；"德卿"为张德卿，是王和顺的化名。本来，胡汉民把河口的详细情况告诉黄兴是情理之中的事，可以说是不值一提。胡汉民却在此特别提出"弟已将各将士才干及进展之近情备细告知"，真有些"此地无银三百两"的意味。他是否真的"备细告知"，反而令人生疑。胡汉民作为遥控指挥的统帅，他对河口革命军面临的困境是比较清楚的，他后来的回忆就提到，黄兴到河口时，"则悉如余所料，降军共五营，悉怯战，又不甚服从黄明堂。原部则力太弱"③。但他为鼓舞黄兴，可能只说了好消息而没有将此困境说出来，他甚至用王和顺临行前说我强敌弱的豪言，来激励黄兴，以致黄兴有"云南敌兵若不能为我患"的战略设想。如果黄兴真知道河口进兵之难，很难想象他还会有"敌兵不能为我患"的豪情。

黄兴到河口的第二天，他在后来修建的二公祠左侧种下一棵河口常见

① 谭人凤：《石牌词叙录》，载中国社会科学院近代史资料编辑组编《近代史资料》1956 年第 3 期（总第 10 期），第 60 页。

② 冯自由：《革命逸史》第 5 集，中华书局 1981 年版，第 149—150 页。

③ 《胡汉民自传》，传记文学出版社 1982 年版，第 27 页。

的木菠萝树，象征建树基业。① 但他很快发现情况并非如胡汉民所描绘的那样乐观。他所看到的是河口的革命军没有什么革命气象。"黄明堂一面接受我们的命令发动反抗满清的军事行动，一面仍旧照做开堂的把戏，因为开堂可以赚一笔钱款，依然是一套会党的色彩。更可恶者，他们竟和打抢的土匪分钱，在营盘中分定你做单月我做双月，好像做生意一样。"黄明堂没有敢在河口开赌，但他的军队一旦有了钱，就跑到老街去赌博，以致法国人也说："照这样看来简直不像革命军队，革命军队还干下流赌博的事吗？"②

胡汉民派黄兴时，是考虑"是役革命军以未得智勇双全之主将调度一切，所预定进兵方略多未克实施"③，指望由黄兴出任主将。由于没有找到孙中山委任的原始材料，据现有的记载，一是冯自由说孙中山"电委黄兴为云南国民军总司令"，二是关仁甫回忆"黄旋奉孙先生电委为云贵总司令"。云南革命军总司令也好，云贵国民军总司令也罢，就职位的名分而言，是不能统领"中华国民军南军都督"黄明堂和"中华国民军云贵都督"关仁甫的，甚至也不能统领已是南军或云贵军总司令的王和顺。除非孙中山将他们的都督免职，但孙中山并没有这样干。孙中山没有理顺黄兴与黄明堂等人的隶属关系，不能不说是一个瑕疵。这下，问题就来了，黄兴不能成为主帅，他到河口能干什么？胡汉民实际上已经意识到了这问题，在他的报告中，没有提及黄兴的具体职位和"节制各军"的权力，而是变成了奉令"往河口督师""上滇督师"。此"督"可以理解为监管、督促之意，并非接掌指挥权。

当时黄明堂等人并不认为缺少主将，他们亟盼的是得到粮饷接济。此前胡汉民两次接济，才催动关仁甫、王和顺相继率军北进。现有的资料也说明黄兴是带有一定的款项的。邝敬川回忆说，黄兴是由他带到河口的，"并携有款项"，他和江一峰随即被任命为管理军粮委员，他兼充外交委员。④ 关仁甫的回忆中亦说，黄兴到河口时，"见余深入蒙自也，恐饷绝急

　　① 黄兴种树的事，见陈鹤龄整理：《河口起义》，载河口县政协文史资料委员会编印《河口文史资料选辑》第1辑，1991年，第222页。

　　② 《胡汉民讲述南洋华侨参加革命之经过》，载冯自由《革命逸史》第5集，中华书局1981年版，第203—204页。

　　③ 《戊申云南河口革命军实录》，载冯自由《革命逸史》第5集，中华书局1981年版，第143页。

　　④ 陈春生：《邝敬川、陈寿田所述钦、防、镇南关、河口诸役起义详情》，载丘权政等编《辛亥革命史料选辑》（上册），中国华侨出版社1981年版，第300页。

遣命余弟瑞人以六百元予余，供饷糈"①。但黄兴是不可能带有巨款的，因为他所带的款项，只可能是胡汉民交给他的。前已述及，胡汉民在河内所筹款项仅6000余元，在黎仲实带走1000元，继由甄吉亭、黄龙生两次各带2200元到河口后，即便再有零星筹款，胡汉民手里边所余估计也只是1000元左右。即使这笔余款全部交黄兴，对于河口起义军也只是杯水车薪。而黄兴转交关仁甫600元，当是他所带钱款的大部分。

黄兴在名分上当不了河口国民军的主将，在接济方面又远不能满足河口国民军的希望，他仅带一纸电文到河口，不能不令河口方面失望。可以设想，当黄明堂这个"南军都督"看到黄兴出示的电文时，会怎么想？会交出指挥权吗？其结果是"黄八（明堂）既据有械药，而不听调度，克兄乃如客矣"②。此一个"客"字，把黄兴的地位很形象地表达出来。

按冯自由的记载，黄兴"见军事进行多疲玩不振，而屯兵不进，尤误戎机，乃力催黄明堂赶速添兵，沿铁路进攻昆明"。黄明堂却以粮食不继而犹豫未决。黄兴见催兵北进不成，又要求加强河口防御，做防御部署，修防御工事。黄明堂仍旧没有兴趣，"惟黄八故技复萌，遇事放弃，克兄所谋画者不能相从"。在黄兴一再劝说时，他反而表现出无可奈何的姿态，说是这些人也不听我指挥，即胡汉民报告中说的"其人亦不受黄八之指挥，故于河口之设防，抑复疏慢，克兄深忧之"③。黄兴"守候逾日，意极焦灼，遂欲亲率全军前进"。显然，黄兴并不相信这些军队敢不听指挥，认为是黄明堂不愿意进军，他希望黄明堂让他统率这些军队前进，由于自己形如客卿，只好"以此意商诸明堂"④。黄兴大概也没有想到，在关仁甫、王和顺进兵之后，黄明堂手中实际上亦只有两百人枪了。黄明堂不同意全军前进，但看黄兴心意已决，乃将"所得之数百枪分半与人"⑤，即"拨兵士百人"归黄兴统带。

---

① 关仁甫述：《革命回顾录》，载中国人民政治协商会议全国委员会文史资料研究委员会编《辛亥革命回忆录》第7集，中华书局1962年版，第248页。

② 《戊申胡汉民上孙总理续报告云南河口军务书》（1908年5月13日），载冯自由《革命逸史》第6集，中华书局1981年版，第194页。

③ 同上书，第193—194页。

④ 冯自由：《戊申云南河口革命军实录》，载冯自由《革命逸史》第5集，中华书局1981年版，第143—144页。

⑤ 《戊申胡汉民上孙总理续报告云南河口军务书》（1908年5月13日），载冯自由《革命逸史》第6集，中华书局1981年版，第193—194页。

黄兴并不太介意只有百人，他在钦廉也只有两百余人。因此他满怀希望，带领这些人前进。他根本没有预料到，这些人已经有某种默契，并不愿意进兵。冯自由记载，"于是克强纵马前行，未及一里，各兵群向天开枪一排，齐声呼疲倦不已，克强再三抚慰无效。更行半里，则兵士多鸟兽散"①。

而按照胡汉民后来的说法，更令人大跌眼镜：

> 克强上去的时候，就督促他们开到前方去，他们的开军队真是妙不可言：第一天开前去，第二天又退回来，第三天开前去，第四天又退回了。开的时候烧许多的纸钱，不晓得又是犯了什么神，一定要开回来。他们并且贪而无厌的要求再发一个月的饷，我就说："饷不是已经发了吗？至于旧饷，现在还不补发。要是到了蒙自，还怕没有饷械吗？你们放心前进吧！"我们说得口都干了，他们还是不听话。②

黄兴军事生涯中没有如此窝气过，眼见兵士作鸟兽散，不得已折回河口。他将希望转而寄托在王和顺身上，派人至前敌约王和顺相会。王和顺回河口，"共商进攻之策，亦以兵少弹缺为虑"。黄兴坚持进兵，表示由自己亲率各军袭取蒙自，可是官兵们因饷糈不继多不听号令。黄兴至此亦无可奈何，"知此辈降军，乃为利禄而降，非深明大义者，殊不足以为革命基本队伍"③，确信"凡对于会党而欲指挥之，非自有权力不可，权力非他，自己之械也"④。黄兴认为当务之急是建立一支听命于自己的核心队伍，以之作为督战队强迫其他部队进兵，"遂决计回河内，拟征集前在钦州共事之同志一二百人，佐以驳壳枪，组织基本队，然后再赴前敌，如是

---

① 冯自由：《戊申云南河口革命军实录》，载冯自由《革命逸史》第5集，中华书局1981年版，第143—144页。

② 《胡汉民讲述南洋华侨参加革命之经过》，载冯自由《革命逸史》第5集，中华书局1981年版，第204页。

③ 关仁甫述：《革命回忆录》，载中国人民政治协商会议全国委员会文史资料研究委员会编《辛亥革命回忆录》第7集，中华书局1962年版，第248页。

④ 《戊申胡汉民上孙总理续报告云南河口军务书》（1908年5月13日），载冯自由《革命逸史》第6集，中华书局1981年版，第193—194页。

则不愁他军不听号令。于是遣返越南"①。

算起来，黄兴返回越南赶到河内的时间，应该是 5 月 9 日。他去找胡汉民说明情况，却受到胡汉民"轻离军次"的责备。黄兴住了一天②，意识到自己擅离行动的严重性，又乘火车赶往河口。此时，法国当局在清政府外交压力下，对于革命党的态度正在改变。他们对于河口与老街的往返虽然还在放开，但对于河内到老街已开始盘查。黄兴于 5 月 11 日到老街，还在火车上即遇到法国警察盘查，问其姓名籍贯，黄兴以学得不伦不类的广东话答复，被法方疑为日本人。法方对到越南的日本人保持高度警惕，坚信"日人在越南素有煽惑土人作乱之嫌疑"③。他们认为黄兴是冒充广东人的日本人，遂将他扣留。黄兴不得不表明自己为中国革命党领导人的身份。胡汉民闻黄兴被拘，急派河内粤侨会馆帮长杨寿捧等与法方交涉，始释自由。法方"谓其从革命军出，不能复经法铁道往，应使出境"④。

黄兴赴河口这一段经历，是一段灰暗的、不愿为人道的阅历，想来也是他引以为耻的事。他到新加坡时，曾给林义顺填词三首，其中一首《四门泥》为："是英雄自有英雄面，怕什么越俎代庖，还他一矢双穿。人生一世几年华，男儿六尺谁轻贱？精金百炼，磨励时贤；将军三箭，恢复利权。便封豕长蛇，也不过再起龙战。"让人联想起他这位大英雄在河口有越俎代庖之嫌的愤慨。而他随后书写的条幅"抽刀断水水更流"⑤，也立即让人联想起李白那一首展现其报国无门、壮志难酬而为之苦痛的伤感诗——《宣州谢朓楼饯别校书叔云》：

> 弃我去者，昨日之日不可留；
> 乱我心者，今日之日多烦忧。
> 长风万里送秋雁，对此可以酣高楼。

---

① 冯自由：《戊申云南河口革命军实录》，载冯自由《革命逸史》第 5 集，中华书局 1981 年版，第 143—144 页。
② 《胡汉民自传》，传记文学出版社 1982 年版，第 27 页。
③ 冯自由：《戊申云南河口革命军实录》，载冯自由《革命逸史》第 5 集，中华书局 1981 年版，第 144 页。
④ 《胡汉民自传》，传记文学出版社 1982 年版，第 27—28 页。文中"老开"即老街，"杨寿捧"亦为杨寿彭。
⑤ 《为林义顺书词三首》（1908 年 5 月），《题字》（1908 年夏），载刘泱泱编《黄兴集》第一册，湖南人民出版社 2008 年版，第 17、18 页。

> 蓬莱文章建安骨，中间小谢又清发。
>
> 俱怀逸兴壮思飞，欲上青天揽明月。
>
> 抽刀断水水更流，举杯消愁愁更愁。
>
> 人生在世不称意，明朝散发弄扁舟。

黄兴以一句"抽刀断水水更流"，将所隐含的痛苦与激愤表现得淋漓尽致。他激愤之下，还说出了"经营十云南不如一广东"的话①，尽管这话不是在河口起义后立即说的，但也不能说没有河口阴影的影响。孙中山对黄兴的苦闷与羞愤深有体会，在自己的回忆中，有意识地否认黄兴参与河口起义的事，说：

> 时予远在南洋，又不能再过法境，故难以亲临前敌以指挥之。乃电令黄克强前往指挥。不期克强行至半途，被法官疑为日本人，遂截留之而送回河内。为清吏所悉，与法政府交涉，乃解之出境。而河口之众，以指挥无人，失机进取。否则蒙自必为我有，而云南府亦必无抵抗之力。②

孙中山的说法被许多人采信，如刘揆一、文公值、贝华、左舜生等，这些是在革命史的研究方面有一定建树和影响的人，在他们的著作中，均以黄兴未临河口，致起义"无人指挥""坐失机宜，而归失败"为憾事。③到20世纪60年代，马克思主义史学家陈旭麓在其所著的《辛亥革命》一书中，亦言："孙中山闻讯要黄兴前往指挥，黄兴行至中途被法警扣留于安南，不能及时达到。"④ 冯自由以史学家的态度曾批评孙中山在自传中"颇多错漏"，如"戊申（光绪三十四年）河口之役，黄君克强亲入军中，

---

① 冯自由：《缅甸华侨与中国革命》，载冯自由《革命逸史》第2集，中华书局1981年版，第239页。

② 孙中山：《有志竟成》，载朱正编《革命尚未成功——孙中山自述》，湖南出版社1991年版，第64—65页。

③ 见刘揆一《黄克强先生传记》，京津印书局1929年初版，台湾文海出版社1966年再版，第38页；文公直《中华民国革命全史》，益新书社1935年版，第65页；贝华《中国革命史》，光明书局1926年初版，台湾文海出版社1967年再版，第32页；左舜生《辛亥革命史》，中华书局1934年版，第34页。

④ 陈旭麓：《辛亥革命》，上海人民出版社1955年版，第43页。

数日始出，人所共知。而自传谓克强至半途被法官扣留遣送，一似克强足迹并未履及河口也者。凡此诸点，皆与事实不符"。他自称他的书"无一字无来历，除著者躬亲参与者外，……防城镇南关钦廉河口诸役事实，系得自黄克强王和顺黄明堂诸君"①。可由于他想当然地认定黄兴的离开是造成河口起义失败的主要原因，没有细致去考证，也许是出于对已经去世的黄兴的敬重，或者是其他原因，在他已经看到邹鲁记述黄兴离开河口又返回的情况时，没有辩驳，只是悄悄隐去了黄兴5月9日突然跑回河内一节，造成黄兴在5月11日离开河口到老街即被扣留的印象。这一印象被后来许多著作采信，而他对黄兴离开河口之影响所做的判断，也深刻影响现今许多论著。② 只有极个别著作认为"事实上，当时整个局面已定，即便黄兴能重入河口军中，也很难有什么作为了"③。

　　近年来，对于黄兴亲临河口参加指挥起义一事，已成为史学界的共识，但叙述者有意无意形成了两种倾向。第一种倾向是胡绳先生的论断，黄兴几等同于"逃兵"。他说："黄兴在同盟会中被认为是最擅长军事的人，曾到河口企图指挥起义军迅速实行进攻，由于几个会党头头领导的部队都不听从指挥，他返回越南境内，另组部队。但是，他没有重到河口，却跑到新加坡去了。"④ 第二种倾向是竭力为黄兴辩解，认为黄兴离开是情非得已，并夸大黄兴所起的作用。冯自由有"克强此举实于革命军成败关系至巨，从此义军失其导师，渐有孤城落日之势"之说，亦有"因此革命军失此主将，大受影响"⑤ 之说；邹鲁有"大误军事"说；近来更有学者认为："河口起义的最高指挥者应该是黄兴。起义爆发后中山先生就委任黄兴为云南国民军总司令，节制各路党军。胡汉民依然负责后勤与统筹；黄明堂、王和顺只是前敌指挥。"⑥ 也有学者很重视黄兴"直接参与指导"

　　① 冯自由：《中华民国开国前革命史》上编，上海书店1948年版，"本书大意"第8页。
　　② 如章开沅、林增平主编《辛亥革命史》（中册），人民出版社1980年版，第258页；雷蕾、兰晓丽编《黄兴大传——辛亥革命实干家的历程》，华中科技大学出版社2011年版，第98页；黎东方《细说民国创立》，上海人民出版社1997年版，第171页等。
　　③ 金冲及、胡绳武：《辛亥革命史稿》第二卷《中国同盟会》，上海人民出版社1985年版，第337页。
　　④ 胡绳：《从鸦片战争到五四运动》（下），人民出版社1981年版，第741页。
　　⑤ 冯自由：《革命逸史》第5集，中华书局1981年版，第144页；冯自由：《中国革命运动二十六年组织史》，上海书店1990年据中国文化服务社1946年版影印版，第160页。
　　⑥ 唐湘雨、姚顺东：《再议黄兴与近代粤、桂、滇边起义》，《学术论坛》2007年第8期。

河口起义的事实，认为"这是对云南革命党人的支持和关怀，其意义亦不可低估"①。这两种倾向，实际上是基于一种共同的认识，即黄兴是河口起义极重要的人物，他的离开对河口起义成败影响至巨。

实际上，黄兴在河口起义中，远未发挥人们想象中的作用，他到河口，既没有促进河口起义的发展，他离开河口，也没有对河口起义的失败产生多少影响。② 但河口起义的历史，却因黄兴而增色不少，以致有的人提到河口起义，想到的人物只有黄兴，如章太炎自订的 1908 年年谱便只说"其夏，克强袭破云南河口，旋败归"③。

五 胡汉民报告战情

坐镇河内调度的胡汉民，在全力推动河口革命军按照预定计划进兵的同时，还要及时向在新加坡的孙中山汇报战情。可惜的是，他与新加坡往复的电报没有留下来，留下来的只有两份报告书，分别是在 5 月 7 日和 13 日发出。这两份报告书，成为叙述河口起义发动及革命军初期进取的重要材料，前面已多次引用。

在 5 月 7 日的报告书中，胡汉民除了汇报战情，还对时局做出了深入分析。他特别提出图取云南全局的四大端倪：一是可以成功实现"转会党而为革命党"，"凡滇省之兵，前者俱会党，今后不难立变为革命党"；二是以我朝起之锐气，攻彼腐败之营兵与防务空虚之蒙自、开化等城，且有会党相通，有以一取十之功效；三是云南连遭灾害，米粮金贵，清兵经常挨饿，"河口之兵，正以饷食不足，为倒戈降我之一原因"，只要我们有足够的粮食，不愁清军会争先恐后投降我；四是在河口先有会党精英黄明堂、关仁甫、王和顺等人，又争取到熟悉敌情的黄元祯等人，再加上同盟会重要领导人、颇富学识经验的黄兴前往统筹，可谓人才济济。此外，胡汉民还提出革命军还得到法国报纸舆论的赞誉，可以获得法国方面的帮助，这可以说是他分析的图取云南的第五大端倪。这些端倪已显示出来，怎么实现呢？胡汉民认为："若得十万金，分半先为粮食之用，分半预备子弹之补充，则大军所至，势如破竹，攻城略地，无后顾之忧矣。"如果

---

① 谢本书：《黄兴与云南》，《学术探索》2002 年第 1 期。
② 见范德伟《黄兴与云南河口起义》，《中国国家博物馆馆刊》2011 年第 5 期。
③ 章炳麟：《民国章太炎先生炳麟自订年谱》，台北商务印书馆 1980 年版，第 12 页。

"十万不能骤得，亦必筹济五六万之款"。①

眼见新加坡方面没有款项接济，5月13日，胡汉民继续报告军情，指陈各路进军与挫折原因，强调"此回滇师之不能急大进步，以粮款不足为第一原因"。以及华侨联络员甄吉亭、黄龙生被法方驱逐，密电被法方切断等情况，不得不设定暗语以通报信息。对黄兴到河口的情况，强调了黄兴受排挤、身份如客卿的困境，还有黄兴感受到必须"大款之接济""吾人自有械"的经验，但没有报告黄兴被驱逐的经过。②

胡汉民的战情报告，成为孙中山把握全局形势并采取对策、措施的依据，也成为他筹款的一道证明。

六 孙中山筹款维艰

1908年初，孙中山因不能再在越南立足，将粤桂滇军事委托胡汉民、黄兴主持之后，就到新加坡，入住晚晴园。孙中山致力的工作，一是继续争取革命志士，二是筹款购买军火粮食，三是继续争取法国、英国等国政府的支持与同情。其中筹款和争取法方同情，是关系河口起义最为直接的措施。筹款的办法，一是在华侨中募捐，二是发行革命债券，三是直接向个人、公司借贷，其中募捐是最主要的途径。

孙中山领导历次起义之费用，本多靠各地华侨捐款，故孙中山曾有"慷慨助饷，多为华侨"的综评。③ 有研究表明："在1907年9月防城之役（广东钦州）后，中山先生已用尽了所有的革命经费，此后他便全部依靠西贡河内华侨的支援。"④ 为了支持孙中山革命，越南华侨可以说是倾囊相赠，这颇使孙中山感动与兴奋。孙中山在越南期间致同志的函电中，多次赞扬越南华侨的义举。如1907年10月15日，孙中山从河内致函张永福等人，说：

---

① 《胡汉民之报告书》，载冯自由《革命逸史》第5集，中华书局1981年版，第147—153页。

② 《戊申胡汉民上孙总理续报告云南河口军务书》（1908年5月13日），载冯自由《革命逸史》第6集、中华书局1981年版，第193—196页。

③ 孙中山：《中国革命史》（1923年1月29日），载朱正编《革命尚未成功——孙中山自述》，湖南出版社1991年版，第94页。

④ 郑宪：《中国同盟会革命经费之研究》，载张玉法主编《中国现代史论集·第3辑·辛亥革命》，台湾联经出版事业公司1980年版，第230页。

此处与西贡商人甚踊跃提倡捐助义军军需，大约可得十余万。……海防一埠华侨工商不过三千人，一晚捐资得万余元；河内一埠华侨不满千人，所捐亦八千元。此二埠之富万不及星洲，且弟到此以来皆隐居，并未与各人一交接，彼等一闻义师之起，则争先恐后。从军者有人，出钱者有人。若南洋各埠有如此踊跃，则革命军之进步不知若何矣。①

后来，孙中山在自传中对此仍旧倍加赞誉，称："其出资勇而挚者，安南堤岸之黄景南也，倾其一生之蓄积数千元，尽献之军用，诚难能可贵也。其他则有安南西贡之巨商李卓峰、曾锡周、马培生等三人，曾各出资数万，亦当时之未易多见者。"② 孙中山所称道的黄景南，不过是一个豆芽小贩，他平时省吃俭用，手头积蓄无多，为支持孙中山革命，毫不犹豫地将其半生积蓄数千元捐出，以后更将每日卖豆芽菜所得贮助革命军饷。人们问他："你平日不肯多花一文钱，为什么今天这样慷慨？"他回答说："没有祖国，我们华侨就永远受欺凌！"③

由于有同盟会组织的西贡、堤岸、河内、海防等地的越南华侨此前已倾囊相助，到河口起义发生时，多已爱莫能助。

时在新加坡专任筹款的孙中山，为筹款问题可谓殚精竭虑，其筹款方法已几乎用尽，情急之下甚至向日本许诺，如果日本财团愿意出 30 万，吾党可以平息国内外华人因二辰丸事件引发的抵制日货运动。④ 及接到胡汉民报告占领河口，急需 10 万金以进取云南，他既为革命军的胜利感到兴奋，又为筹款维艰颇感焦虑。这从他在此前后一再致各地同志的函件中也可以看出来。这些函件几乎都少不了要求筹款，如函中说："刻下有最急之需而不容缓者，有广西营勇约降之花红及饷需万余元，有云南待举之

---

① 孙中山：《复张永福等函》（1907 年 10 月 15 日），载《孙中山全集》第 1 卷，中华书局 1981 年版，第 348 页。

② 孙中山：《有志竟成》，载朱正编《革命尚未成功——孙中山自述》，湖南出版社 1991 年版，第 65—66 页。

③ 陈良：《在西贡堤岸三次会见孙中山的回忆》，载广东省政协文史资料研究委员会编《孙中山与辛亥革命史料专辑》，广东人民出版社 1981 年版，第 31 页。

④ 陈锡祺主编：《孙中山年谱长编》（上册），中华书局 1991 年版，第 426—427 页。二辰丸事件是指澳门商人雇佣日本船"二辰丸"号走私军火，于 1908 年 2 月 5 日被中国海军查获扣押的事件，日本强硬交涉的态度，引发中国抵制日货运动。

接济需万余元，有钦军之加补子弹需二万余元，此三宗统计不过五六万元耳。……无如财力不充，每不能为所欲为，加以近日用兵钦廉、广西等穷荒之地为时已久，所费过巨，昔时同志已成强弩之末，所以有今日青黄不接之忧，而区区五六万之款亦无从挹注也。"考虑到"军前应急，至紧至紧"，他还提出革命军定章的规定，说是凡出资助饷者，军政府成立之后，一年期内即四倍偿还，"并给予国内各等路矿商业优先利权，及列为为国立功者，与战士勋劳一体表彰"①。

为增强人们为革命军募捐的信心，孙中山不惜在通报时扩大革命军取得的战果。在致被他授权在日本为其筹款的池亨吉的电报中，他甚至声称革命军已攻陷临安、开化等十余城，现正进攻省城昆明，"一切均按预定计划顺利进行"②。他在给已加入同盟会的马来西亚华侨商人邓泽如的复函中亦称：

> 日来我云南军所至皆捷，清兵之归降者已盈四千有余。每日粮食、军火甚巨，必当源源接济，至破云南省城之后乃能自给。现在待济甚急之时，弟前日连有函电询及弼翁肯否助力，未审如何？此翁一诺，则大事成事［矣］。方今吾军正在声威大振之时，望足下与心持兄竭力动之，如能成就，则足下等之造于革命军功德实无量也。前所谋加补钦廉军火及招纳广西营勇两事，皆以云南之急，未有余款兼顾，实大滞动机。如款项足以招呼三处同时大活动，则清虏之灭易如反掌矣！望为图之，并祈赐复。③

他在函中寄予厚望的弼翁，是指马来西亚华侨富商陆佑，字弼臣，身家数千万。孙中山特让与陆佑关系密切的邓泽如、黄心持等再三前往劝募，披陈"吾党财政之困难，真为十余年来所未有"，希望邓泽如等人以河内来函所述事实作为运动资料，尝试"动之以大义""动之以大利"

① 孙中山：《致挂罗庇肣同盟会员函》（1908 年 4 月 22 日），载《孙中山全集》第 1 卷，中华书局 1981 年版，第 365—366 页。

② 孙中山：《致池亨吉电》（1908 年 5 月 9 日），载《孙中山全集》第 1 卷，中华书局 1981 年版，第 366 页。

③ 孙中山：《复邓泽如函》（1908 年 5 月 12 日），载《孙中山全集》第 1 卷，中华书局 1981 年版，第 367 页。

"动之以情谊"诸方法，先说动"老诚持重，不轻然诺"的陆秋杰，再合力运动陆佑捐款，并许以"若秋君或弼翁肯任此十万，当酬以云南全省之矿权专利十年也"，指望筹款成功。孙中山强调，"盖此事所关非小，吾党今日成败得失，则在于此，此实为数千年祖国四万万同胞一线生机之所系也。故必欲兄等再三四而图之，必底于成而后已也"①。

从河口起义发生前，直至起义失败，陆佑不为所动。孙中山所指望的十万捐款，终成泡影。6月13日，孙中山再函邓泽如，在为河口起义失败痛惜的同时，希望能够募集两万元来处理善后，但仍旧没有着落。他在信中称：

> 云南军事，以人多饷少，不能进步。前月二十四日大胜一仗之后，即行收队，不守铁路、河口等处。此弟前日函电详言成败之机系乎接济，所以有托兄等力说弼翁之举也。今事已至此，不禁为之痛惜。夫以十万元便能取得云南全省，吾人之力犹不能办，此尚复何言？今后之计，惟有各埠合力另创善法，先集备大款，然后举事，乃可乘胜趋利；若如以前举事后方筹款接济，莫讲筹不得，即使筹得，亦多迟延失机也。所幸云南之事，自破河口至收队入山，一月以来，伤亡极少。河口又于退后三日清兵乃至，至元气毫无所伤，大款一得，再举甚易也。惟刻下办善后事宜，尚需款二万元乃可集事。夫当吾军大胜之时，筹款已如此其艰，今事不成则必更难矣。②

河口之役，孙中山仅从邓泽如处获得捐款4000元济急。邓泽如有感于陆佑只要人助而不愿助人，而与之绝交。③

第四节　清政府应对河口起义的举措

河口起义，使清政府从云南地方当局到朝廷都感到惊惧，也深感棘

---

① 孙中山：《致邓泽如黄心持函》（1908年5月29日），载《孙中山全集》第1卷，中华书局1981年版，第367页。

② 孙中山：《致邓泽如函》（1908年6月13日），载《孙中山全集》第1卷，中华书局1981年版，第373—374页。

③ 陈锡祺主编：《孙中山年谱长编》（上册），中华书局1991年版，第432页。

手。这不仅仅因为事发突然，也因河口是被革命党袭占的第一个新兴的边关口岸城市，是滇越交通的孔道，这里有引领云南现代化的海关、邮政、电讯、火车、机船、洋百货；还因为革命党中居然有洋人，革命党有外国支持的背景。清政府军机处、外务部和云贵总督在处理这件事上，从核实情报、对法交涉到拨筹饷械、用人进兵，均有功效，可圈可点。

一　核实情报

由于革命党发动时切断了河口通蒙自的电报线路，清政府从 5 月 1 日（四月二日）开始，才陆续获知河口情报。而且，清政府获得情报的渠道最初居然是外务部，不是军机处，也不是云贵总督。先是蒙自海关河口分关帮办额尔德电报署理海关总税务司裴式楷，裴式楷即译送外务部。继是法国使馆接到劳开（老街）电报后派翻译穆文琦直接到外务部通报。① 如此反常的渠道传来如此惊人的消息，外务部立即致电云贵总督锡良询问："此事是否属实？有何乱党？因何起事？希将详细情形即行电复，如有其事，务速派兵剿办，毋令蔓延，妥要。"②

自己管辖的地方发生大事，朝廷闻讯后致电询问，而自己却一无所知，这对任何一个地方大员来说都是大忌。可以想象锡良在接到外务部上述电报后的惊恐。当时正是云南一些官员新旧交替的节骨眼：云南提督夏辛酉一直带兵在外地，2 月 5 日病逝于长江防务任上，清廷谕令甘肃提督姜桂题接统其军③，但姜桂题因故未到任，作为云南军事主官的云南提督一职，处于空缺状态；云南布政使刘春霖奉旨进京，由沈秉堃接任；云南按察使魏景桐已接到调任广东的谕旨，新任按察使世增刚从广东转道抵越南河内，新任临安开广道道尹高而谦（又为高尔谦）也正赶往河内，他们均准备乘火车沿滇越铁路入滇。④ 云南巡抚已在新政中裁并由云贵总督兼

① 《外务部庶务司记录中法双方为革命党攻占河口炮台事之会晤问答》（光绪二十四年四月初二日），中国第一历史档案馆：《清政府镇压孙中山革命活动史料选》，《历史档案》1985 年第 1 期。

② 《光绪三十四年四月初二日外务部致云贵总督锡良电》，载中国史学会主编中国近代史资料丛刊《辛亥革命》（三），上海人民出版社 1957 年版，第 269 页。

③ 朱寿朋编：《光绪朝东华录》第五册，中华书局 1958 年版，总第 5842 页。

④ 《1908 年 5 月 20 日柯必达致裴式楷第 6 号函》中有"新派的臬台和道台仍在河内，等秩序恢复了才上任"的说法。见中国近代经济史资料丛刊编辑委员会主编的帝国主义与中国海关资料丛编之 09《中国海关与辛亥革命》，中华书局 1983 年版，第 259 页。

任，此时由锡良自己兼任。在这样的节骨眼上，锡良可以说连商议的大员都难以找到。但他毕竟是晚清地方大员中比较精明能干的人物。他一方面设法了解河口情况，一方面饬令距离河口最近的各处军队驰援。5月2日，外务部根据法国使馆的通报再次电询"此项乱党挟有枪械，究从何处起事，共有若干，既经实有其事，尊处何以尚无电报，副督办系何衔名，官兵是否确有通匪情事，蒙自是否被匪盘踞，该省沿边空虚，山径丛杂，附近有无可调劲旅前往迎剿"①，此时，锡良已接到临安开广道道员增厚的电报，他简单回复外务部，同时诚惶诚恐地致电军机处，称：

　　窃查孙汶逆党尚伏越南边境，图谋内犯，滇省沿边千有余里，兵单境广，防不胜防。锡良自去冬闻警以来，迭饬各路边军严密戒备，又饬调拨新军一营开赴蒙自居中策应，添募游击队一营往来梭巡，并饬开化等府整练民团以辅兵力之不足，均经奏咨在案。复以河口为滇南门户，与越南保胜仅隔一河，地方尤关紧要，当于原驻两营队之外又经添调一营，饬由派驻河口副督办委员·知县王镇邦督率，昼夜严防。兹据蒙自署关道增厚电称，因河口至蒙电阻，接据王镇邦初一日由香港转电禀称"前月二十九日夜一点钟，逆党分股来攻，经激励弁勇奋力堵击，毙匪十余名，天明匪始暂退，我军亦有阵亡，军情万分紧急，请速援应"等情。查该逆匪蓄谋煽乱，党众械精，匪势极为猖獗，现竟窜攻河口，设致不保，大局堪虞。顷已电饬增厚、开化镇白金柱飞调蛮耗、开化防营分道星夜驰援，一面递饬近边各营衔接进扎，并饬白金柱及临安府知府王正雅招募惯战土勇数营以为之继。蒙自为居中要区，仍饬新军一营分段扼扎，以备该匪乘虚别扰，随时夹击援应。除候续据禀报再行具陈外，合先电陈，谨乞代奏。锡良谨叩。初三日。②

　　① 《外务部为查询河口炮台被革命党攻占官兵倒戈事致云贵总督锡良电》（光绪三十四年四月初三日），中国第一历史档案馆：《清政府镇压孙中山革命活动史料选》，《历史档案》1985年第1期。
　　② 《云贵总督锡良为革命党进攻河口已饬各营增援陈请代奏事致军机处电》（光绪二十四年四月初二日），中国第一历史档案馆：《光绪三十四年云南河口起义档案》，《历史档案》2011年第4期。

　　锡良这一电，一是表明自己已尽最大努力来防范"孙汶逆党"，只是"滇省沿边千有余里，兵单境广，防不胜防"；二是将自己从外务部获知消息的情况转为是来自临安开广道增厚；三是"大局堪虞"，自己已调兵驰援，并正增募新兵。

　　5月3日，在核实"河口被陷，王镇邦遇害事属不虚"，并探知"匪分三路进扰"后，锡良致电军机处，一方面说明自己采取积极措施，"刻己飞饬前敌各营拦头痛击，并催饬招募各营迅速成军继进，由增厚会同开化镇总兵白金柱督率调遣，务期迅扫边氛。蒙自为适中要区，前已调驻新军一营，兹复添调新军前往，以厚兵力而资接应"。另一方面又不得不自请处分，"惟是河口为滇南门户，虽迭经先事严防，竟致不守，实由锡良调度无方，应请饬部严加议处，以为各边将士之鉴戒"①。

　　至此，清政府总算对河口的局势有了比较清晰的了解，并有针对性地采取了一些内外举措。但锡良对于河口防军大部分哗变参加革命军的事，不知是有意还是无意，没有上报。后来外务部询问外人所说的兵丁华汛"归服逆党"，"究系如何情形"②？锡良仅答以"岑得贵、黄体良两营弁兵颇有被匪胁裹，两营官尚不知下落"，不说黄体良投身革命军之事，而是话锋一转，以"匪从何来？匪粮匪械又从何运至"等问题，请求外务部对法国施压。③

二　对法国施压

　　在河口这样特殊的边关要地发生战事，使清政府高度敏感。外务部在致电锡良询问事情原委时，尽管知道在事件中"华人有死伤者，洋人尚无恙"，还是特别关照"将境内洋人妥为保护，毋任匪徒滋蔓，致贻边患"④。并向法国方面表达希望按照双方边界条约，让"越南总督派兵助

　　① 《云贵总督锡良为河口被革命党占据情形陈请代奏事致军机处等电》（光绪三十四年四月初四日），中国第一历史档案馆：《光绪三十四年云南河口起义档案》，《历史档案》2011年第4期。

　　② 《光绪三十四年四月初九日外务部致云贵总督锡良电》，载中国史学会主编中国近代史资料丛刊《辛亥革命》（三），上海人民出版社1957年版，第282—283页。

　　③ 《光绪三十四年四月初十日云贵总督锡良致外务部电》，载中国史学会主编中国近代史资料丛刊《辛亥革命》（三），上海人民出版社1957年版，第286页。

　　④ 《外务部为查询河口炮台被革命党攻占官兵倒戈事致云贵总督锡良电》（光绪三十四年四月初三日），中国第一历史档案馆：《光绪三十四年云南河口起义档案》，《历史档案》2011年第4期。

剿"的愿望。① 而军机处担心的是法国借口进兵，警告锡良说："河口为赴越孔道，又为法路入境要冲，倘外人借口干预，横生枝节，该督讵能担此重咎。"②

锡良在接到外务部要求保护洋人的来电时，气不打一处来。他已查明，在河口起事的革命军是由越南而来。5月3日他致电外务部，已暗示革命党与法国关联，说"此股匪徒即是孙汶逆党。该匪自镇南关败退后，始终迄未解散，分股潜伏越南，屡在河口界外盘踞窥伺，曾经电呈在案。器械既精，党羽尤夥。兹遽公然攻垒，来去皆由越境，防剿两难"③。5月4日，他终于忍不住指控法方在"纵匪""阴助"乃至是公开帮助革命党，说：

> 查此股匪首为关荜臣、黄和顺，皆孙汶所领大头目。关荜臣者，本囊年滇边著匪，逋逃越南，去年法人曾将该犯与梁兰泉一犯在越同时拘获，经桂、滇两省一再指索交犯，而法人始终未能允者也。前据王镇邦探禀，关荜臣仍在越纠党图犯，复又专告法领事，属［嘱］电越督查办，佯诺而不理。此次雷领事过河口时，已经匪占，关、黄二匪首公然致给一函，该领事亦公然以之示人，是其有意纵匪，已属显然。该逆党于去腊即已盘踞越边芭蕉坪等处，距河口不及三十里，曾据探报电达钧处在案。河口与越南保胜仅隔一河，不过数丈，王镇邦虑匪偷渡，恒彻夜带队逡巡，其防备不为不力。讵意顷得确报，此次革匪数千乃系由保胜直过铁桥而来，竟是明目张胆，况系客民之在越者，例不得携带寸铁，该匪快利枪炮又从何来，凡此心迹，路人皆知。昨电示有云似无可虑之言，今据迭次禀报，该匪现虽分股沿铁路上窜而不扰铁路，外人火车照常畅行，雷领事即系乘火车而过，与钧电亦正相同。要之，此时匪已内犯，自唯有奋迅用兵拦头痛击。然匪

---

① 《外务部庶务司记录中法双方为查办云南河口地方革命党事之会晤问答》（光绪三十四年四月初三日），中国第一历史档案馆：《光绪三十四年云南河口起义档案》，《历史档案》2011年第4期。

② 《光绪三十四年四月初五日军机处寄云贵总督锡良电旨》，载中国史学会主编中国近代史资料丛刊《辛亥革命》（三），上海人民出版社1957年版，第272页。

③ 《光绪三十四年四月初四日云贵总督锡良复外务部电》，载中国史学会主编中国近代史资料丛刊《辛亥革命》（三），上海人民出版社1957年版，第270页。

党雄悍且众，果能由我兜剿穷追，竭桂、滇两省之兵力未必不能扫穴擒渠，无如有人阴实助之，非但坐观成败，且唯恐其患之不深，祸之不烈，出界一步，匪可逍遥，我难过问，匪之来防不胜防，匪之过剿无可剿，势成束手，祸已噬脐，此固不仅桂、滇之边患，实全局莫大切近之忧也。至滇省尤处其难者，莫如外人之铁路。现火车仍照常通行，铁路亦未遭匪毁，然兵匪交战之区即在铁路线上，且更难保该匪不从火车运械运兵，此时若商令停工停车，又虑别启要索。以前种种重要内容，不敢不据实密陈，务乞钧部如何衡夺主持，一面示教，以挽危局而杜狡谋。①

5月5日，锡良又接到增厚密电，说是"据自河口退回之电局委员等报称：匪粮系自越直运而来，匪之枪械往来，法人亦任听所欲为，该员所目观。又闻尚有匪党数千自东京连夜开来，等情"，更感震惊，立即致电外务部说：

　　据此情形，是该匪有至便至利现成之铁路，添兵添粮添械不竭之来源，反客为主，着着占优。以滇省之转运极艰，饷械两乏，即勉集多师，以与匪角，有此强大阴为之助，实属牵制多虞。查原订滇缅铁路章程二十四条，所载甚明。唯有仰恳钧部迅速向其诘问禁止，以挽垂危之局。无任迫切吁祷。再，据探，匪攻河口营垒时，有法国四圈官入王镇邦营劝其降匪，王令不屈，遂被匪害。又雷领事自对人言，有洋员底波阿在革匪党内云。情节尤堪骇异。不敢不以附闻。锡良。②

在接到锡良5月3日的电报后，外务部对法国的做法已颇为不满，即致函法国驻华公使，说明：

　　除河口一面已由滇督派兵剿办外，所有关于越南一面，仍应由贵国武官接追捕获，以靖乱端。相应函达贵大臣查照，迅即转电贵政府

---

① 《光绪三十四年四月初五日云贵总督锡良致外务部电》，载中国史学会主编中国近代史资料丛刊《辛亥革命》（三），上海人民出版社1957年版，第273—274页。

② 《光绪三十四年四月初六日云贵总督锡良致外务部电》，载中国史学会主编中国近代史资料丛刊《辛亥革命》（三），上海人民出版社1957年版，第276页。

速饬越督查照会迅章程，严令保胜法官认真接捕，并通饬越属边界官严密稽查，实力奉行，万勿纵容该乱党等潜匿越境，遇便滋扰，庶两国边境可保治安，而中法邦交，得益亲睦。①

从河口起义以来，法国使馆只是派翻译穆文琦到外务部通报河口情报，面对清政府发来的公函，5 月 5 日，法国驻华公使巴思德携翻译穆文琦到外务部，拜访了军机大臣兼外务部尚书袁世凯。巴思德一开始就说明越督已拿获革命匪党六人，均拟驱逐出境。在说及河口革命党人数与官兵人数都是千人左右，而官兵居然不敌时，巴思德表示奇怪。袁世凯冷言道："官兵所用枪支均系旧式，匪党所用者系新式，多系贵国之枪，故尔不敌。"继而明言："从前广西贼匪，甚承贵国帮助，此次匪党系由广西经越境而到云南者，请贵大臣速电贵政府及越督，认真切实查禁。在我们中国政府看来，你们越南大吏断不致有纵容情事，却难保无纵容之人，所以请你们严禁者，于贵国名誉、两国邦交甚有关系，于两国边界治安亦有益。"巴思德公使只好表态"我当电越督极力帮助"②。

也许是在送走巴思德公使后，外务部才接到锡良 5 月 4 日和 5 日指控法国的电报，因为袁世凯在与巴思德的交谈记录中没有提及。根据锡良的指控，外务部给法国公使发出措辞比较严厉的照会，请严饬在越官员查禁党人活动，"并查明纵容知情官员，从严惩治。现行滇境火车，准有中国官兵随时登车检查，如将来查确，法人有阴助或纵容情事，则云南此次损失，当由贵政府负其责任"③。外务部还将照会内容发中国驻法公使刘式训，要求转告法国外交部，"严电越督，按照以上声明各节，切实查办"④。

面对清政府咄咄逼人的外交辞令，法国驻华公使巴思德复照抗驳，认为锡良隐瞒官兵投革命军，并夸大由老街到河口的革命军为数千，说是河口失守，"多因锡督漫不经心所致，而该督知愆畏咎，曲欲委卸于越督"，

---

① 《外务部请法政府饬越督追捕保胜党人致法国大使函》（光绪三十四年四月六日），载《云南档案史料》1984 年第 7 期。

② 《外务部庶务司记录中法双方为越督驱逐革命党出境事会晤问答》（光绪三十四年四月初六日），中国第一历史档案馆：《光绪三十四年云南河口起义档案》，《历史档案》2011 年第 4 期。

③ 《外务部请在越法官查禁党人活动并准中国官兵登滇境火车检查致法国驻华公使的照会》（光绪三十四年四月七日），载《云南档案史料》1984 年第 7 期。

④ 《光绪三十四年四月初七日外务部致驻法公使刘式训电》，载中国史学会主编中国近代史资料丛刊《辛亥革命》（三），上海人民出版社 1957 年版，第 276 页。

人所共知锡督素以排法为痼，此次责谤口实不足信，越督已经尽力，如昨日又在保胜"弋获似与逆党串通之华民数人"，又如河口被攻时，忠于职守的华员避难入越，也是"经越南有司厚款接待"的，法方一直恪守会汛章程，所出纰漏，都是像锡督这样的中国官员疏忽职守所致。① 法国外交部也配合巴思德的口径，否认"匪党在越边盘踞情事"②。

法国当局竭力否认帮助革命党的情节，某种程度上正是清廷所期望的，它等于承认帮助革命党是违反国际法的行为。面对清政府的指控，法方不得不在行动上证明自己的说法。5 月 7 日，法国殖民部电令印度支那总督：

> 必要时采取行动，不要使中国政府对我们有任何不安之心。请您让东京湾地方政府对边界实行有效的警戒，阻止叛匪团伙在我领土上避难，拘捕一切可疑分子并禁止在大城镇进行任何革命宣传，需要时驱逐任何已确实证明与叛匪持有联系的个人。应当避免任何边界冲突，特别是要向中国证明，尽管南方各省政府提供了故意歪曲的情报，我们仍然没有帮助、甚至鼓励叛乱分子的意图。③

越南当局很快遵照此指令，将黎仲实等 8 人驱逐出境，之后，又在保胜捕获数人。5 月 9 日，他们将河口革命军的实情转告给锡良，说"河口有革命党贼五百名，由河口沿铁路至南溪有两千余贼，由河口至蛮耗有一小队贼，未悉数目"④。这对锡良调兵遣将有一定助益。5 月 11 日，法国拘捕并驱逐了革命党领袖黄兴，并下令对河内到老街的铁路戒严检查。这一戒严检查，使胡汉民所购定的军械亦不能输送。⑤ 当时同盟会员姚雨平

---

① 《法国驻华公使为抗驳锡良责谤越督给清政府外务部的照会》（光绪三十四年四月八日），载《云南档案史料》1984 年第 7 期。

② 《出使法国大臣刘式训为法外部不认革命党在越边集结事致外务部电》（光绪三十四年四月十一日），中国第一历史档案馆：《光绪三十四年云南河口起义档案》，《历史档案》2011 年第 4 期。

③ 《关于河口事件殖民部致法印度支那总督》（1908 年 5 月 7 日，巴黎），载章开沅等主编《辛亥革命史资料新编》（7），湖北人民出版社 2006 年版，第 91 页。

④ 《法驻滇副领事苏烈为河口、南溪、蛮耗有革命党人活动致锡良函》（光绪三十四年四月十日），载《云南档案史料》1984 年第 7 期，第 11 页。

⑤ 《胡汉民自传》，传记文学出版社 1982 年版，第 27—28 页。

等人曾在广东梅县松口创办体育会，"借以培养军事人才"，在得知河口起义急需"陆军学生相助"后，即派学生郭典三、黄嵩南等人前往。① 郭典三、黄嵩南等人抵达海防后，受到华侨甄壁款待，会同何克夫，在谭人凤带领下乘船前往河口。一行8人在茶兰被法方检查出子弹带、军旗等物品而遭扣留。海防华侨积极与法方周旋，由商会作保，遣送香港。② 据法国方面事后的照会，亦表示："此法见效，最称便捷。所有革命党匪，欲前往河口者，因此悉被拘囚，不久俱应驱逐出境。此法以外，越南邮务电政局，凡遇有交付革匪函件等类，悉行禁止通过。"③ 至此，河口革命军之后勤运输及通信，终为法国人所截断。冯自由记载："河内机关部虽曾派侨商黄隆生、甄吉亭等数人解送米粮，然其后亦为法官禁止通过，遂有绝粮之虞。"④ 5月12日，法国下令将积极赞助革命的华侨甄吉亭、黄龙生等驱逐出境，并在河口起义后规定的禁发密电之后，又在明电中限发疑与起义通款之信息。胡汉民在5月13日给孙中山的报告中称："前一事使吉亭、龙生他去，则夺我之爪牙，后一事禁密电，限制明电，则扪我之喉舌，加以来款艰涩，军事迟进，办事困难，实无可言喻。"⑤ 此后直至起义失败，再没有看到胡汉民的报告。这不能不说与相关华侨被逐有关。

可以看出，清政府外务部有人最初想迫使法国按照中越《边界会巡章程》（即电文中的"会汛章程"）出兵助剿，在军机处担心此举会横生枝节的提醒下，完全打消此念，明确致电锡良"其法员欲帮助剿捕一节，尤须严行拒绝，以杜阴违之患"⑥。清廷交涉重点，放在压迫法国承认革命军为乱党和对在越南境内的革命党必须缉拿方面，通过与法国的交涉已有相当功效。法国拒绝将所拿获的革命党人移交清政府，对清政府照会的"若能对海防各埠及河内居留以及在越境往来之华人，凡带有枪械者概以查禁

① 姚雨平：《新军起义前后及辛亥三月二十九日之役的回忆》，载中国人民政治协商会议广东委员会文史资料研究委员会编《广东辛亥革命史料》，广东人民出版社1981年版，第30—31页。

② 黄嵩南：《赴河口参加起义被阻经过》，载中国人民政治协商会议全国委员会文史资料研究委员会编《辛亥革命回忆录》第7集，中华书局1962年版，第178—181页。

③ 《法国驻滇总领事宝如华为追究革党活动影响铁路之责任复云南洋务总局三月二十五日的复照》（1908年6月9日），载《云南档案史料》1984年第7期。

④ 冯自由：《革命逸史》第5集，中华书局1981年版，第145—146页。

⑤ 《戊申胡汉民上孙总理续报告云南河口军务书》，载冯自由《革命逸史》第6集，中华书局1981年版，第195页。

⑥ 《外务部请拒法员助剿革党》，《申报》戊申年四月十七日（1908年5月16日）第三版。

收回，则匪党自无混迹两国边界，庶可长保治安"①，也置若罔闻；对于清政府不断要求查拿驱逐革命党人，则故意刁难，回函称："匪党等逃入越时，多系改易姓名，以致难以捕获。是以，可否请由中国凡有在越应行查拿匪犯，除指明该犯姓名外，另将该匪身格、面容及一切显著残疾各情，逐详开明，以便易于查缉。"②尽管如此，法越当局采取的上述查拿驱逐革命党人、铁路戒严、禁运粮械、禁发电报等行动，毕竟使锡良所担心的革命党"反客为主，着着占优"的情况最终不复存在。

革命党发动起义时的便利完全丧失，只能在困境中勉强支持。而清廷却能够从容调兵遣将前往镇压。

三 选将用兵

清廷听闻革命党攻取河口的消息，知革命党"器械既精，党羽尤夥"，非同寻常，必须得力战将去应对。云贵总督锡良虽精明强干，并未经历战阵，且在其辖区发生如此大事，他难辞其咎。清廷想到的将才，是1903年总统大军镇压了周云祥起义的刘春霖（1840—1918），一查刘春霖，居然是在来京陛见的途中，便立即下令要求沿途传旨：

> 开缺云南布政使刘春霖，前经降旨来京陛见，计其行程当抵湘鄂。现时云南边境匪党窜扰，势颇猖獗，锡良正在派兵防剿，刘春霖着加恩以三品京堂候补，派令帮办云南边防事务，所有派往前敌各军均归节制调遣，会同锡良妥筹防剿事宜，遇有紧要军情，准其专折奏事。该员未到差以前，仍责成锡良督率各将领认真筹办，勿得稍涉诿误。并着陈夔龙岑春煊查明刘春霖行程。传知该员，无论行抵何处，迅即兼程折回滇边。至应取道何处，既［暨］应如何招集旧部，并著该员筹酌情形，由电奏闻，请旨遵行。钦此。③

---

① 《外务部为请饬越督查禁华人带枪致法国巴大使的照会》（光绪三十四年四月二十一日），载《云南档案史料》1984年第7期。

② 《法国使馆为查缉入越革党致清外务部函》（光绪三十四年四月二十三日），载《云南档案史料》1984年第7期。

③ 《光绪三十四年四月初五日军机处寄云南边防事务刘春霖云贵总督锡良湖广总督陈夔龙湖南巡抚岑春煊电旨》，载中国史学会主编中国近代史资料丛刊《辛亥革命》（三），上海人民出版社1957年版，第273—274页。

刘春霖进京的行程比朝廷预想的稍快，他于 5 月 7 日到达河南彰德府（今安阳）火车站，接到回滇督师的谕旨。他考虑到乘火车进京只需一天即达，而返滇需两月，遂决定还是奉来京陛见的前旨进京，以便"面授机宜"，于 8 日抵京。① 在北京，他奏请让前云南提督、现任湖北水陆提督的云南人夏毓秀，一起回滇平乱。军机处大臣袁世凯也"力保夏毓秀督带云军"，可是主持军机处和外务部的庆亲王奕劻，却想起用前广东提督、老将黄忠浩。② 随后，因传闻锡良奏"事机危迫，请派直隶陆军来滇助剿"③，还有人提出派北洋军将领段祺瑞，均被明确拒绝，刘春霖改请派北洋军老将、曾任临元镇总兵的姜桂题，亦被拒绝。刘春霖遂"请某军机在北洋军队内选派武员数人随往助剿"，出京赴滇。④

朝廷在选将方面如此看轻自己，锡良也很无奈。在锡良看来，刘春霖已经老了，他认为自己遴选的几个人已经可以暂时对付，这几个人就是临安开广道道尹增厚、开化镇总兵白金柱和临安府知府王正雅。5 月 2 日，他自己电饬增厚、白金柱飞调蛮耗、开化防营分道星夜驰援，要求近边各营衔接进扎，以新军调防蒙自由周国祥统带的 1 营继续在蒙自居中策应，又饬白金柱及王正雅招募惯战土勇数营以为后继。面对朝廷遴选知兵将才的要求，5 月 4 日，锡良奏报说：

> 承示须遴知兵大员假以事权一节。查滇省知兵而又熟悉边情者，佥推前藩司刘春霖、调补广东臬司魏景桐。刘已老矣。魏臬司刻尚在任，派往本极相宜，唯该司前为法人所嫉视，恐派令督师，犯其所忌，转致暗施狡计，别生枝节，用是踌躇中止，在省密商方略，深资赞画。现在前敌事宜即责成白镇金柱及王守正雅二人，战事皆属所长，已具前电。总办南防营务之增道厚，调度悉见精慎，尚能竭力图维。⑤

---

① 《刘春霖不即回滇之由》，《申报》戊申年四月十七日（1908 年 5 月 16 日）第三版。

② 《申报》戊申年四月十三日（1908 年 5 月 12 日）第三版，戊申年四月十五日（1908 年 5 月 14 日）第三版。

③ 《申报》戊申年四月十三日（1908 年 5 月 12 日）第三版。

④ 《申报》戊申年四月十八日（1908 年 5 月 17 日）第三版。

⑤ 《光绪三十四年四月初五日云贵总督锡良致外务部电》，载中国史学会主编中国近代史资料丛刊《辛亥革命》（三），上海人民出版社 1957 年版，第 273—274 页。

也许是考虑到增厚等人只是道员，不是省级大员，最好能够有提督统领。问题是云南提督空缺已久，哪里找个提督呢？锡良想到了广西提督龙济光。龙济光是蒙自人，前些年在越边剿灭会匪，人地两熟。因此，未等朝廷电旨传达，第二天，锡良又补充奏报说，即使刘春霖兼程回滇，也要40天，"现在匪势猖獗日甚，军情瞬息万变，不容稍误机宜"，自己"外示镇静，心之焦灼莫名"，想来想去，白金柱、王正雅虽然是能战之将，但所统为新募之兵，枪械也不精，只有请求能征惯战、迭建奇功的龙济光，速率其滇军劲旅回援，还有赶紧把度支部拨的巨款送来。①

锡良的意思是，朝廷不必为遴选战将如此费心，现在缺的是援兵、钱粮和武器。他自己先令白金柱、王正雅募兵，朝廷很快认可。白金柱原只统领6个营1500人，军机处电旨"应就原部各营酌量增募，增足五千人为一军，责成白金柱统带巡防，除原食底饷仍由云南照数筹拨外，所增之饷着度支部迅即指拨，以期士饱马腾，固我边陲"②。清廷也挺够意思的，虽然电旨责锡良疏于防范，失守要隘，但亦以"滇省兵单饷绌，暂予宽免"，准其立功自效，且对于锡良是要人给人，要钱给钱，要枪给枪，为此不惜同时电旨广西巡抚张鸣岐、两广总督张人骏、湖广总督陈夔龙、两江总督端方，令广西提督龙济光，"挑简精锐，亲自统率，由桂边星夜驰赴开化边境，察看匪情，相机进剿，或横击侧面，或断匪归路，总期会合夹攻，当可聚而歼旃。……龙济光带去各营，如另须增募，统由该署提督酌办。应需饷项运费，着度支部迅即筹攒，未领到以前由广西云南藩库先行垫发，务须随时接济，勿得贻误军需。龙济光应用军械，先由广西精择拨发；云南防剿各军应用军械，着张人骏、陈夔龙、端方迅速设法源源输济。锡良奏请饬部迅拨的款，着度支部速议具奏"③。

军饷问题由度支部两次拨银50万两④，解送前线，本指明作为白金

①　《光绪三十四年四月初六日云贵总督锡良致军机处请代奏电》，载中国史学会主编中国近代史资料丛刊《辛亥革命》（三），上海人民出版社1957年版，第275页。

②　《光绪三十四年四月初五日军机处寄云贵总督锡良电旨》，载中国史学会主编中国近代史资料丛刊《辛亥革命》（三），上海人民出版社1957年版，第272页。

③　《光绪三十四年四月初八日军机处寄云贵总督锡良暨广西提督龙济光广西巡抚张鸣岐两广总督张人骏湖广总督陈夔龙两江总督端方电旨》，载中国史学会主编中国近代史资料丛刊《辛亥革命》（三），上海人民出版社1957年版，第281页。

④　《军机处来电》（光绪三十四年四月初十日，1908年5月9日），载刘萍、李学通主编《辛亥革命资料选编·第一卷·反清革命》上册，社会科学文献出版社2012年版，第154页。

柱、龙济光饷需，经锡良请求，准应审酌缓急供前敌部队使用，不再指明说只给某军使用。[①] 度支部在 5 月 7 日已紧急饬令由镇江、芜湖、九江、江汉、宜昌等海关调拨 23 万两作为白金柱的军需[②]，在锡良建议下，担心饷银距离太远，饬先由四川拨解饷项。枪械接济问题，两江总督端方在 5 月 11 日即遵旨"兹已照拨德国五响毛瑟快枪三千枝，弹一百五十万颗，刻日起解，俾资前敌利用"[③]。5 月 14 日，湖广总督陈夔龙遵旨"当饬兵工厂备齐小口径步枪三千枝，弹一百五十万颗，于十五日派员由湘黔水路运往，由滇派员赴贵阳镇远一带迎提"[④]。

朝廷如此垂爱，使锡良感激涕零，奏称："俯念滇省困绌情形，征兵、拨饷、济械，悉邀俞允，凡属稍具天良，敢不力图愧奋。""自当殚精血诚，用期稍资自赎。"[⑤]

锡良虽然没有经历战阵，但其调度处置也还有条不紊。其基本战略是兵分三路，连环推进，有正有奇，有的步步为营，有的稳打稳扎，有的寻机奇袭，最终合击消灭革命军。

在前方，他先饬令近边各营衔接进扎，以待三路重兵压向河口。东路由开化镇总兵白金柱以原带的 6 营 1500 人为基础，募足 5000 人，从开化（今文山）斜出古林箐以逼河口。中路由临安知府王正雅率原有 3 营与新募 5 营，会合糯妈守军 3 营，共 11 营，从蒙自沿铁路南下，扼要驻扎，以守为战。西路以云南补用同知贺宗章兼任南防营务处提调，统领原有和新募的 4 营，辅以蛮耗驻守之 3 营，另加新军 1 营，从蒙自进兵蛮耗，沿红河下河口。三路以白金柱的东路为正兵取攻势，拟击溃革命军东路后，与取守势的王正雅中路成合击革命军中路主力之势；西路贺宗章则

---

　　① 《光绪三十四年四月十二日南洋大臣两江总督端方致军机处请代奏电》、《光绪三十四年四月十五日军机处寄云贵总督锡良广西巡抚张鸣岐电旨》，载中国史学会主编中国近代史资料丛刊《辛亥革命》（三），上海人民出版社 1957 年版，第 291、292 页。

　　② 《度支部来电》（光绪三十四年四月初八日，1908 年 5 月 7 日），载刘萍、李学通主编《辛亥革命资料选编·第一卷·反清革命》上册，社会科学文献出版社 2012 年版，第 152 页。

　　③ 《光绪三十四年四月十二日云贵总督锡良致军机处请代奏电》，载中国史学会主编中国近代史资料丛刊《辛亥革命》（三），上海人民出版社 1957 年版，第 290 页。

　　④ 《光绪三十四年四月十五日湖广总督陈夔龙致军机处请代奏电》，载中国史学会主编中国近代史资料丛刊《辛亥革命》（三），上海人民出版社 1957 年版，第 292 页。

　　⑤ 《光绪三十四年四月初九日云贵总督锡良致军机处请代奏电》，载中国史学会主编中国近代史资料丛刊《辛亥革命》（三），上海人民出版社 1957 年版，第 281—282 页。

负责击溃革命军后，沿红河顺流疾下直捣河口。这就是他所说的正奇兼顾。①

三路均有后备援军。在锡良的计划中，东路是以奉旨增援的广西提督龙济光部为后援，准备取道广南，星夜驰赴滇边前敌增援。只是广西巡抚张鸣岐对借调龙济光颇有微词，认为广西兵力也不多，还要把最倚重的战将龙济光也调走，如果革命军是声东击西，突然攻击广西，何以应对？因此他电奏说"现经会商提督龙济光，设法腾挪，抽调四营，交知府龙裕光统领"援滇。② 军机处仍旧传谕张鸣岐，令在派出龙裕光率四营增援后，还须再派龙济光继续往滇边。此时闻清军在西路、东路已进战获胜遏阻革命军进取之势，张鸣岐再奏说："龙济光此时赴滇，于滇无大益，于桂有大损，可否仰恳天恩俯准龙济光暂缓赴滇。一面由岐饬催前派龙裕光所统四营星夜兼程前进，务期迅速应援。一面遵旨赶紧添募新营，厚储兵力，以备滇省军务。倘再紧急，即令龙济光统率精锐亲往调度，以期统顾兼筹，庶免贻误。"③ 终于获准。这使锡良大为不满，说龙裕光本在我西路统领贺宗章之下，他怎么去统领增援的龙济光军？一番唇舌交锋后，张鸣岐、锡良均同意改由龙济光的兄长"四川候补道龙觐光驰往接统"龙济光所派来的4营。④ 此时，河口差不多大局已定。桂军赶到，仅参加过追堵撤离河口的革命军的战斗。

中、西路的后备援军，则由增厚坐镇蒙自，署云南粮储道方宏纶在阿迷州（开远）征兵4营，锡良称之为后路军；还有锡良自己亲自统率新军营队出昆明，另饬昭通总兵张嘉珏募军数营，带到昆明训练，以填补新军出省后的空虚。

一切部署得差不多，5月8日，锡良电奏说自己要带印"亲出督师，以作士气而便调度"，拟先驻通海，由"深谙韬略，尤熟边情"的按察使

① 《光绪三十四年四月初十日云贵总督锡良致军机处请代奏电》、《光绪三十四年四月十二日云贵总督锡良致军机处请代奏电》，载中国史学会主编中国近代史资料丛刊《辛亥革命》（三），上海人民出版社1957年版，第287、290页。

② 《光绪三十四年四月初八日广西巡抚张鸣岐致军机处请代奏电》，载中国史学会主编中国近代史资料丛刊《辛亥革命》（三），上海人民出版社1957年版，第280页。

③ 《光绪三十四年四月十一日广西巡抚张鸣岐致军机处请代奏电》，载中国史学会主编中国近代史资料丛刊《辛亥革命》（三），上海人民出版社1957年版，第288—289页。

④ 《光绪三十四年四月二十六日云贵总督锡良广西巡抚张鸣岐致军机处请代奏电》，载中国史学会主编中国近代史资料丛刊《辛亥革命》（三），上海人民出版社1957年版，第305—306页。

魏景桐，"与道员赵上达总办行营兵备处事务，以资臂助"①。军机处乃致
电为其出谋划策，说：

> 该督出省督师，士气当为一振，惟距前敌不宜太近，恐护兵须多
> 而战兵转少，或于战事有妨。且匪众新集，悍黠当不至甚多，现分三
> 股上窜，主持者必有黠魁，阴助者复有狡夷，凶谋诡计，尤须慎防。
> 三股中，当有正兵、奇兵之分，暨主力、辅力之别，该督务严戒各军
> 广布侦探，详察匪情，知彼知己，乃可言战。匪之设伏狙击，截后包
> 抄，尤须时刻探防，万勿稍涉大意。官军现分三路抵御，不无备多力
> 分之虑，必须三路呼吸相通，声势联络，相机趋利，勿执成见。或审
> 明匪势，合力先挫其一股，他股自将披靡；或分兵扼守要隘，阻其来
> 路，而潜以精锐直捣河口，匪无归路，势将瓦解。惟军情多变，非朝
> 廷所能遥制，只就奏报情形略授机宜，着该督饬各路将领妥筹办
> 理，仍将详细情形随时电奏。至应如何整饬驿电，速通军报，并着该
> 督一并妥筹。钦此。②

5月14日晚，经两天路程，锡良到通海设行营。跟随锡良的是新军1
协步炮各营队，由赵金鉴率领。

云南的新军，开始于1905年云贵总督丁振铎编练的"绥靖新军"，到
1907年编成1个步兵协，辖步队5营，炮兵1营。新军的编制，按镇、
协、标、营、队、排、棚组织，大约相当于后来的师、旅、团、营、连、
排、班的组织，步队营的编制员额为659人。锡良接任云贵总督，即以练
兵、办铁路作为其督滇入手的两大工作，说是"盱衡时局，滇省至少非练
成一镇，驻扎适中，无以备缓急而资镇慑"③。他奏准添新编步队1营、辎
重队1营，组编为混成协，由陈宦任协统。④ 锡良按照清政府《新订营制

---

① 《致军机处》（光绪三十四年四月初九日，1908年5月8日），载刘萍、李学通主编《辛
亥革命资料选编·第一卷·反清革命》上册，社会科学文献出版社2012年版，第154页。

② 《着为锡良督饬各路将领审明敌势妥筹剿办事电旨》（光绪二十四年四月初十日），载
《历史档案》2011年第4期。

③ 《滇省应办事宜大概情形折》（光绪三十三年二月二十八日），载中国科学院历史研究所
第三所工具书组整理《锡良遗稿 奏稿》（第二册），中华书局1959年版，第661—662页。

④ 牛鸿斌等点校：《新纂云南通志》（6）卷一百三十《军制考四》，云南人民出版社2007
年版，第445页。

饷章》，以"汰弱留强"为基本原则，对新军官兵的年龄、身高、品行、文化程度、薪饷等都做了规定，尽管在实际上新军官兵并没有到达规定，但其总体素养，尤其是装备、训练方面已远高于旧军，严禁鸦片一项也是旧军不可比拟的。

新军周国祥营，原已调防蒙自，并随贺宗章从西路挺进蛮耗。锡良到通海，又命赵金鉴率新军步炮各营队，出建水、蒙自而驰赴西路，希望能够有奇袭河口的建树。

镇压河口起义清军序列①：

行辕

总办行营：兵备处并总理行营文案、云南按察使魏景桐

——所属大小文案朱勋等十余人

——参议官：调滇差遣江苏候补道赵上达；三品衔补用道王庚虞；三品衔候补知府杨福璋及许德芬、高培焜、黄宝贤等

总执法官兼稽查事务：陆军协统内阁中书陈宦参议以下，随员若干人，均见叙单中

中路

统领中路各营兼带游击第一营临安府知府王正雅（号子彬），统十个营：

督带李德泳副将，帮带陈万林都司

管带杨光宸都司（驻保姑）

管带王桂安，马云山千总

管带谢逢春（驻芷村），赵勋泰云骑尉

管带邓云广（临安团练），刘沛连千总

管带武成彦

余未详

---

① 参见马竹畴《河口之役见闻录》，载中国人民政治协商会议云南省委员会文史资料研究委员会编《云南文史资料选辑》第41辑，云南人民出版社1991年版，第215—217页所开列，有增补、改正。

东路

总统前敌各军，兼东路统领开化镇总兵白金柱（号载廷），统新旧各营共约四十个营。

坐营林春荣参将衔游击

管带王某某（名失传），帮带白映庚千总

管带李某某，军功蒋振彪

管带陆某某，马朝先

管带撒某某，马廷蔚

管带马发林（又为马发材）驻古林箐

胡兴，补用游击，督带新募千余人：管带胡德胜、管带沈正朝。

赛家斌，候选知县，督带二营。

陈先沅（陈先择），护理开化府、南防副营务处，分统四个营。

金殿举，武生，新募保卫队管带

姜含章，巡检，增募

马云山

周顺兴（轩）

张某某

督带马文仲驻马白（今马关）

管带王洪顺守备

管带马世珍

管带李国治

保卫队管带李朝云

东路，广西援军

署广西提督龙济光（继而任命龙裕光，因龙裕光在西路，改任龙觐光）统率四营：

守备李文富营，原驻镇边县属平孟等处；

知县宋智焜营，原驻镇边县百南等处；

游击龚德胜营，原驻百色；

县丞熊其勋营，原驻南宁。①

西路

统领西路蛮河各营，兼带新军第一营，南防营务处提调贺宗章（号竺生）统九个营。

管带马廷芳，都司（原驻新安所），帮带以下未详

管带柯树勋，县丞，蛮耗水师营（兼保阿白段铁路）。

管带宋魏龙都司。

以下三营均系巡防营：

管带马文星都司，（原驻蒙自）。

管带张鼎甲（即张耀庭）都司，（原驻大庄），都督两营，先已拨一营归中路指挥。

管带曾国桢（号和亭）报捐同知衔，蛮耗护商营。

管带桂良，个旧保厂营。

管带李荫（春）秋，补用同知，蒙自电报局委员，新募二营。

新军营官周国祥，候选知县，（原驻蒙自）：

督队官杜正才，队官王大潜、熊鸿钧。

土司乡兵龙裕光，补用知府，统率辖吾卡、王布田等处土练四个营，主力集于蛮板渡待命。

增调新军炮兵赵金鉴，补用直隶州，代理陆军标统。

营官彭毓崇：

督队官沈秉忠，队官孔坚锐、李名山；

步队营官伍祥祯：

督队官余骧腾，队官巴我顺、赵遐寿。

后路

统领后路铁路上、中两段巡防各营，兼新军营，云南粮储道方宏纶统五个巡防营，新军营。

管带某某，驻云南府、呈贡沿线，管带姓名未详。

---

① 《光绪三十四年四月十七日广西巡抚张鸣岐致军机处请代奏电》，载中国史学会主编中国近代史资料丛刊《辛亥革命》（三），上海人民出版社 1957 年版，第 297 页。

管带绍谟，驻宜良。

管带张树桢，驻路南禄丰村。

管带甄得胜，驻弥勒拉里黑。

管带速国相，驻阿迷（今开远）。

新军未详。

以上四路兵力，先已调动巡防营兵及团练、土司兵六十余营，临时增募者数营，增调新军步炮三个营以上，合计新旧兵七十余营，人数至十万有余。奖赏银在十万两以上。

在上述清军序列中，白金柱部本来奉到的谕旨，是在原来的 6 营基础上新募 14 营添足 5000 人为一军，但白金柱实际上多募了。西路统领贺宗章回忆说，白金柱部"会攻河口时，新增至四十余营，原多缺额，甚至百余人为一营"，并有"此次三路进攻，用兵七十余营"的总结。① 锡良亦承认在原来所统的 6 营之外，"白金柱新募实不止十四营"，即使在镇压河口起义后经过"酌量调动裁撤，于原案新募十四营之外暂尚溢出四营"②。如此则白金柱部添募至 40 营左右并非虚言。

第五节　双方的鏖战

清廷为镇压河口革命军，对锡良征兵、拨饷、济械的请求无不满足。为鼓舞前方士气，5 月 8 日，清廷饬令锡良先从云南藩库中拨银 3 万两，解付白金柱做犒赏之用，并表示"该总兵果能奋勇立功，遏阻贼梦，朝廷当予破格奖擢，以酬勋绩"③。在接获锡良奏报 5 月 7 日西路大胜、东路小胜的捷报后，军机处即传旨嘉奖柯树勋等人，饬由云南藩库拨银二万两奖

---

① 贺宗章：《幻影谈》，载方国瑜主编《云南史料丛刊》第 12 卷，云南大学出版社 2001 年版，第 110、111—112 页。

② 《会奏布置边务折》（光绪三十四年七月二十一日），载中国科学院历史研究所第三所工具书组整理《锡良遗稿 奏稿》（第二册），中华书局 1959 年版，第 816 页。

③ 《光绪三十四年四月初九日军机处寄云贵总督锡良电旨》，载中国史学会主编中国近代史资料丛刊《辛亥革命》（三），上海人民出版社 1957 年版，第 283 页。

励用力弁兵。[①] 一贯欠薪欠饷的清军，突然饷足赏多，斗志大增。原来因为饷食而投降革命党的清军，再度动摇。归降的军警，如果清政府能够对他们既往不咎，他们随时可能成为革命军的内患。

由于革命军对于战事经过，只有冯自由的略详，只能以之为线索，根据清方往来电报，来梳理各路各地战守的情况。

一　西路战事

在西路，5月7日关仁甫败走蛮耗之战是一次主要的战斗。当时，柯树勋部的诈降反戈，又有部分降军"闻知清援军将至"也军心动摇，遂成"猝然哗变"之势。[②] 而清军的援军马廷芳营和周国祥营又相继赶至，从山上包抄投入战斗。原处于进攻状态的关仁甫部，突然间内外、腹背皆受敌，只有抛弃旗帜窜入山谷，退守新街。时已天黑，柯树勋力主追击，周国祥因人生地不熟不敢追，又担心柯树勋追击而独享其功，下令收队守蛮耗。周国祥住曾国桢寓所。

5月8日，清军大队推进，仅十余里就抵关仁甫曾经的指挥所，而关仁甫已退走。在双方接战时，柯树勋营右哨官刘某曾与关仁甫通过话。前已述及，清军旧营，本多与三点会有瓜葛，在蛮河地区者也多认识关仁甫。双方打招呼、通话似乎并不太令人惊奇。有人将此情形报周国祥，说刘某通匪。周国祥也不调查其通话内容是叙旧还是劝降，即勒令柯树勋诛杀刘某及其兵士。据贺宗章回忆，当时，"柯谓关匪与所部原多熟人，今右哨已全归队，尚无叛变从匪确证；周勒柯出据，当保蛮耗以后无变，柯请缓俟全统领至，周坚执不允，是夜，遂召该哨点名发饷，逐一杀之，血流街面。"5月14日，贺宗章到达蛮耗。柯树勋哭着见贺宗章，但不敢诉说其中的缘由。贺宗章了解事情原委后，也不好说怎么办，只是"饬柯新募足额"[③]。

经过此次残杀，与关仁甫熟识的清军已是人人自危，竭力掩饰，不敢

---

① 《光绪三十四年四月十一日军机处寄云贵总督锡良电旨》，载中国史学会主编中国近代史资料丛刊《辛亥革命》（三），上海人民出版社1957年版，第287页。

② 《戊申云南河口革命军实录》，载冯自由《革命逸史》第5集，中华书局1981年版，第145页。

③ 贺宗章：《幻影谈》，载方国瑜主编《云南史料丛刊》第12卷，云南大学出版社2001年版，第110页。

再有星点暴露。但如此肆意残杀，也使投靠了革命党的清军和路工等人胆寒。试想，仅仅因通匪嫌疑就全哨被杀，投靠了革命军的人岂不证据确凿？以前会党活跃的时候，他们穿上军服就是兵，脱下军服就是匪，接受招抚又可以成为兵，身份转换并不困难。可是现在不同了，会党已经成为革命党，虽然他们不一定清楚两者的政纲差异何在，但他们清楚革命党和会党的外形差异。他们参加革命军，头上的辫子就剪了。革命军并没有什么统一的军服，他们穿的还是原来的服装，甚至连红领巾、红袖标之类的个人标识也没有见到有记载。除了高举的青天白日满地红旗帜，他们和清军在外形上最大的区别，就是他们剪除了辫子。这一特征使他们不敢再投降清军，即使逃匿也前途难卜，只有紧随革命军可能还有生路。这也是此后革命军作战反而更加勇猛的一个潜在原因。

关仁甫鉴于敌强我弱的态势，敌人补充源源不断，而自己后援不继，乃将其部队分成小股，以游击战袭扰敌军。清军一时间竟不敢轻易前进。双方一度相持于新街附近，这就是关仁甫回忆所说的"余遂与之相持达半月"[1]。这从 5 月 14 日锡良的奏报也可看出来，他称："西路前犯蛮耗之匪羽党众多，其锋锐甚，既大受惩创，且闻有匪首经我阵毙，匪胆已寒。然现仍伏踞沿河之新街等处，并以零股狂窜山僻，不时出没，冀我备多力分。其行径颇类游匪。必须将此路匪踪兜剿净绝，乃可会合中东两路之师，或竟以奇兵直捣河口。"[2]

趁清军不敢进攻的时机，关仁甫自己率二三百人攻入王布田（今金平县城金河镇），找昔日加入过三点会的傣族土司刀治刚，求助钱粮。后来，刀治刚因此被欲吞并其辖地的刀治国密报临安府，只得逃匿越南商洛、勐沐等地。[3]

贺宗章到蛮耗后，即秘密致函归降革命军的清军管带黄体良、李美，两人在得到贺宗章的密函后，"各敛迹而逃，不知所往"。贺宗章由此判断："革党原无多人，枪弹亦缺，全借三营为前锋，黄李既去，岑原不从，

①　关仁甫述：《革命回忆录》，载中国人民政治协商会议全国委员会文史资料研究委员会编《辛亥革命回忆录》第 7 集，中华书局 1962 年版，第 248 页。

②　《光绪三十四年四月十五日云贵总督锡良致军机处请代奏电》，载中国史学会主编中国近代史资料丛刊《辛亥革命》（三），上海人民出版社 1957 年版，第 293 页。

③　刀寿东等：《勐拉土司的兴起和衰亡纪实》，载《金平县文史资料》第 1 辑，政协金平苗族瑶族傣族自治县委员会编印，1994 年，第 28 页。

仅有零星散匪千余，严守河口要隘。"① 即准备发动攻势。他饬令犒吾卡土司龙裕光率土勇收复王布田。贺宗章回忆称，关仁甫不敌，由三猛退向越南。

当时的三猛（勐），按照锡良的说法，是"沿边自新街、蛮耗以西，为三猛土司，其地紧接越边，上通临安、个旧"②，算起来大致就是今天红河以南的金平县、元阳县、绿春县的许多地方。这些地方在乾隆时期曾经有六勐（猛），即勐拉、勐丁、勐弄、勐梭、孟赖、勐蚌，各设土掌寨，归属建水县管辖。1895 年 6 月 20 日中法签订《续议界务专条附章》，将勐梭、孟赖、勐蚌的三勐大部分地方划入越南③，其他三勐仍归中国，故称三猛（勐）。革命军进入土司辖区，清政府也深感不安。5 月 17 日增厚特致电普洱知府，要求各土司防范，说："蛮耗之贼窜犯王布田，已饬逢春岭龙土司集兵防堵，兹据报贼已退焱地。查该处界连三猛，处处可通，虽已飞饬龙土司极力逐剿，毋使傍窜，惟匪情飘忽，此拿彼窜，是其长技，务使速饬沅普各地方官暨附近土司严密防范等因。"④

关仁甫以河口革命军云贵都督的身份，率偏师上蛮耗，已经说明他不能再担负指挥全军的重责，指挥全军的重责又交回到南军都督黄明堂身上。他在蛮耗失败，转进王布田，退入三猛，对清军已经只是起一定的牵制作用了。连他是否又转赴河口与黄明堂会合，也成为难以说清楚的事。冯自由记述他西上失败"乃舍蛮耗而退河口"，但在记述革命军撤退河口时，提到 5 月 22 日王和顺赶往河口与黄明堂协商欲转取思茅，以及最后"黄王诸首领均离河口赴越境"，两处均未提及关仁甫⑤。以关仁甫对河口

①　贺宗章：《幻影谈》，载方国瑜主编《云南史料丛刊》第 12 卷，云南大学出版社 2001 年版，第 109 页。

②　《会奏布置边务折》（光绪三十四年七月二十一日），载中国社会科学院历史研究所第三所工具书组整理《锡良遗稿　奏稿》（第二册），中华书局 1959 年版，第 817 页。

③　见尤中《中国西南边疆变迁史》，云南教育出版社 1987 年版，第 210—223 页。李期博主编的《红河哈尼族彝族自治州哈尼族辞典》，云南民族出版社 2006 年版，第 15 页，将"三猛"解释为勐梭、孟赖、勐蚌大部分划归越南后的其余部分，即今天绿春县三猛乡，并不准确。

④　《1908 年 5 月 20 日思茅关税务司瑚斯敦（J. H. W. Houstoun）致裴式楷第 2 号函》，附件 1：《1908 年 5 月 18 日（光绪三十四年四月十九日）普洱道致思茅海关同知龙文电》，载中国近代经济史资料丛刊编辑委员会主编的帝国主义与中国海关资料丛编之 09《中国海关与辛亥革命》，中华书局 1983 年版，第 270 页。

⑤　《戊申云南河口革命军实录》，载冯自由《革命逸史》第 5 集，中华书局 1981 年版，第 145—147 页。

之熟悉，如果关仁甫在河口，黄、王二人却不征询关仁甫的意见，未免太令人不解。而关仁甫自述，对于从新街到河口沿红河防御的战况再没有提及，也没有提及其间中路和东路情况，只是说了撤退的结局，即"后云贵总督锡良（满人）调集黔川桂大军，合四省之兵对余压迫，余遂不能不南退河口。旋清军复逼河口，余虽力战，致手腕俱受弹伤，终以众寡不敌，南退越边"①。因此，关仁甫从三猛退入越南后可能就没有再到河口。再证之以6月初法国照会清政府提及"拘获匪党七百余人"②，这些被拘禁之人，主要就应该是关仁甫的部属。因为在此时，撤离河口后的黄明堂、王和顺的部属，仍在继续向东转战之中，随黄明堂、王和顺从河口直接入越南的革命军，皆被法方拘禁，法方在5月29日称共圈禁百余名。③

西路革命军没有了主将调度，各股难免陷于各自为战的境地。而清军赵金鉴统新军炮兵彭毓崇、步兵伍祥祯营抵达蛮耗。"增厚饬商西路统领贺宗章抽拨各营，由赵金鉴率领，直取新街，节节扫荡而前。"④5月20日（四月二十一日），赵金鉴攻克新街，次日占领龙博。革命军退守南屏、田房、坝洒等处，重点防御距离河口约25公里的坝洒。

二　中路、东路战事

自分兵东路进攻古林箐之时，革命军中路已经暂停白河附近，坐失进取良机。5月7日东路攻古林箐的失利，一度使革命军军心动摇。黄兴此时抵河口，对于前方将士稳定军心起到一定作用。在黄兴离开后，5月10日，王和顺返回前方，又发动了对古林箐及附近要隘的进攻，仍未攻克。清军中路军主将王正雅趁机进抵阿白，派谢逢春、李德泳两营暨王正雅从临安募集的邓云广营，顺铁路而下，会合原来的守军，向白河攻击。清军居高临下，革命军逐渐不支，只有放弃白河（距河口74公里）撤守三岔河（距河口51公里），且战且退。清军跟进续攻，12日，革命军不得不放弃三

①　关仁甫述：《革命回忆录》，载中国人民政治协商会议全国委员会文史资料研究委员会编《辛亥革命回忆录》第7集，中华书局1962年版，第248页。

②　《法国使馆为清官兵开枪毙越兵请重加惩办致清外务部函》（光绪三十四年五月初七日），载《云南档案史料》1984年第7期。

③　《光绪三十四年四月三十日驻法公使刘式训致外务部电》，载中国史学会主编中国近代史资料丛刊《辛亥革命》（三），上海人民出版社1957年版，第310页。

④　《光绪三十四年四月十九日云贵总督锡良致军机处请代奏电》，载中国史学会主编中国近代史资料丛刊《辛亥革命》（三），上海人民出版社1957年版，第299—300页。

岔河而退守地势比较险要的打拉山（距河口约43公里）。王正雅当即禀报说，如果能够将打拉山攻克，"下可进逼南溪，东会合古林箐横出之师，且与西路亦声息相通。已督饬各营力图进取，仍步步审慎，以顾后路"①。

5月13日，白金柱进抵八寨，即派营进扎普元、水碓湾、大木湾三处，以图进窥南溪。其基本战略是先兜剿中路之革命军，再行会攻南溪、河口。面对清军大军压境，久经战阵的王和顺和已知无投降退路的革命军队伍，一扫原来消极进战的状态，英勇迎战。王和顺决定在东路牵制白金柱，以主力击退中路清军。于是，革命军东路军向水碓湾、大木湾发起攻击，在水碓湾与白部胡得胜、赛家斌两营激战五六个小时，受挫撤退。同时向大木湾攻击的革命军，亦因白部胡兴、安荣绶两营的坚守无功而返。王和顺自率中路军大队，向准备攻取打拉山的清军王正雅部发起猛攻，连清军也深感"其党至悍且众，枪械尤精"。鏖战两天，革命军补给不济，再加上东路革命军攻击失利，白金柱派马发林、白映庚两营，越山横截而出，威胁王和顺大队后路，王和顺不得已率部退守老范寨（距河口44公里），与打拉山成犄角之势，凭险固守。②

王和顺的这一轮攻势，使清廷大感不安，发圣旨严责锡良和白金柱，说：

> 从来匪乱初起，利在迅即扑灭，免其蔓延愈久，纠合愈众，而剿除亦因之愈难。前次镇南关失事，不过七日即行克复，深合治匪机宜。此次滇边匪乱，事经两旬，虽已迭次获胜，而匪仍分股上犯，悍党益众，枪械尤精。是该匪未受大创，官军亦未能十分得手，已可概见。若滋蔓再久，恐啸聚益多，将至不可收拾。著锡良严饬各路将领，审了敌情，将所失地方迅即相机规复。白金柱身膺总统，责无旁贷，本部各营尚未与大股匪众接仗，务即简练精锐，奋力图功。至现驻地段，尤应竭力防守，勿得稍涉疏忽。倘任匪徒进占一步，定将该承防将领军法惩处。③

---

① 《光绪三十四年四月十五日云贵总督锡良致军机处请代奏电》，载中国史学会主编中国近代史资料丛刊《辛亥革命》（三），上海人民出版社1957年版，第293、294页。

② 《光绪三十四年四月十九日云贵总督锡良致军机处请代奏电》，载中国史学会主编中国近代史资料丛刊《辛亥革命》（三），上海人民出版社1957年版，第299页。

③ 《光绪三十四年四月二十二日军机处寄云贵总督锡良电旨》，载中国史学会主编中国近代史资料丛刊《辛亥革命》（三），上海人民出版社1957年版，第301页。

　　清廷得到的战报和发出的指令，总是晚个三四天。清廷督饬的圣旨未下，5月16日，清军已经向老范寨猛攻。据王正雅向增厚的禀报，说是"中路老范寨等处之匪，自知情势日蹙，凭借该处地险，誓死抗拒，每战凶猛异常。十七等日，各营奋勇进剿，虽屡有斩获，限于节节险峻，未能一鼓攻克"。此时，河口已进入雨季，南溪河已发大水。王和顺派副手黄东成据守桥头，清军难以逾越。清军管带王桂安重金募集善于游泳之兵卒泅水过河，与杨光宸营等部配合夹攻桥头，黄东成及40余名革命军官兵均血战而亡，但清军仍旧没有攻克老范寨。①

　　而西路革命军由于没有首领统率，只是零散地游击扰袭，面对清军大股挺进，难以防御，不得不向中路求援。5月22日，清军赵金鉴率新旧各营进占南屏后进攻田房。王和顺乃率王宝才、王文波等300余名将士赶到田房增援，在田房村前左右两山的险要处设防。赵金鉴以曾国桢、柯树勋两营攻左山，周国祥营攻右山，伍祥祯营直取田房村。经过两小时激战，革命军退入村内继续抵抗，"复鏖战两时，匪始由村后左山败退，然随退随抢山险"，步步依托地险打击清军，终难挽颓势，王和顺也负了伤，遂退往河口。此即赵金鉴所谓的"田房大捷"，说是"计三日之间，收复要隘四处，计二百数十里"②。赵金鉴因此被赏以靖勇巴图鲁勇号。清军中路王正雅乘机督率各营分三股，于5月23日攻占老范寨，继而攻泥巴黑（距河口35公里，为新桥河入南溪河处）。东路白金柱也应中路之约策应，于5月23日夜倾巢而出，攻击马革寨、龙谷拔寨、马多衣等处，继会攻大小南溪。革命军迭遭攻击而溃散，熊通（熊达卿）不幸中枪而亡。

　　5月24日，白金柱部挺进到南溪。王正雅部亦破泥巴黑而进，占车河（距河口29公里），直抵南溪与白金柱会师。由于革命军主力已退河口，双方只有零星战斗，而清军仍旧电称"节节迭有斩馘，并获该匪遗弃粮食等件"③。所谓"斩馘"，就是在敌人尸体上割取耳朵，今天看来是惨无人道的事，但在过去，却是用以统计和证实歼敌之数常用的办法。没有大的

---

　　①　《光绪三十四年四月二十三日云贵总督锡良致军机处请代奏电》，载中国史学会主编中国近代史资料丛刊《辛亥革命》（三），上海人民出版社1957年版，第303页。

　　②　《致军机处》（光绪三十四年四月二十四日，1908年5月23日），载刘萍、李学通主编《辛亥革命资料选编·第一卷·反清革命》上册，社会科学文献出版社2012年版，第169页。

　　③　《光绪三十四年四月三十日云贵总督锡良致军机处请代奏电》，载中国史学会主编中国近代史资料丛刊《辛亥革命》（三），上海人民出版社1957年版，第310页。

战斗而斩馘不断，难怪知情者回忆称："当时送至蒙城所馘之耳，绳贯累累，不计其数，咸谓是乃清兵强割于边区人民，以之报功邀赏者。"[1]

第六节　革命军的败退

一　革命军撤离河口

革命军凭占据河口的缴获，与清军已鏖战 20 余天。除了月初胡汉民派人送来的几千元，再无接济，弹药、粮食均难以为继。孙中山在新加坡绞尽脑汁想方设法为河口起义筹款，"卒不如愿"[2]，以致有"吾党财政之困难，真为十余年来所未有"的感叹。[3] 而此时，即使有款项，估计也很难接济河口了。从 5 月 13 日胡汉民给孙中山提交第二份报告之后，直至 5 月 26 日革命军放弃河口，法国越南当局所采取的严查交通、邮电和驱逐支持革命党的华侨等措施，使胡汉民深感爪牙被夺、喉舌被扪之困顿，他亦难以与河口等地联络。河口革命军只能勉力支撑，独自应战。20 余天下来，革命军损失惨重，人困马乏，粮械两缺，防御体系已接近瓦解。

5 月 22 日，王和顺赶到河口，与黄明堂商议。王和顺提出放弃河口而袭取思茅为根据地的战略，他的理由是："思茅镇总兵谢有功所部早已联络就范，义师一至，可以不战而定，然后徐图进取昆明。"黄明堂对王和顺的提议立表赞同。两人还约定，王和顺到前方召集队伍，黄明堂从河口出发，都到巴沙（即坝洒）集中。王和顺赶往前方，中路革命军退守在车河地（距河口 29 公里），但东路军从大小南溪溃退时，由于西退南溪与中路会合的通道被清军马文仲营穿插切断，不得已往东撤，王和顺已难以召集。当黄明堂率军到坝洒，王和顺军难以如约而至。黄明堂决定继续挺进。有材料表明他还派人前往思茅粘贴布告，表明他是挺进思茅的先锋

---

[1]　马竹髯：《河口之役见闻录》，载红河哈尼族彝族自治州政协文史资料委员会编印《红河州文史资料选辑》第 1 辑，第 106 页。另说明，《云南文史资料选辑》第 41 辑收录该文时，未录此文"尾语"中的部分。

[2]　邹鲁：《中国国民党史稿》第 3 篇，上海书店 1989 年据重庆商务印书馆 1945 年版影印版，第 746 页。

[3]　孙中山：《致邓泽如黄心持函》（1908 年 5 月 29 日），载《孙中山全集》第 1 卷，中华书局 1981 年版，第 367 页。

官，这就是思茅海关在致总税务司时抄呈的《先锋官黄广告》①，其内
容为：

> 凡我大兵过境，商民安堵无惊；
> 家家用兵保护，秋毫不犯厘分；
> 一切厘税全免，粮米只要三成；
> 所有被裁兵将，义投重用非轻。
> 奉劝良民子弟，切勿误听当兵；
> 朝廷待人情薄，苦死不得甘心；
> 不信但看武将，裁得无处安身；
> 我心实想不过，故此设法动兵。

黄明堂仅开进到下田房，就与水陆并进的优势清军柯树勋等营遭遇，不
敌而退，继放弃坝洒撤回河口。王和顺军因在南溪一带，被清军白金柱、王
正雅两路夹击，已无西进坝洒之可能，也退河口。挺进思茅的计划流产。

在河口，王和顺主张背城一战，不行再退入越南。由于越南当局已经
在老街戒严，革命军如果退入老街，肯定要被缴械，到时候被拘押就只能
任人宰割，前途堪虞。因此，黄明堂认为保全队伍最重要，主张全部"移
师桂边，再作后图"。结果是黄明堂的意见占上风。但由谁来带领这些队
伍转移到广西边界呢？黄明堂、王和顺他们是怎么商议的已经无从判断，
但最终的决定是黄明堂、王和顺等人直接赴老街入越南，"于是黄王诸首
领均离河口赴越境，而使部将何护廷、马大等率领余众东向"②。5 月 24
日，黄明堂、王和顺等人进入越南老街，随即，革命军在何伍（即何护
廷，又称何十二）等人带领下，"是夜即弃河口不守，尽携枪炮弹药，分
队绕山路进向广南等处"③。

---

① 《1908 年 6 月 9 日瑚斯敦致裴式楷第 3 号函》，载中国近代经济史资料丛刊编辑委员会主
编的帝国主义与中国海关资料丛编之 09《中国海关与辛亥革命》，中华书局 1983 年版，第 270—
272 页。
② 《戊申云南河口革命军实录》，载冯自由《革命逸史》第 5 集，中华书局 1981 年版，第
146 页。
③ 《河口革军之南进》，《中兴日报》1908 年 6 月 9 日（农历戊申年五月十一日）。另《孙
中山全集》第 1 卷第 373 页收录《致邓泽如函》（1908 年 6 月 13 日），提及："云南军事，以人多
饷少，不能进步。前月二十四日大胜一仗之后，即行收队，不守铁路、河口等处。"

二　清军收复河口

1908 年 5 月 24 日，赵金鉴、贺宗章率西路清军试探性推进小龙博，并没有遇到革命军。25 日，赵金鉴继续向坝洒推进，仍未遇到革命军抵抗，遂越过坝洒而抵距离河口约 15 公里的曼峨扎营，不敢往前再进。① 5 月 26 日（四月二十七日），赵金鉴催军攻击河口，才发现河口已成为空城，遂进占河口而抢得头功报捷。报载，革命军在 5 月 24 日夜弃守河口后，"廿六日土人往报清军，清军疑不敢进，至廿七日午后探确，始安然督大兵到河口，绝无战事，军器粮食无有"②。可河口是未经战斗而收复，城内亦无革命军，仅仅收复一座空城，赵金鉴报捷时也只能干巴巴地说"我军已克复河口地方"。据贺宗章回忆，进入河口，新军周国祥为邀功，竟然"擒残弱一名，谓为匪，当街诛之，剖腹取胆以示众"③。随后上报，这样残暴的事情，竟然成为军功，说是河口之革命军"先空壁逃奔过界，未便往追"，但"截获渡河零匪，讯明立予骈诛"。另外还值得注意的是，大概就是在这个时候，袭占王布田的关仁甫等人，"亦经龙裕光督率游击两营搜捕擒斩，狂奔出界"④。

收复河口的捷报，令锡良大为兴奋，一日三次电奏。他只恨赵金鉴等人把如此大事，用"我军已克复河口地方"如此简短的几个字报捷，没有激战经过，没有辉煌战果，令他也只能做转电的中间人，奏称："接西路赵金鉴本日捷电，据称：我军已克复河口地方。惟电文甚略，尚未得悉实在情形。特先报闻，以纾宸廑。"⑤ 随后查明情况，也只有奏报说"克复河口一役，革党大半脱逃"，唯心不甘，又加上"三路官军会合穷搜，又获十余人"报功，并称"拿获之党人，供出头目数十人。已饬各军按名购线

---

① 《光绪三十四年四月二十七日云贵总督锡良致军机处请代奏电》，载中国史学会主编中国近代史资料丛刊《辛亥革命》（三），上海人民出版社 1957 年版，第 306 页。

② 《河口革军之南进》，《中兴日报》1908 年 6 月 9 日（农历戊申年五月十一日）。

③ 贺宗章：《幻影谈》，载方国瑜主编《云南史料丛刊》第 12 卷，云南大学出版社 2001 年版，第 110 页。

④ 《光绪三十四年四月三十日云贵总督锡良致军机处请代奏电》，载中国史学会主编中国近代史资料丛刊《辛亥革命》（三），上海人民出版社 1957 年版，第 310 页。

⑤ 《光绪三十四年四月二十七日云贵总督锡良致军机处请代奏电》，载中国史学会主编中国近代史资料丛刊《辛亥革命》（三），上海人民出版社 1957 年版，第 308 页。

缉拿"①。

　　清廷接报，亦颇为兴奋，采取了几个措施，相继以电旨传达：第一个措施是传旨嘉奖前方将士。5 月 27 日（四月二十八日）先电锡良祝贺说："云南督帅钧鉴：沁电敬悉，通海视师，枉躬劳苦，河口收复，保全大局，不仅滇南蒙福已也，谨电贺。勘印。"② 继而嘉奖收复河口的赵金鉴和攻克老范寨的王正雅，表示两路"将士不避艰险，奋勇图功，深堪嘉慰"③。可能是发现遗漏了白金柱的东路，又于次日特电嘉奖白金柱，说是收复河口，也得力于白金柱"调度深合机宜，用能攻坚夺垒"，"白金柱暨出力各将领，着先传旨嘉奖，由锡良分别查明奏请给奖。出力弁兵，由云南藩库拨发赏银二万两饬交白金柱查核分给。督带官胡兴谋勇兼优，连克要隘，着先赏给捷用巴图鲁勇号，以示鼓励"④。第二个措施是考虑到"匪党经此痛剿，精悍当已殆尽"，令锡良督饬剿灭并搜捕残余革命党势力，说："现在匪党归路截断，业入重围，著锡良督饬各路将领并力合剿，杜其窜逸之路，务将余匪悉数殄除，以竟全功而膺愈赏。倘有潜逸首要，亦须悬赏购线，按名搜捕，免致死灰复燃。"第三个措施是要锡良准备善后工作，即"所有之〔被〕匪扰害之居民商旅，由地方官分别查验，妥为抚恤，勿任失所"⑤。第四个措施是缓和驰援部队，令龙济光不需要再备援滇省，所派出的四营暂时原地待命。第五个措施是考虑到革命党败退到越南，由外务部、驻法公使刘式训和云贵总督等渠道，请越南总督"严饬各防汛认真堵截"⑥。第六个措施是追究失守汛地各员弁的责任，并"着锡良、张鸣岐随时剀切晓谕沿边士庶，各励忠爱，安分乐业，勿受奸匪煽惑，以身试法，

　　① 《申报》戊申年五月初三日（1908 年 6 月 1 日）第三版，"专电"。
　　② 《清代未刊上谕、奏疏、公牍、电文汇编》51，全国图书馆文献缩微复制中心 2005 年版，第 23831 页。
　　③ 《著为锡良督饬各路将领合围河口革命党事电旨》（光绪三十四年四月二十八日），《历史档案》2011 年第 4 期，第 28 页。
　　④ 《光绪三十四年四月二十九日军机处寄云贵总督锡良电旨》，载中国史学会主编中国近代史资料丛刊《辛亥革命》（三），上海人民出版社 1957 年版，第 308—309 页。
　　⑤ 《著为锡良督饬各路将领合围河口革命党事电旨》（光绪三十四年四月二十八日），《历史档案》2011 年第 4 期，第 28 页。
　　⑥ 《光绪三十四年四月二十九日外务部致云贵总督锡良电旨》，载中国史学会主编中国近代史资料丛刊《辛亥革命》（三），上海人民出版社 1957 年版，第 309 页。

亦不可容留匪类致受牵连"①。

清廷这一连串的措施，是以善后为中心，内政外交，不可谓不全面。但出乎他们意料的是，革命军并非溃败不堪，而是有组织地东进。

三　革命军在中越边界的转战

撤离河口的革命军，在何伍、马大等人带领下，向东前进，目标是回广西边界的大山中潜伏。5月25日，乘清军中路王正雅与东路白金柱会师南溪，拟攻蚂蟥坡（今蚂蟥堡）之际，革命军从中越边境的林木之间，迂回趋向马白（今马关县）。

清军收复河口，白金柱率王正雅、陈先沅等人到河口，一为庆功，一为善后。他们相信，经过多日战斗，革命军"精悍当已殆尽"，"余匪逃死不遑"，逃回越南去了。直到革命军袭破新店、老卡、小坝子等汛地，马关危如累卵，"民心震恐奔走"② 时，锡良还未意识到革命军的实力不可小觑，他还在轻描淡写地奏说"惟东路开化沿边新店等处，据报尚有败逃零匪，意图窜匿"。好在锡良很老练，没有把话说死，仍旧继续说"经护理开化府陈先沅等督率营团驰剿，匪即逃入越界。似此匪踪飘忽，既未便逾界穷追，亦不敢以其暂时逃窜稍涉疏懈。现仍严饬各营团，复悬重赏，于穷乡僻径节节排搜，务使抉尽匪根"③。当然，前方将领已经知道问题的严重性，白金柱严令王正雅、陈先沅率军分路急趋马白、新店等地增援兜剿。

就在锡良发出上述奏报的前一天，即6月2日，追击的清军已同革命军有过激烈交战。革命军不敌又退入越边。清军一路追击过界，造成在越南对汛地飞龙毙伤法越官兵十余人的飞龙事件，此事后面会叙述。这里要说的是，此事令前方的王正雅、白金柱和后方的锡良都傻了眼，前几天才说只有零散余匪，怎么突然间又有大队革命军攻城略地？怎么向朝廷交代啊！于是，锡良压了十多天才奏报，他说及双方的激战："经统领王守正雅、护开化府陈守先沅督率各营兜剿奋击，战状极苦，毙匪极多。而余匪

---

① 《着为锡良等晓谕沿边士庶勿受革命党煽惑等事上谕》（光绪三十四年五月初一日），《历史档案》2011年第4期，第28页。

② 张自明修、王富臣等撰：《马关县志》卷三《秩官志之五·循良》，台湾成文出版社1967年据1932年石印版影印，第280页。

③ 《光绪三十四年五月初五日云贵总督锡良致军机处请代奏电》，载中国史学会主编中国近代史资料丛刊《辛亥革命》（三），上海人民出版社1957年版，第312—313页。

受创后，即又逃出界外。"并对革命军的力量和清军的困境做了解释，称：

> 非但败逃余匪麇集甚夥，且探闻添有招来新匪六百余人。已派营严防，并密布远团，以为聚歼之计。惟匪在彼界公然安营屯兵，逍遥养锐，沿边千里任其所之。我军则防不胜防，剿不能剿，各营山栖露宿，彻夜枕戈。我处其劳，匪处其逸。匪着着皆灵活，我处处有牵碍。守兵则备多力分，战兵尤疲于奔命。似此旷日持久，兵困将有不支，边患更从何措手。事关交涉，百倍艰难。①

添招"新匪六百余人"，真亏他们想得出来，在人迹罕至的山区林地，何处可以招兵买马？连慈禧太后看了，也"颇疑虚报"，经过庆亲王解释，才下谕旨慰勉说：

> 余匪死灰复燃本所难免，赖该督督饬各军，分购眼线，严密搜捕，匪首虽有漏网，而孙汶已离滇边，足见匪胆已寒，务当趁此时会，尽绝根株。著会同刘春霖将善后事宜认真办理，肃清自易，所有被扰各村，由云南藩库拨款妥筹抚恤。②

据锡良奏报可以判断，在此地聚集的革命军，还有 1000 人左右。

实际上，东进的革命军有 1000 人左右是比较正常的数据。前已述及，革命军占据河口势力极盛时，有 3000 多人。从三路进兵到撤退，历次作战的损失，锡良有奏报提及"综计先后毙匪数目不下千人"③，这是不大可能的，因为一般作战受伤者都比死亡者比例要高，如果革命军战死千余人，意味着 3000 人的革命军已死伤殆尽。因此，锡良所说的"毙匪数目"，应该是毙伤革命军的数目，这样才有一定的可信度。3000 革命军死伤约 1000 人，再扣除退到越南被法方圈禁的约 800 人，逃匿的百余人，剩下大约就是 1000 人。这么多人从河口等地撤离时是分小股，现在聚集

---

① 《光绪三十四年五月十八日云贵总督锡良致军机处外务部电》，载中国史学会主编中国近代史资料丛刊《辛亥革命》（三），上海人民出版社 1957 年版，第 314—315 页。
② 《申报》戊申年五月二十六日（1908 年 6 月 24 日）第四版"专电"。
③ 《光绪三十四年五月初五日云贵总督锡良致军机处请代奏电》，载中国史学会主编中国近代史资料丛刊《辛亥革命》（三），上海人民出版社 1957 年版，第 312—313 页。

起来，为生存而战，力量自是不弱。因为投降清军或者被俘是死路一条，被法军缴械也前途难卜，他们只有抱成一团，才能找到死中求生的机会。他们时而分兵，时而集中，在马关附近的新店、老卡、小坝子等处出没于中越边境，转战近一月。清军感叹：

> 该匪虽败窜之余，而悉皆死党，搏战甚力。经我军数次奋勇攻击，毙匪极多。余匪复又逃出界外，仍在近边处伏聚，意图伺隙进攻。各营昼夜严防，并密布远团以为聚歼之计。……惟匪踪飘忽无常，沿边千里处处可通，防范断不容稍懈。①

革命军的转战令清军疲于奔命，可自身也更为疲惫。弹药越来越短缺，粮食更成问题，不得不到附近的村寨中寻求补充。这样的补充，说好听点是强征、勒索，说难听点就是抢劫。这令法国也深感不安，担忧其在北圻好不容易才安定下来的秩序受到破坏。6月16日，越督向法国报告称："骚扰云南的中国革命党人利用山区的复杂地形，瞒过边界监督哨所潜入法国领地，在靠安平社和洱沱的地方集结起两支人数众多的武装队伍。另一方面，大量来自云南的没有武装的中国人进入东京地区腹地。"法方在原来盘查缉拿的基础上，正式下令"使用武力逮捕革命党人并解除他们的武装"，并明确向清政府表示"我们已派增援部队以保证这些指令的切实执行"②。

从此，革命军面临清军和法军双重的剿捕，与双方均有交战。冯自由记载，革命军不满法军欲缴他们的枪械，遂与法军开战，"革军多游勇出身，出没无常，战线由宝（保）胜老街以至太原省之左州，令法兵疲于奔命"③。当时负责在越南与法国交涉的高而谦，向锡良报告所闻革命军抢劫并与法军交战情况，说是在6月20日，"在茅坪之涅席法界与匪接战，有攻者，有擒者，现在法越兵共一千八百人"。王正雅亦电称，在菁门，法

---

　　①　《光绪三十四年五月二十三日云贵总督锡良致军机处请代奏电》，载中国史学会主编中国近代史资料丛刊《辛亥革命》（三），上海人民出版社1957年版，第315—316页。

　　②　《关于边境革命党人的活动——毕盛致中国驻法公使先生》（1908年6月20日，巴黎），载章开沅等主编《辛亥革命史资料新编》（7），湖北人民出版社2006年版，第110页。

　　③　《戊申云南河口革命军实录》，载冯自由《革命逸史》第5集，中华书局1981年版，第146页。

军缴了 50 余革命军的械，要押送河阳。① 法国驻华公使巴思德在 6 月 25 日给清政府外务部的照会中，也提及"肇乱以来，凡逆党入越者，无不索扣军械，毫无限制，一律办理。况我法国如此为力，颇著劳绩。亦不可恝谓易办，素被逆党挟恨抗据［拒］，伤毙法兵多名。即如本月二十日宝胜迤西班莽地方，出有逆匪大股，力拒我军，枪毙武官二员，兵丁数十人之事"②。而广西巡抚张鸣岐 7 月 9 日致外务部的电报中，报告了这样的消息："有大股革党因乏粮饷，图窜北圻劫掠"，"探闻越南船头有法屯两个，前月勘夜被匪攻破，毙法兵数名，劫去洋银一万有奇。又闻板哥、北圻、陆平、三翁各匪仍匿该处，匪党传说侯八月效可起事"③。足见革命军与法军交战，虽然规模不大，但令法方付出了不小的伤亡。因此法国外交部、殖民部和越南总督，基本上统一了意见，"认为上述团伙靠盗窃和抢劫为生，其成员实非中国叛乱分子（我们两部协定的措施所涉及者），而纯系海盗，宜以最严厉手段律之"④。

直到 9 月间，清廷在挽留欲辞职之刘春霖的电旨中仍旧称："越界匪党尚未尽除，边防尚在吃紧，沿边善后事宜尤须商同锡良妥筹布置，岂可遽萌退志。"⑤ 可见直到 9 月间，革命军仍在中越边境地区活动。法国方面鉴于旷日持久的剿捕也非办法，更担心越南人受中国革命鼓舞而起来，据称有部分溃散的革命军把他们的武器转交给越南的革命者，"法人于是大忌中国革命党"⑥，"乃请著名土豪梁正礼又号巴头梁者出任调停，两造始息战。革军卸械后，由法官送给旅费后保护出境，送往南洋安置。"⑦

---

① 《光绪三十四年六月初一日云贵总督锡良致外务部电》，载中国史学会主编中国近代史资料丛刊《辛亥革命》（三），上海人民出版社 1957 年版，第 318 页。

② 《法国驻华公使巴思德为越界菁门革党问题给清政府外务部的照会》（光绪三十四年五月二十七日），载《云南档案史料》1984 年第 7 期，第 10 页。

③ 《两广总督张人骏为据报在越革命党势赛饬与法国会剿事致外务部电》（光绪三十四年六月十一日），《历史档案》2011 年第 4 期，第 29 页。其中，"前月勘夜"是指 6 月 26 日（农历五月二十八日，勘为二十八日的电报韵目代码）；"八月效"指八月十九日（效为十九日的电报韵目代码）。

④ 《中国的骚乱——外交部长致殖民部长先生》（1908 年 7 月 16 日，巴黎），载章开沅等主编《辛亥革命史资料新编》（7），湖北人民出版社 2006 年版，第 122 页。

⑤ 《光绪三十四年八月十五日军机处寄帮办云南防务刘春霖电》，载中国史学会主编中国近代史资料丛刊《辛亥革命》（三），上海人民出版社 1957 年版，第 320 页。

⑥ 《胡汉民自传》，传记文学出版社 1982 年版，第 28 页。

⑦ 《戊申云南河口革命军实录》，载冯自由《革命逸史》第 5 集，中华书局 1981 年版，第 146 页。

第四章

河口起义的善后事宜

　　河口起义的善后工作，对革命党和清政府双方而言，均不容易，甚至对在越南的法国殖民当局而言，亦非易事。

　　革命党主要的任务是如何将革命失败的损失和影响减少到最低限度，如何撤退以保存幸存的力量，如何解救因革命而被捕的人士，如何安置参加革命而浴血奋战过的战士，孙中山、胡汉民、关仁甫、越南的华侨、新加坡的华侨，都为这些问题的解决做出了贡献。

　　清政府为恢复河口地区的秩序，重建暴露无遗的边防，也采取了不少措施。但在腐败丛生的制度下，有的人无功受禄、升官发财，有的人却成为冤死鬼，导致河口兵变的根本问题并没有解决，在1909年底又发生了马使克兵变。

　　河口起义与法国及其在越南的殖民当局有扯不清的关系。法国有借革命党起义来实现其在滇桂侵略扩张的希望，只是在清政府援引国际法的压力下，有从支持、默认中立到驱逐革命党的转变过程。期间，法方为缴革命军的械，不得不出兵抓捕，但拒绝清政府的遣返要求，而是将他们遣送新加坡或遣散安置。清政府因为清军打死法军官兵的飞龙事件，丧失对法交涉的主动权，不过还是使法方签署了《中法交界禁匪章程》（或《中越交界禁匪章程》），以条约形式成功避免了革命党再从越边进来的可能。

第一节　革命军的善后工作

一　胡汉民主持的善后

　　法国方面在清政府压力下，采取了铁路戒严、沿途检查、查禁可疑电信、封闭与同盟会关系密切的店铺、驱逐查拿革命党人和相关华侨等措施。此后，河口起义的革命军与同盟会在河内的革命机关的联系逐渐被断绝，河内机关与其他同盟会机关的联系也一样被切断。5 月 13 日胡汉民发给孙中山的报告书，成为河内机关最后的战情汇报。

身体孱弱的胡汉民，在 5 月 13 日的报告中，除了汇报战情，也道出了自己的苦楚。他说："弟此次一人独当要职，自河口克服以来，笔舌不停，而策应为谋，又皆出于一人，体质孱弱，尤恐不胜，差幸以喜奋愉快之故，振起精神，尚能勉强从事耳。"① 面对日益不利的形势，他知道起义已没有成功希望，必须考虑善后问题了。胡汉民在回忆中，对自己主持的善后工作有清楚的表述："余此时之任务，乃在收残败之局。党员之因此被拘者，必须营救之；即诸散卒无所归者，亦必设法资遣。"②

显然，他将主要精力放在营救被法方拘押的革命党人方面。镇南关之役后，法方已经在安世（Yenthe）拘禁了 60 名所谓的"叛乱分子"。随着河口革命军的败退，到 1908 年 6 月底，被法方逮捕和拘禁的革命党人已有大约 1000 名。③ 胡汉民所能做的，实际上只是尽可能解救其中的主要人物。他说："后来我终于设了种种方法把东京来的谭人凤、倪映典、黎仲实一批人和在河口失败退下的工人统统弄出来送到安全之地，我的心事才掉了一半。"④

在此期间，胡汉民因其真实身份和所用化名陈同的身份均已暴露，他清楚，自己如果被法方拘押，革命党在河内就真会成为群龙无首之状。为此，他先将家人遣送，自己匿居河内华侨黄隆生所开的洋服装店楼上，两月不下楼，只与少数可靠党员接触，密遣他们安排各种善后事宜，使法国警察无从查缉。6 月底，在一位已加入同盟会的轮船买办安排下，他化装成轮船上的服务生，成功逃出河内而潜往香港。回顾在湿热天气下匿居的这段时间，他称："此数月经过之烦闷，乃为余生平所未遇。余向不吸纸

---

① 《胡汉民之报告书》，载冯自由《革命逸史》第 5 集，中华书局 1981 年版，第 152—153 页。

② 《胡汉民自传》，传记文学出版社 1982 年版，第 28 页。

③ 《中国南方的骚乱和法国的要求——外交部长工作参考材料摘要》（1908 年 6 月 30 日，巴黎），载章开沅等主编《辛亥革命史资料新编》（7），湖北人民出版社 2006 年版，第 115 页。

④ 《胡汉民讲述南洋华侨参加革命之经过》，载冯自由《革命逸史》第 5 集，中华书局 1981 年版，第 207 页。

烟，既屏居，不常与人通，又局蹐小楼，寝食于斯，两月余有如监狱，只能以纸烟消遣，由此年始，至今不能戒。"①

二　关仁甫等人的活动

胡汉民离开越南的时候，被法方拘禁的大多数人仍旧没有获释。从河口撤退的革命军也还有数百人在中越边境地区转战。而对潜入越边各地分散活动的革命党人，清政府亦广派侦探搜集情报，其侦探从中法交涉界内、到往来沿边、再到跟踪追查等，均有分别布置。②查清方档案，在5月初，到河口处理善后工作的云南按察使世增和临安开广道道员高而谦，已得到确切的情报，说是革命军一被击败，"匪首关黄王等仍逃入保胜，散匪多匿越界新坡等处"③。这表明关仁甫、黄明堂、王和顺已在老街（保胜）会合，另有一些人潜匿新坡等处。法方虽然在此时已"拘获匪党七百余人"④，但一时间也不可能将所有逃入越境的革命党人全部缉拿。还有，法方对关仁甫、王和顺、黄明堂这三人，似乎有意网开一面，因此中国驻法公使刘式训在复法国外交部长的照会中，才有"自叛匪在云南地界遭到溃败以来，王和顺等头目再度经过东京地界，目前呆在老街，依然逍遥法外"的指控。⑤他们三人随后到了河内。从清政府获得的情报看，他们仍旧没有被拘禁。外务部在6月29日致驻法公使刘式训的电文中提到，"黄〔王〕和顺、黄八、关仁甫等匪，均回河内，声言有党数百、枪七八百、交何十二管带，惟粮食勒借两难。"⑥

关仁甫等人到河内的时间，算起来正是胡汉民离开的时间。可以肯定的是，他们没有找到胡汉民。此后直到他们在新加坡出现，他们的行踪不是很清楚。关仁甫自述："河口起义既挫，余辈既退越边，时法政府因清

①　《胡汉民自传》，传记文学出版社1982年版，第28—29页。

②　《云南善后汇闻·广派侦探》，《申报》戊申年五月十八日（1908年6月15日）第四版。

③　《光绪三十四年五月初八日云贵总督锡良致军机处外务部电》，载中国史学会主编中国近代史资料丛刊《辛亥革命》（三），上海人民出版社1957年版，第313页。

④　《法国使馆为清官兵开枪毙越兵请重加惩办致清外务部函》（光绪三十四年五月初七日），载《云南档案史料》1984年第7期。

⑤　《关于普隆事件——刘式训致外交部长斯蒂芬·皮尚先生》（1908年6月26日），载章开沅等主编《辛亥革命史资料新编》（7），湖北人民出版社2006年版，第111页。

⑥　《光绪三十四年六月初一日外务部致驻法公使刘式训电》，载中国史学会主编中国近代史资料丛刊《辛亥革命》（三），上海人民出版社1957年版，第317页。

廷屡提抗议，既解除余等之武装，并限时出境。余不得已，率领余众六百余人，南渡星洲。"① 关仁甫退入越南与南渡新加坡，都是事实。可是在冯自由的记述中，在南渡新加坡之前，关仁甫曾经到过香港。冯自由说："河口革命军败后，败将先后逃香港者有高德亮、麦香泉、饶章甫、陈二华、陈发初、关仁甫诸人。冯自由特租皇后大道马伯良药店四楼为招待所。同盟会常在此开会。"冯自由当时负责香港同盟会事宜，对这一段"香港党务最吃紧之时期"记忆深刻，为接待这些人，"时香港党部以支应浩繁，穷于应付，屡电向新加坡总理告急"，旋得总理函电，资送"来港诸同志孙眉、黄隆生、关仁甫、张翼枢、刘梅卿、卢伯浪、陈发初、李文金等数十人赴南洋听命"②。可他又说："河口之役既败，越南法政府乃将败军将士关仁甫军六百余人遣送新加坡。"③ 冯自由这前后有矛盾的记述，在时间上可以用先后发生来理顺。

可以肯定，在退入越南的河口革命军被法方遣送新加坡之前，关仁甫曾经到过香港。甚至还有人说关仁甫一度赴新加坡找孙中山。尽管笔者没有找到该说法的原始依据，但觉得还是有相当的可信度。按照这一说法，河口起义失败，关仁甫离开越南后先到香港，寓于《中国日报》报社。旋与林希侠、罗坤等转往新加坡，寓于《中兴日报》报社，与居正、张继、田桐、王斧军等一起研讨革命主义。6月10日，关仁甫谒见孙中山于晚晴园。孙中山趋前抚其肩而跷起拇指说："汝外表若儒者，而竟勇敢若是，表扬我革命果敢精神，不愧为革命先锋，论功应居第一！"据称，当时"在坐者有陶成章、黄耀庭、邓子瑜、黄兴、胡汉民、汪精卫等人。黄兴将此役写成小册子，题曰《革命先锋》，封面绘一革命英雄，手持青天白日旗，跃马前趋，以表彰关仁甫的忠勇精神。时流亡新加坡的河口起义军余部六百余人因经费缺乏，生活无着，孙中山指示当地同盟会负责人陈楚楠、张永福、林义顺代觅工作，遂得在一矿场开石出售。关仁甫任工目，躬自率领，自力谋生。"④ 这一说法的问题，是关仁甫在6月10日拜谒孙

①　关仁甫述：《革命回忆录》，载中国人民政治协商会议全国委员会文史资料研究委员会编《辛亥革命回忆录》第7集，中华书局1962年版，第248页。

②　《香港同盟会史要》，载冯自由《革命逸史》第3集，中华书局1981年版，第231页。

③　冯自由：《中国革命运动二十六年组织史》，上海书店1990年据中国文化服务社1946年版影印版，第163页。

④　参见玉军、壮强、善愚《关仁甫革命事略》，《八桂侨史》1992年第2期。

中山时，在座陪同的人中居然出现胡汉民，按照胡汉民的说法，这时他仍旧在河内。而这一说法之所以可信，是因为关仁甫在 6 月 10 日拜谒孙中山后，仍旧有足够的时间重返越南，去为转战中越边境的河口革命军处理善后工作。据此，6 月底清政府的情报中说关仁甫在老街、在河内出现，也都正常。

三　法方对拘禁的革命者的处理

前已述及，在 6 月初，法方已经拘禁的革命军人数已达七八百人，月底增加到千人左右。此时，还有数百人在中越边境地区转战。对于被拘禁的革命军将士，法方不得不研讨怎么处置的问题。他们多次表明不会把这些人移交给清政府接受非人的惩罚，但拘禁需要房屋，需要衣食，需要看守的部队。拘禁时间越长，所耗费用就越多。清政府外务部在年初与法国驻华公使巴思德谈判《禁止逆党章程五条》时，曾承诺法方所有拘管"匪人"的费用，"由法官知照中国官担任拨还"，但因法方未批准此章程，自不宜向中国索要。为此，越南总督博努尔（Alphonse Benhoure）认为应尽快将被拘禁者押送到柬埔寨、交趾支那（南圻），或者按照与英国政府达成的协议，遣送英领之香港、新加坡等地。外交部长毕盛（Stephen Pichon）一度想以被拘禁的革命党人向清政府施压索赔，"如果这个答复不能令人满意，政府将考虑对中国南方的慷慨支援政策是否应缩减到最狭隘意义上的遵守边界协议，甚至目前拘禁在东京湾的革命党人将以百人一批，在他们保证不利用自由武装反对中国的情况下予以释放"[1]。法国殖民部支持了博努尔，认为"由于这些人在东京的数目相当大，拘禁的办法可能使他们在土著居民中挑起骚动，因而十分不妥，另外，我们还将因此支出巨额看守费用，大批部队也将受到牵制"。"我同意印度支那总督先生的意见，坚持认为将被我们一批批抓获的叛乱分子和海盗无期限收容在我殖民地毗邻中国的部分，不可能不严重威胁我属地的安全。"[2]

---

[1]　《关于中国革命党人的情况——毕盛致殖民部长先生》（1908 年 7 月 29 日，巴黎），载章开沅等主编《辛亥革命史资料新编》（7），湖北人民出版社 2006 年版，第 124—125 页。

[2]　《被捕的中国革命者的处理问题——殖民部长致外交部长先生》（1908 年 8 月 8 日，巴黎），载章开沅等主编《辛亥革命史资料新编》（7），湖北人民出版社 2006 年版，第 125—126 页。

越南总督博努尔的担心，并非空穴来风。因为就在 6 月间，发生了越南爱国者受中国革命者鼓舞，在河内向法国军营饮水桶中暗投砒霜的事件。据时为新加坡同盟会分会负责人之一的张永福回忆，该事件造成 200余人中毒，"闻先后法国士兵共死去六七十人"。且事发之后，法方严查，有将所拘禁的革命党人"送回中国交官厅处分的消息"①。法方也确实有"目前，将海盗交给中国一事亦不应因中国政府对我们的态度而停下来"的说法，并表示"需要区分革命党人招募的海盗、刑事犯罪分子和纯粹的改革主义分子"②。

法越当局要把革命党人驱逐出境的决定亦不容易，香港、暹罗（泰国）和日本都拒绝让这些人入境。③ 5 月中旬，博努尔尝试将镇南关之役被拘禁的革命党人 60 名遣送新加坡④，并与新加坡殖民当局（海峡政府）进行交涉。法越当局与英国殖民地新加坡海峡政府就此问题的继续交涉，"博努尔先生解释说，参照与香港政府达成的有关印度支那当局有权向英国领地解送被驱逐的中国人，只是事先要通知英国当局的协议"。最终，"海峡政府和印度支那政府之间已就所采取的程序问题达成完全的谅解。将被逐出印度支那的革命党人遣送新加坡的工作，今后均将遵照英国当局的要求进行"⑤。

当然，向柬埔寨、老挝、南圻等处遣散被拘禁革命党人的工作，也在进行之中。7 月 26 日英国《泰晤士报》上曾发表过一条消息，明确说，一些革命党人将被押解到柬埔寨和老挝，另一批送往交趾支那。⑥

大约在 9 月底，最后一批在中越边境转战的革命军 200 余人，在梁正礼调停下向法军缴械。至此，先后被法方拘禁的革命军将士，保守估计在

---

① 张永福：《南洋与创立民国》，载章开沅、罗福惠、严昌洪主编《辛亥革命史资料新编》1，湖北人民出版社 2006 年版，第 105 页。

② 《关于中国革命党人的情况——毕盛致殖民部长先生》（1908 年 7 月 29 日，巴黎），载章开沅等主编《辛亥革命史资料新编》（7），湖北人民出版社 2006 年版，第 124—125 页。

③ 《法国代理印支总督 1908 年 6 月 28 日给驻香港领事的信》，法国外交部外交档案，转引自［美］金姆·曼荷兰德《1900—1908 年的法国与孙中山》，辛亥革命丛刊编辑组编《辛亥革命史丛刊》第 4 辑，1982 年版，第 237 页。

④ 自主：《清领事又讲大话》，《中兴日报》1908 年 5 月 20 日。

⑤ 《中国革命者放逐新加坡殖民部长致外交部长先生》（1908 年 8 月 27 日，巴黎），载章开沅等主编《辛亥革命史资料新编》（7），湖北人民出版社 2006 年版，第 128 页。

⑥ 《关于中国革命党人的情况——毕盛致殖民部长先生》（1908 年 7 月 29 日，巴黎），载章开沅等主编《辛亥革命史资料新编》（7），第 124—125 页。

1600—2000 余人之间。他们可能享受到了法国人让他们可以自愿选择去留的尊重，其中到新加坡的有两批，共 600 余人，其他的则应该是分批分散到柬埔寨、老挝或南圻去安置。孙中山曾致电越南总督婉言相劝，"谓住越革命党人须稍加分别，凡安分营业者，不可以作军人一律出境相待"①。如此说来，被遣送新加坡的主要是军人。值得注意的是，到 1909 年 2 月，法方仍旧拘禁着至少 142 名河口起义的参加者。当时，新任的印支总督克罗布柯夫斯基（Klobukowski）曾想把这批人引渡给清政府，外交部认为应暂缓实施，理由是"我部对压力手段的重要性的认识从未改变，我们手中掌握的数量甚多的中国不法分子构成了这种压力"②。这也从一个侧面证明遣送新加坡的，只是被法方拘禁革命党人中的一部分。

四　被遣送新加坡的河口革命军

被遣送新加坡的 600 余人，因为他们仍然保持组织性，并且有首领带领，成为了河口革命军善后对象最主要的部分。

据孙中山回忆：

> 后党人由法政府遣送出境，而往英属星加坡。到埠之日，为英官阻难，不准登岸。驻星法领事乃与星督交涉，称此六百余众乃在河口战败而退入法境之革命军，法属政府以彼等自愿来星，故送之至此云云。星督答以中国人民而与其本国政府作战，而未得他国承认为交战团体者，本政府不能视为国事犯，而只视为乱民；乱民入境，有违本政府之禁例，故不准登岸。而法国邮船停泊岸边两日。后由法属政府表白：当河口革命战争之际，法政府对于两方曾取中立态度，在事实上直等于承认革命党之交战团体也，故送来星加坡之党人，不能作乱民看待等语。星政府乃准登岸。此革命失败之后所发生之国际问题也。③

---

　　①　张永福：《南洋与创立民国》，载章开沅等主编《辛亥革命史资料新编》1，湖北人民出版社 2006 年版，第 105 页。

　　②　《处理中国革命党人的办法——外交部长致殖民部长》（1909 年 2 月 12 日，巴黎），载章开沅等主编《辛亥革命史资料新编》（7），湖北人民出版社 2006 年版，第 146 页。

　　③　朱正编：《革命尚未成功——孙中山自述》，湖南出版社 1991 年版，第 65 页。

据冯自由记载：

革命军将士韦云卿等及兵士因退入越南，先后被拘留缴械者六百余人，均由法官拨令出境，并派宪兵护送至新加坡。到新埠时，英官借口一千九百零六年条约第八条，有"凡外国犯罪逃亡之人船主不得带载入境"之明文，禁阻登岸。驻新法领事乃向英官交涉，谓此六百余人乃在河口战败而入法境之革命军，越南政府以彼等自愿来新埠故遣送至此云云，英官答以中国人民反抗本国政府，而未得他国承认为交战团体者，不能视为国事犯，只可视为乱民，乱民入境，有违英殖民地禁例，故不准登岸，因此法官邮船停泊新埠二日，后由越南总督声明当河口革命战争之际，法国政府对二方均取中立态度，事实上已不啻承认革命党为交战团体，故此次送来英属之党人，不能视为乱民等语，英官至是始准党人登岸，惟仍押禁于拘留所，总理乃使中兴报董事张永福延律师向华民政务司保释，并派员招待一切，除令陈楚楠等创办中兴石山以安插彼等外，且介绍于槟榔屿吉隆坡吡叻文岛各埠工厂矿场农场，使各安生业，于是革命失败后所发生之国际问题始告一结束焉。未几河内侨商黄隆生、杨寿彭因有解送粮饷于革命军之事，亦被法官命令出境。[①]

据邹鲁所记：

明堂率众六百余人，退入安南，后由法政府遣送出境，往英属星加坡。到埠之日，为英官阻难，不准登岸。驻星法领事，乃与星督交涉，称此六百余众，乃在河口战败退入法境之革命军，法属政府以彼等自愿来星，故送之至此云云。星督答以中国人民，与本国政府作战，而未得他国承认为交战团体者，本政府不能视为国事犯，只可视为乱民；乱民入境，有违本政府之禁例，故不准登岸。而法国邮船停泊岸边，两日后，由法政府表白，当河口革命战争之际，法政府对于两方，曾取中立态度，在事实上，直等于承认革命党之为交战团体

---

① 《戊申云南河口革命军实录》，载冯自由《革命逸史》第5集，中华书局1981年版，第146—147页。

也。故送来星之党人，不能作乱人看待等语。星政府乃准登岸，此革命失败后所发生国际问题也。①

张永福则特别强调了孙中山为营救这些人，与法、英方面进行的交涉，最终使越南总督同意将他们遣送新加坡，感叹："这回的交涉，孙先生为我们革命军人策划安全，差不多用了半月工夫，化了电费数千金。倘非他老人家素来对内对外具有信仰，怎能获此成绩。"②

孙中山没有说这些败兵是由谁率领，邹鲁说是黄明堂，冯自由除了上述说是韦云卿等人率领，前述还说是关仁甫统率。关仁甫自己亦回忆，这些人是他率领被解送新加坡的，他说："舟方抵岸，又为当地政府所拒，不许登陆。诸健儿困居舟上，悲愤万状，因不避艰苦，迭与当地政府交涉。始知当地政府盖疑余等为乱民，倘为革命党人而又得越督证明者，则可拘留。因复电越督，请其证明，及复电到星，始获登岸。"③

革命军被遣送新加坡的时间，孙中山、冯自由、邹鲁、关仁甫等都没有提及。台湾方面《国父年谱》和《中华民国国父实录》均认为是在6月（农历为五月）④，实际上并不准确。一个明显的疑问是，这时期，为响应河口起义而离开日本的云南留学生杨振鸿、何畏等人均到新加坡，"自五月初旬至七月中止，前后二月有余"，也就是在公历6月上旬到8月中旬的两个多月，他们在新加坡居住。⑤ 如果河口起义革命军在此期间遣送到新加坡，他们没有不去拜会的道理，但这些云南留学生的回忆也好，他们的传记也好，对此都没有提及。这可能是将5月中旬法方遣送的60名镇

---

①　邹鲁：《戊申云南河口之役》，载邹鲁《中国国民党史稿》第3篇，上海书店1989年据重庆商务印书馆1945年版影印版，第746页。

②　张永福：《南洋与创立民国》，载章开沅等主编《辛亥革命史资料新编》1，湖北人民出版社2006年版，第105页。

③　关仁甫述：《革命回忆录》，载中国人民政治协商会议全国委员会文史资料研究委员会编《辛亥革命回忆录》第7集，中华书局1962年版，第248—249页。

④　如罗刚编著《中华民国国父实录》第2册，罗刚先生三民主义奖学金基金会1988年版，第1090页，便依据张永福《南洋与民国创立》等资料所记载，撰写"五月［公历应为6月］，安南政府逐党人出境并拘捕革命党人，经国父力争，始送往新加坡"条；中国国民党中央党史史料编纂委员会编《国父年谱》（上册），台湾各界纪念国父诞辰筹备委员会1985年版，第248—249页，也采信，撰"五月（6月），命张永福延律师保释在新加坡被拘党人，并妥为安置。"条。

⑤　何畏：《杨振鸿滇西革命纪略》，载中国人民政治协商会议全国委员会文史资料研究委员会编《辛亥革命回忆录》第3集，中华书局1962年版，第382页。

南关之役被拘禁者，误为河口之役被拘禁的革命军了。据此可以推断，河口革命军被遣送新加坡的时间，应该在8月下旬之后。据邝敬川回忆是在10月份，但他说到的到新加坡后的情况，与冯自由、关仁甫的有所不同。他说："敬川等数百人被拘留，囚禁于越南之康海瓦霁地方，颠连困苦八十余日，于是年十月始递解往新加坡安置。抵埠后，举目无亲，饔飧不继，旋遇南关同志介绍往见遗民学堂尤列（少纨）先生，尤怜其贫苦，庇之庑下，居八阅月。"① 不过，邝敬川所说的时间应该是可信的，因为孙中山也是在10月才为安置这些人感到烦恼的，这在稍后会提及。

五　河口革命军的安置

据负责安置的张永福回忆，被遣送新加坡的革命军600人，是分400人和200人两批。

第一批400人，张永福提到有忘记姓名的广西土司一人，还有黄花岗殉难的周晔等人。广西土司，如果是李佑卿，则张永福记错了。据《中兴日报》5月20日的报道，"去岁镇南关之役，革命军以粮食军械不足而收兵，中有六十人至法领安南界。法人以守中立故，将此六十人拘留送返河内。于是清政府闻而知之，向法政府索交者，不知其几十次矣。而法人不允，拘留期满后仍勒令出境。故六十人于前日到叻。"② 经过交涉，5月28日这批人获释。当日的报道说："今日午前十一时半，由英兵二十余人，将党人六十名，自捕房带至巡理府，警察长与李佑卿共乘一车，以李为党人之翘楚也。余人皆步行，精神严穆，无委顿之状。十二时，齐集巡理府署后之草场，巡理府官宣告释放。"③ 据此可知，李佑卿在镇南关起义后即被法方拘禁，他不可能再参加河口起义。现在有关李佑卿的传记，都说他参加过河口起义，大约是根据张永福的说法而认定。而张永福说有土司一人，可能是将河口起义与镇南关起义混淆了，这两次起义的革命军骨干本为一批人。

这400人到新加坡后，暂被羁押在拘留所。张永福等人前往探望，见他们一个个蓬头垢面、衣衫褴褛，便与狱官商量，请理发匠到拘留所为他

---

① 陈春生：《邝敬川、陈寿田所述钦、防、镇南关、河口诸役起义详情》，载丘权政等编《辛亥革命史料选辑》（上册），中国华侨出版社1981年版，第300页。

② 自主：《清领事又讲大话》，《中兴日报》1908年5月20日（农历戊申年四月廿一日）。

③ 《革命党交涉之结果》，《中兴日报》1908年5月28日（农历戊申年四月廿九日）。

们理发修面，又募集两千多元钱，为每一位战士缝制了两套白帆布西式学生装，鞋、帽则由沈联芳、林镜秋负责捐献。并由新加坡同盟会分会会长陈楚楠腾出自己的三间三层楼房，布置妥当，使起义军战士出狱后有了落脚的地方。孙中山要张永福以商人名义向新加坡政府保释，使他们尽快获得自由。当时，每保释一人，须交保证金200元，并声明保证所保之人一旦违反地方法律，则由担保人负责，并没收保金。"计此次共以契业八万金为担保品"。这时正是革命党与保皇党在新加坡论战激烈的时期，革命党人花了这么多精力、钱财，营救出这么多人，张永福等人干脆大造声势，组织这些人两人一排，列队步行，在市场中巡游一周，才折回宿舍，一来是向保皇党示威，二来也可使当地华侨更加注意。

第二批200人，主要是最后被缴械的河口革命军队伍。他们到新加坡的情况类似第一批，由张永福等人出5万元担保金将他们保出，惟他们游行时，"兴高采烈，慷慨激昂，几忘却此为他人殖民地也"。由于陈楚楠的房屋已不能容纳，于是将他们安置在第二宿舍，即由同盟会会员张振东等人提供的两间三层楼房屋。[①]

如此安置，也只能是暂时性的。600人的温饱问题，即使如张永福、陈楚楠这样的华侨资本家，时间稍久，也感力不从心，何况他们为保出这些人垫付了高达13万元的担保金，一时间资金周转颇为困难。这就是关仁甫说的"星洲同志甚少，初犹可以推食解衣，若为日较长，必难为继"[②]。要知道，河口起义前后，孙中山一直在为募集经费发愁，实在难以筹到巨额经费来纾解眼前的困难。而这些革命军将士，原来多为会党成员，为生计所迫、发财念想及江湖义气等，都是他们参加革命军的因素，或者接受革命思想后仍旧不能脱出这些因素。在河口起义的过程中，粮饷一而再、再而三地不能按照承诺兑现，已使他们积累了不少怨气，在到新加坡后，原来为生存而战的紧张得以缓解，但被困在宿舍，即使衣食无忧也不好受，何况温饱也成问题。于是原来积累的怨气，也就随着希望有更好的安置而可能爆发出来。

关仁甫觉得是自己策动这些弟兄们跟随自己一起干革命的，眼下却是

---

① 张永福：《南洋与创立民国》，载章开沅等主编《辛亥革命史资料新编》1，湖北人民出版社2006年版，第105—106页。

② 关仁甫述：《革命回忆录》，载中国人民政治协商会议全国委员会文史资料研究委员会编《辛亥革命回忆录》第7集，中华书局1962年版，第249页。

这样的情况，深感愧对弟兄们。他与弟兄们讨论，闲言碎语多了，不满情绪也就激发出来了。他们认为，孙中山应该为他们现在的状况负责，应该为改善他们的生活出更多的力。因此，他们前往《中兴日报》报社和孙中山住处晚晴园，要求更好的安置，"其势汹汹，殊不雅观"。孙中山感其"情状十分可怜，然亦无可如何"，并恐"自后必日日有人来滋扰"而"不堪烦恼"。① 孙中山认为这些人是受关仁甫鼓动，对关仁甫的观感发生逆转，先是说"此人近有不听号令之行，恐日久必生是非"，要求"不宜任他久住于中兴报"而"迁寓他处"②，后来干脆指关仁甫等人为在新加坡、香港等处"日与劫相为生"的"不安分之人"，甚至斥之为"素在穷乡僻壤，一出外埠，见市上之繁华富庶，则欲念顿炽，爱财忘命，无所不至"，是"贼性到处不改"的"广西败类"。③ 这大概就是孙中山在回忆中只字不提关仁甫的原因吧，这等于抹去原来他对关仁甫赞誉的"不愧为革命先锋，论功应居第一"。 ，

　　孙中山在抱怨关仁甫等人的同时，也知道必须设法为他们谋生。在陆陆续续有人被介绍到铁路、铁厂、店铺等处工作的情况下，张永福表示，自己还有一处可以开采红石（铣原质矿）的矿山，距市场只要16英里，背山面海，交通还算便利，只要有设备，即可让这些人去开采。张永福精打细算，认为工人每天工作八小时，勤快者可采矿石两吨以上，懒惰者也有一吨左右，就算平均每人每天采矿石一吨半，每名工人每天工资七角五分，伙食费用去二角，还有五角多的收入。对石场股东方而言，矿石运到市场出售，每吨售价一元二角，扣除每吨运费四角，每吨矿石可赚毛利三角，再加上需负担管理费用及灯油、医药、建筑宿舍、食堂等费用，勉强可以维持。孙中山立即指示"速行设法开设石山之局"，由张永福先行垫付启动费，胡汉民去募集3000元开办费，成立"中兴石山公司"，大约从10月下旬陆续将所余革命军将士都安置去采石。"无如此辈全非久经劳力之人，尤其是彼等大半绿林出身，于游荡之习惯外，加以许多不正当之举

---

① 孙中山：《致林顺义函》（1908年10月11日），载《孙中山全集》第1卷，中华书局1981年版，第390页。

② 孙中山：《致吴悟叟函》（1908年10月20日），载《孙中山全集》第1卷，中华书局1981年版，第392页。

③ 孙中山：《致暹罗同盟会员函》（1909年4月7日），载《孙中山全集》第1卷，中华书局1981年版，第409—410页。

动，以后干出明火抢劫越轨的行为甚多，卒而以犯法事致被新政府解散。"① 当然，石山公司的解散是在辛亥革命之后了。关仁甫回忆"中山先生为此问题，亦煞费心思。嗣命陈林等代觅工作，俾资自活，俟有机缘，再行回国举义。顾无相当工作，后乃由陈林等诸同志在星，请领石山，开石售卖，每人约可得资五角，所入虽然菲，然亦资糊口矣。于是六百余人，日出而作，日入而息，戴笠担登，携锄负锸，三年岁月，全消磨于此种苦工生活之中。因其艰苦不胜，颇有畏难引去者。"宣统三年（1911，辛亥年）准备黄花岗起义前，曾从"河口败退诸健儿中，选八十人"，由黄兴率领赴港，众人踊跃，只有抽签决定，"落选者莫不引为深憾，甚有泣下者"，后又让关仁甫再率 30 人赶去援助，但因原定四月二十八日的起义提前到三月二十九日（4 月 27 日），关仁甫等四月一日到香港，黄花岗起义已失败，"同志七十二人死焉！"②

六　受牵连的越南华侨的安置

革命军可以卸械送往南洋安置，但许多参加起义的华侨在越南是有家小的，他们被驱逐后，他们的家小也需要安置。参与河内、海防、西贡等处同盟会的普通人员受牵连较轻，他们担当起了照顾同志及其家属的任务。海防华侨李卓峰，在防城、镇南关、河口起义时，慷慨捐军费数万元，"失败后，同志数百人退走海防，饷食无着。时先生财力亦竭，唯仍设法向银行揭款二万济之。中山先生以先生屡次输将，曾与国债票数十万，先生尽付一炬"③。西贡华侨黄复黄回忆说："钦廉河口之役，筹汇巨款扶助，迨事遭败挫，唐浦珠毁家殉国，梁秀春、黄明堂、关仁甫、杨万夫，由北圻递解星嘉坡，副期邮船取道西贡，特派党员下船招待慰问，殆后更有四十余同志解来西贡，饬当地政府安插往中圻，开山林辟铁路，充当苦工，吾党亦派员往慰问，从优抚恤。"④

① 张永福：《南洋与创立民国》，载章开沅等主编《辛亥革命史资料新编》1，湖北人民出版社 2006 年版，第 106—107 页。

② 关仁甫述：《革命回忆录》，载中国人民政治协商会议全国委员会文史资料研究委员会编《辛亥革命回忆录》第 7 集，中华书局 1962 年版，第 249 页。

③ 邹鲁：《中国国民党史稿》第 4 篇，上海书店 1989 年据重庆商务印书馆 1945 年版影印版，第 1599—1600 页。

④ 黄复黄：《华侨西贡党事之经过》，载蒋永敬主编《华侨开国革命史料》，台北正中书局 1977 年版，第 399 页。文中"星嘉坡"今译为"新加坡"。

从这些零星的记录中，也可看出越南华侨为起义善后做了许多工作。

第二节 清政府的善后事宜

从 5 月 26 日清军进入河口，清政府的措施，已经转到以善后为中心，"清军收复河口"一节中所述的清廷想到的六个方面的措施，均围绕善后展开，除了在军事上继续追堵、清乡以消灭残余的革命军，其重点考虑的，是尽快恢复秩序、奖赏立功者、抚恤伤亡者，外交上也要考虑与法方交涉索赔。

一 恢复秩序、重整边防

河口地区在革命党占领期间，除了募捐，并没有扰民的举动，这也是中外报纸均称赞革命军文明的原因。河口、蛮耗等地商民虽因恐惧战火而逃避，道路、房舍均得以保存，按照锡良的奏报是"未遭蹂躏"。清军虽然有劫掠、滥杀等行为，但因商民多逃避，受害者只是行动不便没有逃避的老弱病残。作为总统三军的白金柱携王正雅、陈先沅等及时赶到河口，对清军军纪也有震慑作用，再加上各营听闻朝廷有重赏，一时也就相安无事。白金柱知道，恢复秩序的当务之急，必须"先出示安民，将逃避越界保胜之商人悉数招回，照常复业"①。好在保胜与河口近在咫尺，铁路桥仍旧相通。他立即传唤原在河口的商帮头领，"宣布皇仁"，要求他们克期复业。几天时间，该商帮 30 余家，已均归复业。有鉴于白金柱是军人，又身染疾病，体力不支，锡良复派云南省粮储道道员方宏纶从开远赴河口，全权处理善后事宜。② 在赴任途中因河口起义而滞留河内的云南按察使世增、临安开广道道员高而谦也赶往河口，参与善后工作。奉旨回滇督师的刘春霖，途中得知官军获胜，电奏请恩准回京③，在清廷谕旨令其赶赴滇

---

① 《光绪三十四年四月三十日云贵总督锡良致军机处请代奏电》，载中国史学会主编中国近代史资料丛刊《辛亥革命》（三），上海人民出版社 1957 年版，第 310 页。

② 《光绪三十四年五月初五日云贵总督锡良致军机处请代奏电》，载中国史学会主编中国近代史资料丛刊《辛亥革命》（三），上海人民出版社 1957 年版，第 312—313 页。

③ 《申报》戊申年五月初五日（1908 年 6 月 3 日）第三版"专电"。

边清乡后，于 7 月 31 日到昆明①，随即往河口等地巡视，作为朝廷委派的大员主持善后工作。另外，锡良又奏委跟随自己在通海行营的参议官许德芬，为新任的河口对汛副督办。一时间，河口大员云集。清廷谕旨要安定秩序，恢复和发展经济，以巩固边防，称：

> 云南系西南各省安危，强邻逼处已久，现值地方初靖，若不函图善后兴办一切要政，后患何堪设想。锡良身膺疆寄，应即广储边材，严整武备，以资防范。河口地方紧要，着该督选派精通法文分位较大得力人员，前往驻扎，相机因应，尤要在赶紧添练一镇，资以建威销萌，绥靖地方。所有开办及常年经费军装器械等项，着该部商明云贵总督，核定确数，分别筹拨，务须源源接济，毋误要需。并在镇内附设随营学堂，预备续增一镇人才之用。铁路与军政、矿政互相依倚，着该督随时会商邮传部，协力通筹，迅将路线极力推广，以便转运而利交通。滇省向为瘠区，惟矿产饶富，可为养民裕国之大端，亟宜设法提倡，招商开采。有能在该省承办矿产公司者，必须切实保护，优加利益，借广招徕。尔部臣、督臣皆受国厚恩，责无旁贷，务期不分畛域，内外兼筹，庶几巩固边陲，用副朝廷抚绥南服至意。②

锡良遵旨致力于恢复秩序和发展经济，但撤出河口的革命军力量，远超出他的预料，他不得不饬令白金柱、王正雅等军分防追堵。如此一来，他设想通过各地清乡缉拿可能逃散的革命军将士的兵力就感到不足。6 月 14 日，他电奏称："云南余匪四出窜扰，抢劫迭闻，聚散无常，散则为民，聚则为匪。善后办法，须从清乡入手，惟兵力究嫌太单，拟再添募 5000 人，所需饷项，请部筹拨。臣俟布置既定，即行回省。"③ 随着法军加入武力搜捕革命军的行列，锡良再添募 5000 人的行动被中止，各处清乡实际上也不见报告发现"散则为民，聚则为匪"的革命军，只是处罚了同革命

---

①　此据刘春霖与锡良于光绪三十四年七月二十一日《会奏布置边务折》"兹臣春霖于七月初四日行抵滇省"句判断，见中国科学院历史研究所第三所工具书组整理《锡良遗稿　奏稿》（第二册），中华书局 1959 年版，第 816 页。

②　《著为锡良选派精通法文人员前往河口驻扎等事上谕》（光绪三十四年六月二十四日），中国第一历史档案馆：《光绪三十四年云南河口起义档案》，《历史档案》2011 年第 4 期，第 30 页。

③　《申报》戊申年五月十六日（1908 年 6 月 14 日）第三版"专电"。

军有过联系的王布田土司刀治刚等人。

锡良缓过神来，重新审视云南边防的问题。考虑到刘春霖前来统领滇边军务，锡良对前敌军务进行了调整：将陈先沅所统开化民团、保卫4营改为开营；将王正雅所统临蒙民团、保卫8营，即改为临营；贺宗章所统蛮耗内地各处巡防、保商10营，即改为蛮营；龙裕光统广西省新募巡防10营，即改为西营。以上各为分统，均归刘春霖统辖。又以白金柱为东路统领，统回军8营、振兴新军12营；陈宧为西路统领，统步队2营、炮队1营、川黔步队3营。白、陈下各有胡兴、赵金鉴为分统。为统一会剿，仍在蒙自设行营总营务处，由新任臬司世增、新任临安开广道高而谦、并赵上达节制。各军会同刘春霖筹办边事。"东路则另设行营营务处，由白镇派员督同办理；西路亦另设新军营务处及本协、标司令部，由陈协统员会同办理。"锡良还电军机处，请速加刘春霖一崇衔，"俾得全权统辖诸军"①。

看得出来，锡良虽然做得光鲜，实际上并不想刘春霖统率全省军务大权。刘春霖只能统领前敌之陈先沅、王正雅、贺宗章、龙裕光四分统，东路白金柱和西路陈宧并不归其节制。刘春霖本就对滇边边务大臣不感兴趣，见锡良如此作为，在赴河口、蒙自巡视后，即向清廷请辞。

8月，锡良向清廷奏报了自己对滇东南边防的布置，称：

> 必须远计通筹，以惩前毖后之思，为固圉安边之策。滇边毗连越境凡千有余里，势不能处处设防；然攻隙蹈瑕，匪之惯技，一隅溃决，全局为之动摇，固不宜备多力分，亦何敢顾此失彼。计惟审度全边形势，择其冲要之区，据险筑营，团扎控驭，余则分定汛地，常川巡防，无事各专责成，有事互相策应；并为之严备后路，以厚声援，庶缓急乃有足恃。

他具体的布置，是沿袭此次河口之役用兵的三路来安排：东路以白金柱统领（白金柱病逝后由升任道员的王正雅统领）的20余营组成开广边防军，"专任开、广边防，自河口以西至于邻近临安边界之新街，其东直

---

① 《滇军最近之布置》，《申报》戊申年五月二十八日（1908年6月26日）第五版"紧要新闻"。

至广南之田蓬，凡兹边要悉归防守。"其中驻河口4营，驻古林箐2营，其余分地布扎后，留两三营游击机动，边防军统领驻马白（马关），龙济光驰援赶到开边的两营也暂归其节制。中路"派临元镇总兵刘锐恒为中路统领，凡铁路下段各营悉隶之，益以旧防临安边界蛮耗等处之营，而令该统领添练两营，督驻蒙自，以固根本，而资接应"。西路则划到新街、蛮耗以西的三猛土司地区，由保举为分省知府的龙泽周（即龙裕光）率两营留防，"并添拨原驻临安、个旧等三营，均归署理临安府知府贺宗章暂行统领，自为一路。此又于开、广边防外兼筹中、西两路防务之情形也"①。

以上三路，担当起滇东南边防任务，合计兵力40余营，占全省兵力的半数以上，比之河口起义前有较大幅度的增加，但都为旧军。只是按照清廷旨意，要求在旧军中亦仿新军成例，开随营学堂以培养军事人才。其中王正雅在马关所开办的随营学堂，两年间也颇有成就。清廷也曾设想调新军驻防，致电锡良："饬白金柱、增厚、赵上达等妥议设防营地，以便招练陆军，分扎边境。"②但云南新军距离清廷要求的编练两镇差距太大，实在难以抽调驻边。

二　军费与赏格

为镇压河口起义，清廷可谓是不惜血本，仅两次部拨军费就有50万两。相比于为筹10万元款项绞尽脑汁而不得的革命党，不知要强多少倍。这50万两，锡良曾详细奏报其开销，所开列的支出项包括用兵、新募、遣散、加饷、运输、抚恤等名目，其奏折如下：

> 溯自军兴以来，除白金柱一路尚不计外，前敌、后路添募近二十营，而沿边及近边各地方官绅之请募营团者，其时匪党正在到处勾煽，防缉宜严，亦多量予照准，未敢惜费。现虽已将前敌各营分别裁留，后路各营一律遣撤，民团亦仅开、广酌留少数，余均遣散归农，而饷项固已不赀矣。况新军遣散有恩饷，旧营行军有加饷，及各路转

① 《会奏布置边务折》（光绪三十四年七月二十一日），载中国科学院历史研究所第三所工具书组整理《锡良遗稿　奏稿》（第二册），中华书局1959年版，第817页。
② 《申报》戊申年五月初七日（1908年6月5日）第三版"专电"。

运粮械，各营恤养伤亡，前敌、后路添设台、站、局所等项，皆无不需款，兹据善后局司道详报："自四月初奉部电后，即先挪借动支，截算至七月底止，前项银五十万两，仅剩银三万余两，八月份应拨饷银已不敷支应。"等情。臣等查该局动支各款，委系核实开支。无如事急用繁，已成悉索。据报各款，盖三次奉旨饬由藩库筹发赏银及一应善后之需，尚不在内。惟有仰恳天恩，俯念滇省困难，边事重要，饬部迅予再筹接济。其白金柱原统现归王正雅统领之开、广边军，每营每月约需薪饷津贴一千八百两；龙济光援军两营，每营每月约需二千七百余两。并请由部查照原案，自八月始，将该两军月饷筹拨的款，源源先期解滇备发。广西援军，仍候审察匪情于遣回之日截报。至开、广边军尚有应支统领、督带等薪费，应建营垒工程，须请部款者，统俟查复后，与该两军饷项、津贴细数，一并咨部立案。①

据此可知，这50万两，远远不够支持。贺宗章说，"此次三路进攻，用兵七十余营，款费百万。"② 这话并不算夸大。50万两军费之外，按锡良的说法，还有"三次奉旨饬由藩库筹发赏银及一应善后之需"。据四川总督赵尔丰的一份奏报，"云南之役，大部筹解该省款项，八十万系由四川就近垫办"③。仅四川就垫付80万两之多，其他还有官兵取之于地方政府和民间的款项，如从云南省藩库和蒙自海关垫付的款项，也不在少数。

清廷用于犒赏的拨款，在战斗期间就有三次：一是5月8日（四月初九日）军机处要求部拨款3万两；二是5月10日（四月初十一日）听闻东西两路告捷拨款2万两；三是5月28日（四月二十九日）得知收复河口拨发赏银2万两，合计达7万两之多。即令按照70营、每营满额250人共17500人计算，人均也达4两。再联想关仁甫每人给钱1元即诱惑清军多人投降，清廷的犒赏不可谓不多。清军平时缺额少饷，战时则饷银丰足，且犒赏丰厚，这样的导向是很可怕的，难免造成军中唯恐天下不乱的心理。结果在1909年底，诱发了河口对汛副督办所管辖的第三营在马使

① 《会奏布置边务折》（光绪三十四年七月二十一日），载中国科学院历史研究所第三所工具书组整理《锡良遗稿　奏稿》（第二册），中华书局1959年版，第817—818页。

② 贺宗章：《幻影谈》，载方国瑜主编《云南史料丛刊》第12卷，云南大学出版社2001年版，第110页。

③ 《申报》戊申年七月十四日（1908年8月10日）第五版"京师近事"。

克的兵变，这事后边也要提到。

军饷、犒赏是实实在在的优奖。对于各级官员来说，他们在河口之役中，可谓名利双收。还在接战的过程中，清廷对于锡良奏报的每一次胜仗，从5月10日传旨嘉奖遏阻革命军西路、东路进军的清军将领柯树勋、曾国桢、马廷芳、周国祥、姜含章起，此后反复要锡良"查明分别记奖酌赏"，"由锡良分别查明出力等次，先予记奖给赏，以励士气"。① 随后便是赏赵金鉴"靖勇巴图鲁勇号"，赏胡兴"捷勇巴图鲁勇号"。5月30日，锡良开具请赏名单奏报，从"记名堪胜提督、云南开化镇总兵、强勇巴图鲁白金柱，拟请赏给头品顶戴，并赏换清字勇号"到看不出与此有关联的"已革花翎、三品衔、捐升四川试用道、前四川长寿县知县唐我圻，请开复原官衔翎，仍留原省补用，并免缴捐复银两"，锡良一下子开列了五六十人，"均越一级请奖以示优异，实为向来未有之报案也"。锡良还特别奏明："以上各员弁，实系尤为出力，合无仰恳天恩准照拟给奖，以昭首功而资劝励。其余全案出力人员，俟查明分别异常、寻常专折开单具奏，并将武职千总以下各弁兵咨部请奖。"②

结果，清廷于6月3日即发上谕照准，有的还比锡良所拟的请奖还有提升，譬如赏白金柱，在该谕中为"记名提督、云南开广镇总兵白金柱，着赏穿黄马褂，并赏给头品顶戴，换吉里杭阿巴图鲁名号"，其他被赏的为：

> 一品衔广东按察使署理云南按察使魏景桐，着赏给头品顶戴。二品衔署理云南临安开广道增厚，着遇有应升之缺，开列在前，并赏给头品顶戴。调往云南差遣、江苏候补道赵上达，二品衔补用道方宏纶，二品衔补用道王庚虞，均着交军机处存记，赵上达并赏戴花翎，王庚虞并赏加二品衔。三品衔、云南候补知府杨福璋，着免补知府，以道员仍留原省补用，并赏加二品衔。中路统领、在任候补道、临安府知府王正雅，着在任以海关道记名，并赏加二品衔，赏换□隆武巴

① 《光绪三十四年四月十七日军机处寄云贵总督锡良电旨》、《光绪三十四年四月二十五日军机处寄云贵总督锡良电旨》，载中国史学会主编中国近代史资料丛刊《辛亥革命》（三），上海人民出版社1957年版，第297、304页。

② 《致军机处》（光绪三十四年四月三十日，1908年5月29日），载刘萍、李学通主编《辛亥革命资料选编·第一卷·反清革命》上册，社会科学文献出版社2012年版，第174—177页。

图鲁名号。西路统领、云南补用同知贺宗章，着免补同知，以知府仍留原省补用，并赏加盐运使衔。代理陆军标统、留滇补用直隶州知州赵金鉴，着免补直隶州知州，以道员仍留原省补用，并赏加二品衔。在任候补知府、护理开化府知府、准补大关厅同知陈先沅，着候补知府后，以道员在任候补，并赏加三品衔。分省补用知府龙裕光，着免补知府，以道员分省补用，并赏加二品衔。云南陆军协统、候选内阁中书陈宧，着以员外郎分在陆军部补用。陆军步队营官、候选知县周国祥，着免选知县直隶州，以知府尽先选用，并赏给振勇巴图鲁号。管带蛮耗保商营、同知职衔曾国桢，着以同知分省补用，并赏加四品衔。云南候补知府高培焜，着免补知府，以道员仍留原省补用。候补知府黄宝贤，着补缺后以道员用，并赏加盐运使衔。在任候补同知、准补晋宁州知府叶大林，着免补同知，并赏加四品衔。补用同知李荫韩，着免补同知，以知府仍留原省补用。候选知县赛家斌，着免选知县，以直隶州知州分省补用，并赏加四品衔。分省县丞柯树勋，着免补县丞，以知县分省补用。补用游击胡兴，着免补参将，以副将尽先补用，并赏加总兵衔。补用副将李德泳，着免补副将，以总兵记名，并赏给锐勇巴图鲁勇号。补用游击马敬丕，着免补参将，以副将尽先补用，并赏戴花翎。补用游击姜德兴、武成彦，补用都司马廷苻、杨光宸、马文星，均着免补游击，以参将尽先补用。游击用都司张鼎甲、宋魏龙、际万林，均着以游击尽先补用。补用守备王和顺，着免补都司，以游击尽先补用。补用千总马云山、白映庚、谢逢春，骑尉世职赵勋泰，均着免补守备，以都司尽先补用。补用千总刘沛连，着以守备尽先补用。五品军功邓云广，着免补千总，以守备尽先补用。五品军功刘凤朝、蒋振彪、马朝先、李廷蔚，武生金殿举，均着免补把总，以千总尽先补用。陆军步队营统带伍祥祯，炮队营管带彭毓崇，均着补授协参领。督队官沈秉忠，队官崛我顺、赵鳌寿、孔坚锐，均着补授正军校，以协参领记名。队官李名山、王太潜、熊鸿钧，均着补授正军校，并加协参领衔。督队官杜正才，队官余骧腾，均请补授正军校。排长胡长标，请补授副军校，并加正军校衔。州同职衔黄锡元，请以州同分省补用，并加五品衔。巡检姜含章，附生张凤元，田金树、陈其杕，均请以府经历分省补用。已革花翎、三品衔、捐升四川试用道、前四川长寿县知县唐我圻，请开复原官衔翎，仍留原省补用，并免缴捐复银两。余着照所议办理，该部知道。钦此。[①]

到年底，锡良在《克服河口请奖文武各员折》中所开列的清单，武职210多名，文职330多名，合计达540名之多。[②] 难怪在此过程中就有传闻称："滇省因河口平静，大行保举，在京官场极力运动求人保案者，颇不乏人。"《申报》特刊《滇军庆赏》的论说，讥讽锡良采取"庸医惯技，无论风寒微疾，必且装点病状，病愈则其功，病沉则非其咎"，说是"以少数之革命党跳梁边陲，以全省之师旅、全省之经济，不克防御廓清而犹烦他省之协助，已可羞矣，若加之以不次之奖赏，不可以为风，适足为党人笑"[③]。锡良保举邀朝廷恩赏之滥，成为官场皆大欢喜之事，但其导向同样可怕，如《滇军庆赏》所论说："一日他处有事亦必虚张敌情，侈言寇患，以为后日录功地步，败则曰敌势猖狂，非诸将罪，胜则曰以少胜多、以弱胜强，其功莫大。"[④] 更可能助长有些人无事盼有事的心态。

在以朝廷赏格使云南官场皆大欢喜的同时，锡良也没有忘记要为河口之役死伤者争取抚恤。

三 抚恤伤亡

当清军将领提出"拟在河口建设纪功碑，以为恢复河口，剿平革命党之纪念"[⑤] 时，我们查不到锡良是表示赞成还是反对的意见。也许，他更在意的不是纪功的问题，而是安抚亡灵的问题，因此他饬令在蒙自、开化"各建昭忠祠一所，俾妥忠魂"[⑥]。纪功碑也好，昭忠祠也罢，其反对革命的面目在辛亥革命后都可能被清扫得荡然无存。因此，我们已看不到任何

① 《申报》戊申年五月初五日（1908年6月3日）第三版"上谕"。

② 《克服河口请奖文武各员折（附清单）》（光绪三十四年十一月二十七日），载中国科学院历史研究所第三所工具书组整理《锡良遗稿 奏稿》（第二册），中华书局1959年版，第848—850页。

③ 《滇军庆赏》，《申报》戊申年五月初十日（1908年6月8日）第二版。

④ 同上。

⑤ 第十五号大事记（自戊申五月二十五日起，至七月初十日止），载中国科学院历史研究所第三所编《云南杂志选辑》，科学出版社1958年版，第833页。

⑥ 《查明河口等处阵亡伤瘴病故原部恳恩优恤折》（光绪三十四年十一月二十七日），载中国科学院历史研究所第三所工具书组整理《锡良遗稿 奏稿》（第二册），中华书局1959年版，第857页。

遗存。

　　除了建昭忠祠，锡良还要为死亡者争取抚恤、抚慰的经费。

　　清军在河口之役中，损失最大的部分应是投归革命军。这些降军占了革命军的大半。在战斗中，清军的伤亡并没有明确的数据，但应该不会比革命军少。如果以锡良的奏报所说的"综计先后毙匪数目不下千人"① 来判断革命军死伤千余人，那么清军的死伤也有千余人。锡良所开列的战事死亡清单，有职衔的军官共 16 人，其中包括革命军攻破河口时死亡的副督办王镇邦、警察委员蔡正钧、千总林胜安、王镇邦的次子王由焘、军医张廷槐 5 员；革命军退出河口后在追堵中死亡的管带安荣绥等 4 员（含 1 员因伤毙命），其余 8 员（含 1 员因伤毙命）是死于南溪、田房、老范寨等处的交战。

　　在河口之役时，正是热盛季节，瘴疟流行。锡良说："惟当战事剧烈之时，正值瘴疠盛行之际，各将士裹粮露宿，肉薄驰驱，或殒身于枪弹之林，或抱病于蛮荒之地，仰荷圣恩，轸念行间疾苦，颁赐药品，体恤有加；臣亦叠饬各营添设病院，省查疥痎，以资调息；而各将士之受伤过重，与夫染瘴甚深者，仍复死亡相继。臣每次批阅文牍，不禁触目酸心。"② 在清军克复河口的两个月内，锡良奏报瘴故的军官就多达 18 员，还不包括因病于 7 月 8 日（六月十日）去世的三军总统白金柱。军官病亡如此，士兵的病亡当更多。考虑到边地多湿热，瘴气严重，内地人一般难以适应，这也是锡良力保在三猛地区使用土司龙泽周（即龙裕光）的一个重要原因，说是该地区"瘴重地险，客军不能利用，且尤贵能抚驭土司"③。而在沿边各地驻防、追堵的清军，是以红河、南溪河等河流为饮用水水源，"当此炎天盛暑，各军饮此不洁之水，往往获病"，锡良下令设法挖井，改饮井水，"期于军营卫生有裨"④。在河口边疆有明确记录的讲究

---

　　① 《光绪三十四年五月初五日云贵总督锡良致军机处请代奏电》，载中国史学会主编中国近代史资料丛刊《辛亥革命》（三），上海人民出版社 1957 年版，第 312—313 页。

　　② 《查明河口等处阵亡伤瘴病故原部恳恩优恤折》（光绪三十四年十一月二十七日），载中国科学院历史研究所第三所工具书组整理《锡良遗稿　奏稿》（第二册），中华书局 1959 年版，第 857—859 页。

　　③ 《会奏布置边务折》（光绪三十四年七月二十一日），载中国科学院历史研究所第三所工具书组整理《锡良遗稿　奏稿》（第二册），中华书局 1959 年版，第 817 页。

　　④ 《滇军最近之布置》，《申报》戊申年五月二十八日（1908 年 6 月 26 日）第五版"紧要新闻"。

卫生意识，可能也是从此开始吧。

抚恤伤亡等善后工作，所需主要是银两，只要有一定的银两就容易办。相比之下，在所有善后工作中，清政府最感棘手的，还是与法国的交涉。

四　对法交涉

由于法国有人借孙中山的革命党造成的混乱机会从中渔利，法越当局对革命党确实有同情甚至暗中支持的"中立"行为，这有违中法之间签订的一系列条约。因此，在河口起义发生后，清政府在与法国的交涉中是居于主动地位的。清政府不断指控法国阴助革命党，说革命党数千从越南而来，使用的是法国的武器，得到法国铁路运送的便利，革命军中有法国人，革命军占领河口后还与路经该处的法国驻蒙自领事侯耀会面，等等。法国一时间颇为被动，只有一再辩白、矢口否认的份。为此，锡良曾向外务部建言说："彼既一再声辩，是尚知助匪之为背理违章，与其执彼既往之隐谋，觅证据以相诘难，不若先就其现时所许可，更推进以事挽回。"①在清政府的压力下，法国不得不采取诸多不利于革命军的措施，这在前面已述及。

可是，清军在追击退出河口东向广西的革命军期间，到达中越对汛点老卡——飞龙（Pha—Long，又译为芭龙、普隆）时，越界进入了飞龙，毙伤法越军多名，造成飞龙事件。次日又有报道说清军抢劫了越南峙马村（Chima，又译为支马）。这暴露出清军的无知、军纪败坏和残暴。事后，云南边界官员和清政府驻西贡领事、驻法公使等均向法方做了道歉。清政府派临安开广道高而谦为交涉使，与法国派驻广东领事魏武达会同前往查办②，形成中越双方调查认可的报告。据该报告，事件经过为：

　　一、6月2日，一队中国官兵在22号和23号界石之间侵犯东京

①　《光绪三十四年四月十八日云贵总督锡良致外务部电》，载中国史学会主编中国近代史资料丛刊《辛亥革命》（三），上海人民出版社1957年版，第298页。
②　《外务部为中国官兵伤及法员越兵一事复法国公使巴思德的照会》（光绪三十四年五月十六日）、《法国驻华公使巴思德为派魏武达会查芭龙、峙马两案给清政府外务部的照会》（光绪三十四年五月十九日），载云南省档案馆《河口起义前后的清政府与法帝国主义》，《云南档案史料》1984年第7期，第9页。

湾边境，他们曾向正忙于解除暴乱分子武装的法国中尉魏果和他的狙击手们开火。尽管魏果中尉曾不断地对中国正规军高喊不要开枪，让他们了解自己的身份，中国官兵仍继续对他和他的士兵射击。所以法国人处于合法自卫地位。然而中尉并没有让他的士兵回击，而宁愿躲进一个谷仓以避开枪击。可是，中国正规军又冲进谷仓，用枪口顶着他射击，他从容就义。同时被杀的有他的三名士兵。另被杀死在谷仓附近的三名士兵遭到中国正规军截肢。

二、另有一些中国正规军同样越过国界，守候在东京湾领土上的新蔡高地上，他们于第二天，即 6 月 3 日，攻击了从普隆公路边的法国村庄老卡前来增援的法国侦察队。

三、继这些凶案后对普隆地区各个村庄的抢劫和对农民的杀戮。①

这一调查结论如果属实，即法军是在帮清政府，正忙于解除越界革命军的武装时遭到清军射击，是置法军于清军与革命军交火的战地，何以没有提及清军与革命军的伤亡，而只是提到法军被清军射击？这实际上是为法军听任革命军越界逃匿做强词夺理的辩护。按照对汛的规定，法国驻兵是 30 人，而革命军数以百计，清军则有 2000 余人。30 名法越驻军不大可能敢出面去缴数百名革命军的械，但他们是敢去而且也必须去阻止中国正规军越界的。按上述调查，是清政府以怨报德，让清军越界冲进谷仓，残杀魏果中尉及其士兵 6 人，并对附近村庄进行了抢劫杀戮。那么抢劫了哪些村庄？损失多少财物？多少村民被杀？还有此时革命军何在？等等。这诸多问题均没有提出，更没有得到解答，清政府的谈判代表居然就认可此调查结论，足见其不是颟顸，就是媚外压内。

调查结论置清政府于道德和法律的双重压力之下，彻底扭转了中法之间交涉的攻守局面。法国除了一般要求的道歉、赔偿、惩凶、杜绝类似事件之外，其外交部的一份秘密文件显示，他们认为"此事也为我们提供了一个理所当然的和十分重要的机会，乘此机会可以解决一定数量的搁置很久的问题"。这些问题包括：

一是追究凶手要追到锡良头上。法国认为，"因为我们在云南所遭遇

---

① 《关于普隆事件的调查——法国驻华使馆致外交部》（1908 年 7 月 28 日，北京），载章开沅等主编《辛亥革命史资料新编》（7），湖北人民出版社 2006 年版，第 123 页。

到的这种思想状态——最近又得到可悲证明的思想状态——是由锡良总督造成的。把他调离势在必行，我们早就对他带来的那些官员怨声载道。由于我们对那些铁证如山的弊病所作的申诉，终于得以调换了云南按察使（大法官）和蒙自道台。撤掉锡良，云南政府的更新便完成了。因为撤掉锡良，也就去掉了云南敌对和反法的因素。锡良有害于我们的睦邻关系和不利于我们已取得的矿山开采特许权和建造铁路的特权"。据此可知，此前清政府是按照法国的"对那些铁证如山的弊病所作的申诉"，调换了云南按察使刘春霖和临安开广道道台魏景桐。现在，法国以"撤掉锡良"作为其改组云南政府并获取更多特权的目标。

二是扩大在华利权，主要是矿权和路权。法国认为，"我们还能利用这个机会，明确云南企业联合会和岭南公司的因地方当局缺乏诚意而未能兑现的权利，使他们尊重有关这两个单位的原有契约。我们还将要求赔偿被无理扣押的印度支那的鸦片"。法国还想借此提出把滇越铁路延长到成都，还有联通两广和印度支那的铁路，以及延长山西铁路使之通到西安等，法国甚至考虑过违背尊重中国领土完整的声明，"把我们的边界移到高踞于东京湾之上的悬崖峭壁上，这样我们便囊括了地形极为复杂的南溪峡谷，便有了一条易守易警戒的边界线，而不是像现在这样荆棘丛生、山岭起伏，中国又在那里居高临下、虎视眈眈。"相比之下，滇越铁路停工停驶损失的赔偿要求反而是微不足道的。①

当然，法国也清楚如此狮子大开口，不但难以得到满足，反而会招致中国国内以及其他国家的强烈反对，且可能性很大。权衡再三，法国外交部将其要求拟成 6 条发给驻华公使巴思德。② 6 月 14 日，巴思德将此 6 条略作修改，亲赴清政府外务部面交照会，提出其所索款项：

> 一、将在芭龙、峙马等处行恶之各犯从重治罪；二、将滇督锡良调任；三、应赔恤款二十五万法郎；四、所有法人，如隆兴、临安等公司以及铁路在滇省应享的权利，务当切实保全。

---

① 《供外交部长用的摘录》（1908 年 6 月 8 日），载章开沅等主编《辛亥革命史资料新编》(7)，湖北人民出版社 2006 年版，第 100—102 页。其中"岭南公司"可能是对"隆兴公司"的误译。

② 《关于云南问题——毕盛致法国驻华公使先生》（1908 年 6 月 11 日，巴黎），载章开沅等主编《辛亥革命史资料新编》(7)，湖北人民出版社 2006 年版，第 103—104 页。

另外，滇越铁路所受损失，应由中国政府承认赔补，其赔款多寡，一俟彼此会查，再行酌定。还有，为了表示中国政府对法国的友好情谊，"只当由贵国政府遂愿应允法国将正大铁路展修通至西安，与英德两国承造津浦铁路情形雷同是矣"①。

外务部接到照会，表示"深为骇惜"，感此案重大，决定派高而谦为代表，会同法方所派的代表——驻广州领事魏武达，前往确查究竟，并与法方照会往复商谈。驻法公使刘式训与法国外交部进行交涉。同时，云南方面也由按察使兼交涉使世增、云南布政使沈秉堃等，与法国驻滇总领事宝如华交涉。

围绕飞龙事件的惩凶、赔偿等事宜，清政府最终基本采纳锡良电奏的方案拟成圣旨，于11月1日由庆亲王奕劻将圣旨抄录，致函法国公使，表明是"我国士兵在追捕叛匪中由于不清楚边界线而肇成了严重的纵火抢劫事件。下级军官和士兵虽然是在无恶意的情况下犯下一桩桩罪行，却不能逃脱应有的惩罚"。具体是处决杨清贵、毓焕章、王开仁3人，监禁5年者两人，"副将姜万隆和偎将彭开升革黜功名。姜万隆将发配充军以赎前衍，彭开升监禁一年。知县宋智焜和总兵胡天佑即予废黜，宋某永不录用其他军职。总兵王洪顺革职留用以补前过。凡此种种惩前毖后。余者按锡良大人奏章处理。"函中最后表示："现将圣谕抄件转呈阁下，通知阁下是恰当的。我们已经把阁下要求的赔款总额全数交付阁下，请阁下把它转交给有关人士，现在圣上又颁发谕旨，给罪犯以严厉的惩处。因此，此案就此视作了结。我们请求阁下将此情况呈报法国政府。"②

飞龙事件了结，但法国仍旧咬住滇越铁路公司因工程停工、火车停开等受损失要求赔偿。"法国驻京大使巴思德迭照索偿，初开一百二十万两，嗣减为七十五万两，并称公司实在损失逾二百万，减至此数，系属力顾睦谊。"中国方面据理力争，函照往还多次。到1910年1月，双方商定，法

---

① 《法国驻华公使巴思德为中国官军越界击害法人，要挟赔款、调任锡良、保证法人在滇权利致清政府外务部的照会》（光绪三十四年五月十六日），载云南省档案馆《河口起义前后的清政府与法帝国主义》，《云南档案史料》1984年第7期，第8页。

② 《关于普隆事件的处理——庆亲王致法国驻华公使》（1908年11月1日，北京），载章开沅等主编《辛亥革命史资料新编》（7），湖北人民出版社2006年版，第133页。另参照《德宗实录》卷597，第5—6页；云南省历史研究所编《清实录有关云南史料汇编》卷四，云南人民出版社1984年版，第686—687页。

国交回义和团运动中法国所侵占的天津军粮城兵房，中国"查照该公司亏损实数，以收回军粮城兵房为名，统行酌给二十万两"，款项由新任直隶总督陈夔龙筹拨交付，"既借纾滇省财政之困难，亦可避滇路认偿之名目"[1]。这一结果是中国用赎回军粮城兵房的名义，填补法国咬定要赔的滇越铁路公司的损失，20万两之数，也不是由云南省筹集。清政府多少保存了体面，法国则得到了实惠，云南省当局也了结了一桩烦心事。

但还有另外一桩烦心事，即在交涉过程中，法国一再提请调离滇督锡良，清政府虽然为锡良辩白，说是"不得以未能力剿厚诬该督""尤不得谓滇乱所生不幸，责在滇督"[2]，拒绝法国要求。只是对锡良而言，仍旧是不小的烦恼。河口大事粗平，他总算舒缓了口气。7月11日，世增到昆明，与魏景桐办理交接手续，正式接手云南按察使职务，仍兼办洋务、兵备各局处事务。魏景桐则赴广东履其新职广东按察使。增厚调任两淮盐运使，赴扬州履任。可法国还是要求调离锡良。刘春霖到河口巡视一圈后回来，请辞帮办云南防务一职。锡良苦恼之下，也接连上奏请辞云贵总督职。清廷最初只同意给假一月。在锡良一再坚持下，1909年2月，清廷正式下谕旨"锡良着授为钦差大臣，调补东三省总督兼管三省将军事务；云贵总督着李经羲补授，未到任前，着沈秉堃暂行护理"，并谕"着迅速来京陛见"[3]。锡良立即交卸云贵总督印信给沈秉堃暂代，立马赶赴京城。法国方面有此意外之喜讯，认为是"新的转机"，"它将能排除我们在最近发生的云南骚乱中对中国的主要不满之一"[4]。等于变相达到了改组云南省政府的目标。

在与法国交涉中，清政府也有欣慰的事，这就是河口起义前向法国提出的《禁止逆党章程五条》，在1909年1月4日（光绪三十四年十二月十

---

①　《外务部将其议结滇路悬案及收回军粮城兵房的奏折和朱批抄转云贵总督》（宣统元年十二月十日），载云南省档案馆《河口起义前后的清政府与法帝国主义》，《云南档案史料》1984年第7期，第21—22页。

②　《外务部复法国巴思德公使的照会》（光绪三十四年五月二十九日），载云南省档案馆《河口起义前后的清政府与法帝国主义》，《云南档案史料》1984年第7期，第10页。

③　《调补东三省总督谢恩并报交卸越南总督篆日期遵即入都陛见折》（宣统元年正月二十六日），载中国科学院历史研究所第三所工具书组整理《锡良遗稿　奏稿》（第二册），中华书局1959年版，第881页。

④　《处理中国革命党人的办法——外交部长致殖民部长》（1909年2月12日，巴黎），载章开沅等主编《辛亥革命史资料新编》（7），湖北人民出版社2006年版，第146页。

三日），以《中法交界禁匪章程》（或《中越交界禁匪章程》）的条约形式由双方签署认可，其内容为：

第一款，法国当局一旦得知革命者和叛乱分子在印度支那境内进行旨在损害中国治安的集会和集结，当积极采取行动驱散这些集会和集结。如中国当局向法国警卫部队通报了类似情况，或经由领事将类似情况报告了法方，也应立即引起同样的回应。

第二款，法国当局将禁止和严厉镇压在印度支那通过报界或其他出版方式进行的任何反皇朝的或革命的宣传。其主要肇事人将被驱逐出境或按法兰西共和国的法律规章予以追究查办。用本地语发行的报刊如有此类情况者，应吊销其出版许可证。

第三款，所有正在或将在法国领土上往来的武装的叛乱分子或武装的叛乱团伙将被解除武装和加以拘禁。拘禁期限由法国政府决定，并由它预先通知中国政府。期满后，被拘禁者将被驱逐出境。自然，拘禁费用账目应先由法国方面通报中国方面，然后由后者支付。另一方面，被驱逐出境的革命者，也可能被永远禁止在印度支那或它的属地上通行。将采取一切有效措施使这些人不可能再越过中国边界。

第四款，任何曾在中国陆上和海上犯有抢劫案的个人，或触犯普通刑事法的个人，如情况属实，则将按照 1886 年 4 月 25 日公约第十七款规定，经履行引渡手续后，引渡和送交中国当局。中国当局向总督提出引渡要求时必须带有该案的完整材料。如果被控告人以政治罪和与某项政治罪相关联的罪行为由提出抗诉，其所犯重罪或轻罪的情状则应受到特别认真和仔细的审查，以免罪犯提出不符合实际的借口逃避法律制裁。

第五款，如图谋不轨者从事秘密运送武器弹药活动，两国的边境当局均应采取积极和严肃的措施，以阻止这种走私和军需供应。①

如果说河口起义发生后不久法国所采取的一系列对孙中山革命党不利

---

① 中文版可以参见王铁崖编《中外旧约章汇编》（第二册），生活·读书·新知三联书店 1957 年版，第 558 页，其附注说"法文版未找得"；或牛鸿斌等点校《新纂云南通志》（7）卷一百六十四《外交考一》，云南人民出版社 2007 年版，第 559 页。在此选法文版《1909 年 1 月 4 日的法中协定》，参见章开沅等主编《辛亥革命史资料新编》（7），湖北人民出版社 2006 年版，第 143 页。

的措施，是在行动上将中国革命者视为不受欢迎的人，那么这五条章程是从国际公法的层面，迫使法国撇清与中国革命党的牵连，彻底断绝对中国革命党的支持和同情。这是清政府杜绝革命党可能再从越南进来的法律文件，是清政府自认对法交涉取得的一大成就。因此，在该章程达成的当天，外务部就将五条内容列入咨文发给云贵总督锡良，说明："近因滇、粤沿边越南一带，逆匪勾结党羽，出没无常。本部特于本年二月间与法国驻使巴思德会商禁止逆党章程五条，嗣彼此均有商改之处，迄无定议。现始将该五条亘相商妥，计开如下：……以上五条，本部既与法使商妥，应即作为定章，除照知法使转行越督饬属遵照外，相应咨请照办，希饬沿边文武，切实照办，以靖边患，并声复本部可也。"①

锡良收到这份咨文不到一个月，即调任东三省总督。锡良知道，有了这五条，再也不用担心革命党从越南来图取边城了，这可是河口之役善后安定云南边防的有效举措。但他没有想到，河口驻军的生活问题并没有有效地解决。在他走后没有多久，同样在河口，没有革命党鼓动，驻军自己起来反抗，酿成1909年底的马使克兵变。

五　马使克兵变

马使克是河口东北约20公里处的一个自然村，距离越南边界只有5公里，今称马西克，属于河口县南溪镇龙堡办事处管辖，村民主要是壮族。

河口起义后，锡良奏请将白金柱（随后为王正雅）部20余营设为开广边防，与临安镇总兵统领的铁路下段巡防营、归临安府统领的三猛土司区的巡防营，组成滇东南的边防部队，置于南防营务处管辖之下。锡良原拟只是在河口驻4营，而实际上增添为7营。这些驻军还是在河口对汛副督办之下，只是添设一员督带。1909年下半年，云贵总督李经羲到任；原任临安开广道道尹兼云南交涉使的高而谦调赴澳门勘界，以龚心湛为临安开广道道尹；刚提升为贵州按察使未及到任的王正雅为母亲丁忧去职，按察使由迤西道秦树声接任，开广边防军统领兼开化府知府由贺宗章接任；河口副督办许德芬亦去职，由稽祖佑接任，督带则为已被保为参将的都司

① 《清政府外务部为与法国驻使巴思德议妥禁止革党章程五条给云贵总督锡良的咨［文］》（光绪三十四年十二月十三日），载云南省档案馆《河口起义前后的清政府与法帝国主义》，《云南档案史料》1984年第7期，第15页。

陈天贵。河口驻军除了在河口新建营房，还在沿边与越南交通比较通畅的各村寨驻防，其中在马使克村就驻 3 个哨，与驻南溪的 2 个哨，归属开广边防第三营（贺宗章说是第十九营），营管带为岑德贵。

岑德贵是广西西林人，与前云贵总督岑毓英同宗，在中法战争后即留河口。也许是因为这一层关系，河口起义时他拒绝投降革命军却被恩释，然后逃亡广东。据贺宗章说，河口之役后，考虑到岑德贵部"叛从革党，而岑无异志"，贺宗章写信将他召回河口，"为许副督办及警察局长稽祖佑差遣"，在龚心湛赴蒙自任关道途经河口时，许德芬和稽祖佑都向龚心湛保荐岑德贵。龚心湛履职后，因第十九营管带潘广福被控以渡船私自收取过河费，遂委岑德贵接任该营管带。"岑接管带后，奉札严禁烟赌"，驻马使克的 3 个哨 150 人，"以其有嗜好不服，一夕携枪变逃，闯过越界"。岑德贵怀疑是潘广福唆使，想要杀潘。李经羲得报，严令贺宗章收拾局面。贺宗章"星夜至河口，往分统陈得贵营，照会法军堵御，通饬沿边营汛，合围截击，始将叛勇全数擒斩，在逃者不过数人而已"[①]。

从贺宗章的回忆看，马使克兵变与革命党没有任何关系。亦有认为马使克兵变与革命党有一定关联的，说是驻马使克的第三营 3 个哨，因开广边防军要遣返粤桂籍的弁兵，弁兵怨声载道，在受革命党影响的河口教师梁锦堂鼓动下，于 1909 年 12 月 27 日（宣统元年十一月十五日），由潘广福的内弟哨弁黄河清等人发动兵变，有 140 余弁兵，以及部分苦力共约200 人，带毛瑟枪 110 枝，子弹 20 箱（约 2 万发），存饷两鞘，抢百姓马3 匹驮运器物，于次日凌晨由坝结过界，进入越南。经中法军队按照《禁止逆党章程五条》的规定，会剿十余日，兵变被平息。其结论认为"马西克兵变是革命党人推翻清皇朝革命活动的组成部分；是 1908 年河口起义的余波"[②]。但实际上并没有充足的证据证明马使克兵变与革命党何处有关联。

清廷处理此事的谕旨中，承认了"滇南军务腐败，把持淆惑，积弊已深"是主要原因，而追究的是主要责任人："已撤管带补用把总潘广福情罪最重，着即革职，并从重严行监禁二十年。已革守备岑得贵操切偾事，

---

①　贺宗章：《幻影谈》，载方国瑜主编《云南史料丛刊》第 12 卷，云南大学出版社 2001 年版，第 112—113 页。

②　黄日华：《马西（使）克兵变》，载河口县政协文史资料委员会编印《河口文史资料选辑》第 1 辑，1991 年，第 224—230 页。

防御均疏，着永不叙用，并不准投效各路军营。督带补用游击已保参将陈天贵事前漫无觉察，事后又复诿卸，着以千总降补，留营效力赎罪。代办河口副督办四川补用知县稽祖佑隐匿照会，贻误戎机，着即行革职。帮统边营云南候补知府贺宗章代办总统数月，未及筹维，难宽责备，着交部议处，仍留差效力。临安开广道龚心湛总统边军，甫经数日，办理尚无不合，所请交部察议，着加恩宽免。嗣后务当加意防驭，勤求训练。李经羲到任未久，此次兵变仓猝，由于防范不及，所请从严议处，着毋庸议。"①

值得注意的是，清廷在此事后，下谕旨保留保卫队，说"云南保卫队，原系乡团，若改编巡防，水土言语既属不习，又实无此饷力，自属难遽裁并，请仍照前办理"②。这与马使克兵变是否也有些关联？因为在河口起义前，锡良曾想锐意改革巡防队，要裁旧练新，结果，河口起义之后，巡防队不但保留，而且还比河口起义前有较大幅度的增加。马使克兵变后，清政府停止对保卫队的改编。似乎是一遇变故，清政府就倾向于取消原定的改革计划。

---

① 云南省历史研究所编：《清实录有关云南史料汇编》卷四，云南人民出版社 1984 年版，第 689—690 页。

② 同上。

第五章

河口起义的影响

河口起义发生后，从国内外报刊的持续报道可以看出，它所引起的关注是相当广泛的。英国有报纸甚至认为这是太平天国以后最大规模的反政府暴动。各地的革命党人更是奔走相告，积极准备响应。

河口起义是辛亥革命前一次声势最大、持续时间最久、影响也最大的革命起义，它集会党游勇的反清斗争、清政府的兵变、同盟会革命方略等多种因素于一体。

清政府对在河口这样的边地发生的革命事件深感震惊和忧虑。不过，通过镇压河口起义，清政府也算是因祸得福，既争取了边疆少数民族上层的支持，又通过外交手段，使法国放弃了对中国革命党的支持和同情，暂时消解了滇南边疆内外交迫的危机。

孙中山领导的同盟会，从河口起义中吸取教训，将发动会党与运动清军为革命力量的策略，转变为致力于运动新军。

河口起义时在日本留学的云南学生中的革命党人，聚会声援起义，以非凡的方式宣布云南独立，开创了宣布革命的新方式，使宣布独立成为辛亥革命的普遍做法。

第一节　各地对河口起义的报道与响应

一　越南华侨与河口起义的宣传

由于越南华侨没有知名的报刊，宣传报道河口起义之事，主要是通过新加坡的《中兴日报》、上海《申报》、香港《中国日报》以及法国人的报纸进行。越南华侨对这些宣传报道做的贡献大小，因没有找到足够的史料，不好进行研判。现成的资料，一为胡汉民 5 月 7 日报告书中提及法国报纸称颂革命军的报道，说："革命军此次乃真有革命之力矣，然何其经济之困乏耶？以数千金之款，而用数千人，何其神也！"又云："以革命军之所为，当无有能御者，吾人何敢量其力之所至；然须就地以筹军用，则岂无外力之大助耶？"① 再就是孙中山致邓泽如等人的信函中提到越南法报《密迩》"多论云南革命军"，"香港《南清早报》（英字报）有特派访员在河内，其五月十二号新闻有访函（五月九号来函）言云南军事颇详，盛称吾党之文明。"② 三是谭人凤亦回忆："迨王和顺、关仁甫突起于河口，报载虏军望风而溃，声势熊熊。"③ 四是法国驻华公使巴思德得到的情报，使他做出报界赞誉革命党和讥讽清政府的判断，说："革命党人已经从居住在印度支那的人们中得到了不少人的同情却是千真万确，而印度支那报界也确实没有放过在革命党人和合法政府官员之间进行对后者颇乏谀辞的比较机会。"④

这些报纸的报道，不能说和越南华侨对起义信息的传播没有关系。如香港访员（即记者）仅到河内，而非到河口采访，其信息不能不从华侨中获得。《申报》又多次转载香港报纸的消息。身兼香港《中国日报》从军特派员的黎仲实被法方拘禁后，同盟会河内分会有关河口起义之信息，亦无不由担任联络的华侨递送。至于外国人印象中的"越南的舆论本来就赞成革命党"⑤ 之势，也可视为华侨宣传河口起义的间接证明材料。实际上，早在 1902 年孙中山赴西贡时，当地华侨组织萃武精庐，即"广事宣传"，使"打倒满廷声浪沸腾，发聋振聩"，"于是排满工作，印刷繁多，妇人孺子，皆知扬州十日，嘉定三屠，广州三日，足见宣传力之伟大也"。萃武同人后加入同盟会。他们"筹有公款，拨助香港中国报、世界公益报、星

① 孙中山：《致池亨吉函》（1908 年 5 月），载《孙中山全集》第 1 卷，中华书局 1981 年版，第 372 页。

② 孙中山：《致邓泽如黄心持函》（1908 年 5 月 29 日），载《孙中山全集》第 1 卷，中华书局 1981 年版，第 368 页。

③ 谭人凤：《石牌词叙录》，载中国社会科学院近代史资料编辑组编《近代史资料》1956 年第 3 期（总第 10 期），第 38 页。

④ 《中国的骚乱——外交部长致殖民部长先生》（1908 年 7 月 16 日，巴黎），载章开沅等主编《辛亥革命史资料新编》（7），湖北人民出版社 2006 年版，第 122 页。

⑤ 《1908 年 6 月 10 日柯必达致裴式楷第 7 号函》，载中国近代经济史资料丛刊编辑委员会主编的帝国主义与中国海关资料丛编之 09《中国海关与辛亥革命》，中华书局 1983 年版，第 259 页。

嘉坡中兴报、时报、滨角华暹新报、东洋民报、上海复报、浙江潮、巴黎新世纪报、广州时事画报、南越报"，使之"皆与吾党互通消息也"①。在河内，"张奂池任河内广东会馆书记多年，生平有写信癖，凡海外有同盟会之处，莫不寄书通报消息，时任香港中国日报之义务访员"②。这些也可以视为越南华侨担任宣传的间接证据。

二　《中兴日报》的报道

《中兴日报》是新加坡同盟会分会的机关报，其负责人为陈楚楠、张永福等人，他们原与保皇党陈云秋等人共同创办《南洋总汇报》，后鉴于《南洋总汇报》为康有为保皇党把控，遂于1907年8月退出该报而另创办《中兴日报》，日销量约千份，到1910年停刊。《中兴日报》"出世未久，即与《总汇报》为革命论与立宪论之大笔战"③。《南洋总汇报》也更名为《南洋总汇新报》以示与《中兴日报》标新立异。1908年，正是双方论战激烈的时候，《中兴日报》宣传革命的面目为人们所公认。

河口起义是同盟会发起的重要的革命行动，对河口起义的宣传报道和所持之立场、态度，也成为《中兴日报》与《总汇报》论战的一个插曲。《中兴日报》极力凸显云南革命军的积极进取、屡战屡胜、日益强大、成功在望，以及秋毫无犯、行动文明之军纪，以驳斥《南洋总汇报》追随清政府将革命军视为匪徒、强盗、小丑，不日即可铲除的论调，为此不惜在报道中加入捕风捉影、虚张声势之消息，将清军之胜说成败，将清军之小挫解读为大败。

《中兴日报》报道河口起义的栏目，有"论说""各省""电音""杂报"诸栏，从5月1日的第200号开始，在一个多月内，几乎每号都有云南革命军的消息。

"论说"栏的论战性非常明显，如《云南革命军之战捷》（5月1日）、《革命成功之期近矣》（5月2日）、《革命军与响应军》（5月4日）、《革命军神速之原因》（5月6、7日）、《云南革命军之前途》（5月8日）、

---

　　①　黄复黄：《华侨西贡党事之经过》，载蒋永敬主编《华侨开国革命史料》，台湾正中书局1977年版，第397—399页。

　　②　冯自由：《华侨革命开国史》，商务印书馆1947年版，第51页。

　　③　冯自由：《南洋各地革命党报概述》，载冯自由《革命逸史》第4集，中华书局1981年版，第143页。

《清领事承认河口之败》（5月11日）、《清官之欺人与总汇报之卑劣》（5月12日）、《法国对于革命军之中立及革命军在国际法上之地位》（5月16、18、19日）、《商报与革命军》《清领事又讲大话》（5月20日）、《云南革命军之前途》（5月25日）、《云南革命军之骚动——日本五月十六日大阪每日新闻》（6月2日）、《读法报纪云南革命军之事感言（附录译原文）》（6月24日）等，均在说明河口起义后革命军之形势日盛，驳斥《总汇报》和保皇党另外的报纸以及清政府所载所说的诸多不实之词，并强调己方消息来源是"陆续接得河口访员专电"，自称"本报消息之灵通，不独优于他报，而且较清政府之电，亦速十日"。

论辩虽然如此说，但其"各省""电音""杂报"等栏中的有关消息，尤其是称"本馆特电"的消息，标明是某时接某处特派访员（即记者）发，以黑体大号字体凸显，却多虚张声势之辞。从5月1日的"本馆特电 革命军大胜 本月初一日晚八点钟接云南河口访员特电 革命军于三月廿九晚攻破云南河口关，清朝边防兵勇六营尽降，现进兵临安府，以攻云南省城"，到5月6日的"革命军势如破竹 革命军已攻破临安府，河口以西各防营及蛮耗炮台亦一律归降"，到5月9日的"北京军机大臣近接云贵总督密电临安府失守，石屏、阿迷、嶍峨、通海等州县相继沦陷，省城危急，政府诸人非常惶恐"，到5月16日的"云南革命军大破清兵于开化府"，再到5月25日的"云南革命军人破蒙自，得枪四千枝，码四十万，快炮大小七十尊，饷糈三十余万，即行安民。现向临安进兵，欲与攻破蛮耗之大队相合"，声势越造越大，直到6月1日，还有"革命军前队已到鸡街前，粤督岑运往枪械悉被取去"之报道。当然，也有如实的报道，如与胡汉民的报告接近的《革命军破河口详报》（5月18日）、《革命军破河口情形》（5月20日）、《口述革命军攻破河口情形》（5月28日）等，对于革命军攻占河口的细节报道甚详。

这些真真假假的报道，以及其与《南洋总汇报》互相指斥对方报道失实，成为当时新加坡华人报业的一大趣事，影响可能波及南洋诸地，对于鼓舞革命者斗志、混淆普通人的判断力，当然有作用，但也使一些人对革命党的消息丧失信心。譬如，孙中山寄予希望可以筹到巨款的陆佑，听到革命党所传布的云南革命军之消息，便表示不大相信，以至于孙中山不得不做反复说明，并向负责去筹款的邓泽如出主意说，可以"将五月五号北京报收复河口之西字新闻，并五月九号河内访员报香港之新闻二纸寄上，请代呈陆君一看，使彼先信云南之革命军已起，确有其事，不是虚传。然后请将河内来函与彼一观，使彼深知革命军今日之局面，有如此把握，乃可望之协力也"①。

三　云南留日学生的响应——宣布云南独立

河口起义的消息传到日本，在东京的云南留学生，出于家乡情谊和革命旨趣而倍加关注。当时，东京的同盟会总部在章太炎等人影响下，对孙中山颇有怨言乃至对立，"这种对立，部分起因于地方和个人的关系，部分是由于策略、方针的不同而引起"②。陶成章、焦达峰等主张在内地举事的人更另立共进会。同盟会总部断断续续收到"由法领安南《民报》社送来"的云南"革命军有关情况"③，但同盟会机关报《民报》，并没有登载河口起义的报道。云南留学生将得到的这些消息，在《云南》杂志上刊发。在《云南》杂志第 14 号的"大事记"中，对河口起义的始末有几条报道：

> 革命党三十余人，共持七八枝枪，袭攻河口，岑管带闻风而溃，王督办被该部兵勇所杀，王岑所率各营，均缴械投降，革命党遂占领河口。
>
> 政府以锡良及白金柱等废弛边务，失去河口，拟将锡良交部议处，白金柱摘顶记过，并责令剿党赎罪。
>
> 革命党占领河口后，一切接济，殊觉不便，遂拔全队由滇桂边界之百色而去。
>
> 西贡电称，云南野蛮官兵在番郎村附近攻击法国防御军队，枪毙队长一人法兵六人，枪毙安南兵四人。驻京法使与政府开严重之谈判。
>
> 驻河口各营。因革命军直趋滇桂间百色一带，与粤东西党人声气

---

① 孙中山：《致邓泽如黄心持函》（1908 年 5 月 29 日），载《孙中山全集》第 1 卷，中华书局 1981 年版，第 367—369 页。

② ［美］史扶邻：《孙中山：勉为其难的革命家》，邱权政、符致兴译，中国华侨出版社 1996 年版，第 102 页。

③ 《清国革命党人士谈云南起义》，载章开沅等主编《辛亥革命史资料新编》（6），湖北人民出版社 2006 年版，第 128 页。

极紧。滇督因拨大半往广南驻扎,以备不虞。①

时在振武学校（日本士官学校预备学校）学习的杨振鸿,到《云南》杂志社与吕志伊、赵伸、黄毓英等人商议对策,又有传闻说清政府欲借法兵夹攻河口革命军,遂主张开会宣告云南独立。在云南留学生的倡议下,1908 年 5 月 24 日,约 800 名留学日本的中国学生,在东京神田锦辉馆召开"中国留日学生全体大会",声援河口起义。

会场事先粘贴有告示,称:"今将所拟意见条列如下:一、倡率全滇人士起独立军。二、哀告全国同胞助云南独立,以为中国独立基础。三、对政府宣告云南独立,与彼断绝关系。四、宣告于世界各国,凡清政府与他国借兵及一切交涉,云南绝对不能承认。若有他国兵入云南境内,则与清政府兵同等敌视。"会议宣布成立云南经营会,致力于云南独立保全之事宜。参加此会的章炳麟、宋教仁、杨振鸿等 12 人发表演说,对清政府欲借法兵镇压云南的暴行进行了谴责,认为在爱国保云南的问题上,所有的中国人,不管是立宪党、保皇党还是革命党,都不能熟视无睹,而应该团结一致。有保皇党人也登台演说并高呼暂息党争以抗法,表态同情云南独立。② 法国的情报显示,当时,"愤怒的学生顾不得对上述来源的这条消息加以核实,便准备对一系列的决议进行表决,决议的正文已转载于东京各报。决议的内容包括一份云南独立宣言,一份要求中国所有的省帮助革命军的紧急呼吁和一份给法国政府的通知,声明云南不承认从即日起在中国政府和共和国政府之间缔结的一切条约和协定"③。

就当时的情况来说,法国所希望的核实消息是不可能的。由于清政府往往封锁不利于自己的消息,有关清政府借法兵或法国欲出兵中国的消息已经出现过几次,如 1903 年便有法国欲出兵参与镇压临安周云祥事件和广西会党的传闻。河口起义发生后,也不断有这样的传闻,如 5 月 15 日上海的《申报》便载有一"专电"称:"某公使请代平滇乱,政府恐有枝

---

① 中国科学院历史研究所第三所编:《云南杂志选辑》,科学出版社 1958 年版,第 827 页。

② 《云南问题中国全体会之状况》（1908 年 5 月 24 日）,载章开沅等主编《辛亥革命史资料新编》(6),湖北人民出版社 2006 年版,第 126—127 页。

③ 《云南暴动和 5 月 24 日本东京中国留学生的集会——热拉尔致外交部长先生》（1908 年 5 月 28 日,东京）,载章开沅等主编《辛亥革命史资料新编》(7),湖北人民出版社 2006 年版,第 98 页。

节，拒之。"① 因此，人们对于这些传闻，不仅仅抱宁信其有的态度，而且更愿意十倍百倍地扩大其影响。就这次日、法情报都说大约有 800 人参加的会议，事后也有将其说成是"当时留学界之到会者，约近万余人"②，根本没有考虑能够容纳上万人聚会需要什么样的场所。

会议中所体现出的对外反法、对内反满清的强烈的民族主义情绪，具备了中国革命反帝反封建的两大属性，这在晚清资产阶级革命运动中是第一次，比之同盟会纲领反清不反帝的局限，是很大的突破。

这次会议所通过的云南独立宣言，应该就是当时所印发的《云南留日本同志檄国内反对清政府借外兵文》，并以《云南留日革命党之宣言》为题刊发于 6 月 22 日至 23 日的《中兴日报》。文中先表明事情的缘起："昨阅比京来电云，外部密借法兵平滇乱，事甚确，祸迫速，吁国人并电云南杂志社。"继而宣布云南人不受清廷支配、不受他国干涉的决死之意志："凡云南人有一人未死尽死绝时，则云南人绝对的不受清廷之支配，亦绝对的不受他国之干涉。……盖吾云南人之决心，与其伈沁伣伣为犹太，为埃及，为缅甸，为越南，为朝鲜，何如轰轰烈烈截铁斩钉竖独立旗，撞自由钟……今我云南人之自觉自决，金以独立为唯一无二之目的也。"再是解释云南不得不独立的原因："夫清政府之欲断送云南于外人也，久矣。藩篱尽撤，路矿悉卖，官吏尽放一群豺狼，边防无一壮兵利器，致革命一到，势如破竹，如入无人之境，彼无可如何，遂使其狡计，密借外兵，将云南十四万六千六百八十方英里之土地，一千二百数十万之人民双手奉送法人，以图换取革命党数人之头颅，丧心病狂，是岂可以天理人情喻者。……故清政府盗卖云南与云南断绝关系，云南人即宣告独立，与清政府断绝关系。此固理之至顺，情之不能已而势之所必至者。"并吁请全国皇汉同胞同心协力支持云南独立，说明"成就云南独立，即为成就中国独立之基础"。"盖云南之举独立军而宣告独立，实对于清政府而宣告也，非对于我皇汉同胞而宣告独立，非对于中国宣告独立，此界限甚严明，非可迁就混淆者"。正告国内外"惟我云南独立义军所到之地，即中国主权恢复之地，若有助清政府以抗拒我义军，或助清政府而进军入我云南境者，无论中国

---

① 《申报》戊申年四月十六日（1908 年 5 月 15 日）第三版。
② 冯自由：《杨振鸿事略》，载冯自由《革命逸史》第 5 集，中华书局 1981 年版，第 159 页。

人、外国人，皆与清兵一律敌视。若其他教士商人之生命财产，我云南独立均皆加意保护，若有意外损害，则我云南担负赔偿之责"①。

这是中国革命史上第一次宣布独立——独立于旧的满清政权之外，重造皇汉同胞的民族中国。首倡独立的是云南革命志士杨振鸿，他"极力主张宣告云南独立，开中国独立之先声，……中国之独立，实发轫于此"②。

四 杨振鸿等回国发动永昌起义

杨振鸿（1874—1909），云南省昆明市人，字秋帆，号思复，1903 年赴日，是云南最早的赴日留学军事的人员之一，也是云南最早加入同盟会的成员之一。1906 年，他奉云贵总督丁振铎电调回滇，特意取道越南，沿滇越铁路入滇，沿途考察军情民风，撰写《滇越边务及铁道之实况》的报告，刊于《云南》杂志第 10 期，成为我们了解当时滇越边务的第一手资料。回昆明后，因其激进之言行而为丁振铎所忌，被派往滇西腾越厅巡防营任营管带，秘密发展同盟会组织，介绍张文光、刘辅国等人入盟，协调军民关系，准备发动起义。锡良任云贵总督，听闻杨振鸿事，欲假调其到昆以加害，杨振鸿不得已于 1907 年秋从缅甸出走再度赴日，由云南留日同学会代为申请官费留学，入日本士官学校，因班期不合，暂入振武学校补习。杨振鸿因有此非凡的经历，在东京的中国留学生特别是云南留学生中已有相当威望。因此，他能够与同盟会云南分会的领导人吕志伊等人成功发起声援河口起义的云南独立大会。在会上，他"登台演说，慷慨激昂，全体闻之，均潸然泣下，相唏嘘于庭。自此东京志士，知与不知，争交钱振鸿，振鸿亦以此自负，进行益力"③。

会后，"留日学生奉同盟会命令赴河口参加革命工作者一百余人，云南学生约二十余人，如张大义、杨少甫、杨名遂、何汉、何畏等"，他们随杨振鸿、黄毓英、杜韩甫一起回滇，到香港时见报载革命军已退出河

---

① 《云南留日本同志檄国内反对清政府借外兵文》，载中国科学院历史研究所第三所编《云南、贵州辛亥革命资料》，科学出版社 1959 年版，第 20—22 页。

② 《杨振鸿传》，载中国人民政治协商会议云南省委员会文史资料研究委员会编《云南文史资料选辑》第 17 辑，云南人民出版社 1982 年版，第 284 页。

③ 张天放、于乃仁：《回忆辛亥革命时期云南的杨振鸿》，载中国人民政治协商会议云南省委员会文史资料研究委员会编《云南文史资料选辑》第 15 辑，云南人民出版社 1981 年版，第 17—32 页。

口，不敢确定真实与否，杨振鸿遂主持开会，决定派张西林赴越南调查核实，再定行止。一星期后，张西林回港报告说革命军确已失败，越南戒严，中国人不易通行。杨振鸿再次召集会议，表示既然从越南入滇不易，自己欲从缅甸入滇西运动。张大义等人则返回东京继续留学，并带函请留东京的吕志伊、赵伸等办速成军事讲习会，教授留学生军事知识。又有外省留学生愿转道分赴各省运动者。随杨振鸿同行者，有居正、黄毓英、杜韩甫、何畏等人。他们于6月初赴新加坡拜谒孙中山，并受到孙中山宴请。杨振鸿向孙中山谈了自己欲入滇西进行革命的步骤，孙中山表示会尽量筹助，并说："你们进滇西去作革命事业，我有《革命方略》一册，可以遵照办理，决不致错误。"①

他们在新加坡停留两个多月，即分批经缅甸入滇西，并在缅甸办《光华日报》以宣传革命思想。11月，光绪帝与慈禧太后谢世，杨振鸿等人认为应抓住时机起义，乃致电吕志伊速到仰光共举。未等吕志伊到，杨振鸿已先至干崖，与黄毓英等商议。此时，清政府已是风声鹤唳、草木皆兵，锡良悬赏5万金缉拿杨振鸿。杨振鸿无所畏惧，风餐露宿，奔走于滇西盏达、永昌（保山）等处，与何畏等约定12月23日凌晨起义。可惜因事机不密，清军得令严防，居民迁徙逃避者亦多。② 杨振鸿仍旧以"任何革命大业，莫不先由失败而后成功"③ 之精神，发动起义。但原定参加起义的乡民，见清军有备，即行溃散。杨振鸿与何畏只能相望感叹，数月之辛苦经营，归于失败。杨振鸿激愤之下，积劳成疾，呕血不止，于1909年1月2日（农历戊申年十二月十一日）逝世于何家寨，年方34岁。

杨振鸿本为响应河口起义而回滇，知河口革命军失败，仍一如既往赴滇谋划永昌起义，亦归失败，并以身殉其事业，遗言"我是中国革命之实行家，革命工作仍然继续推进"④。此确实为至理之言。三年后辛亥革命爆

---

①　何畏：《杨振鸿滇西革命纪略》，载中国人民政治协商会议全国委员会文史资料研究委员会编《辛亥革命回忆录》第3集，中华书局1962年版，第381—382页。

②　冯自由：《杨振鸿事略》，载冯自由《革命逸史》第5集，中华书局1981年版，第157页。

③　何畏：《杨振鸿滇西革命纪略》，载中国人民政治协商会议全国委员会文史资料研究委员会编《辛亥革命回忆录》第3集，中华书局1962年版，第385页。

④　同上书，第388页。

发，云南宣告光复。

五　西方媒体的报道

西方媒体对于河口起义也有关注，这从前引胡汉民的报告书、孙中山的函电等材料中可以看到一些。新加坡的《中兴日报》也曾转载法、日等国的报道，多为赞誉革命军举动甚为文明之类的言论，如 5 月 19 日就有三条，一为《革命军据河口与法人之舆论》，云：

> 此次云南革命军攻破河口，举动甚为文明。初一日河内法文报云：中国革命党此回甚合万国公法，界限分明，今既得信防河口，将来进步不可限量，盖该处乃云南全省之锁钥云。是日有云南按察、满洲人世凤〔增〕由香港到河内，年约三十余，曾随裕庚到法国，故颇通晓法语，及闻河口既破，遂不敢赴任。法官以其为满人，恐有意外，故请华人帮长到谈，谓越南革命党甚多，托其遍告彼等，不可暴动，害及世凤〔增〕性命。帮长答以革命党向来文明端正，必无暴动事情。法官甚为称许云。

一为《革命军之美誉》，云：

> 顷东京外务省及各新闻纸馆，据谅山及支那各处来电，越南革命党所攻必克，该地之人心悦服异常。此次举兵，与昔时举兵大不相同，故近日相率而从者不可胜数。

还有恨海对"本月六日大阪每日新闻"的翻译，题为"日本报之云南革命观"，内容为：

> 清国云南省革命党之内战，系出于孙文黄兴等之企划。彼等鉴于昨秋镇南关之失败，其计划益加审慎，急图互相呼应而举兵，……可知其势力刻已充足，更闻该党人顷复在思茅方面，力谋举事，其计划已经妥帖。今回革命党所占领之河口，……该地方在留之法人，亦阴

为彼等之声援……①

在西方媒体的报道中，英国的《伦敦和中国电讯报》，于 5 月 24 日以
《中国南部的革命运动——我驻北京记者来稿》为题所作的报道，虽然把
河口起义作为反清叛乱，但对河口起义的内外关系均有梳理，且评价很
高。其内容为：

> 如果我们根据电报和其他途径发来的报告作出判断的话，目前在
> 云南省南部的反清叛乱每天都在发展。这次行动的头目是大名鼎鼎的
> 孙文博士，又名孙逸仙，他来自安南和东京湾，同 4 月份加入的约二
> 千名会员一起越过边界，并占领了河口镇。叛军威胁云南省南部的两
> 个重镇蒙自和灵安（应为临安，即建水县——引注），而官兵由于缺
> 乏纪律和现代武器实际上已惊慌失措。这位革命博士已向贵州、四
> 川、广东和广西派出秘密使者，通知反君主政体者、秘密会社的其他
> 信徒和声名狼藉的人重新起来反对当今皇朝，希望能在北京建立一个
> 纯粹中国人的政府，把中国群众从残酷的满族压迫下解放出来。在叛
> 乱者纲领的要点中，如同那些通报所发表的，有保护外国人、不干涉
> 外国传教士的活动、不进入他们的居住区等，同别的暴乱分子不同。
> 别的暴乱分子曾攻击传教使团和外国传教士，并抢劫外国产业，企图
> 引起满清政府同列强的纠纷。人民担心在北京的那部分不安分的伊斯
> 兰教徒和在甘肃、新疆和贵州的土著也会加入反对政府的斗争，除非
> 尽可能立即把叛乱镇压下去。
>
> 云贵两省总督锡良（蒙古人）现在（5 月 24 日）在前线亲自督
> 阵，征讨叛军。毗邻各省的总督和巡抚也接到命令，令他们派出军队
> 发送武器、疾速向锡良驰援。这是自近五十年前太平军造反以来最大
> 的、反对现今皇朝的暴动。根据云南来电称，孙文博士集中了三万多
> 人马对付官兵，然而这个数字很可能是被夸大了的。法国曾提议给予
> （中国）军事上的帮助，但被拒绝了。②

---

① 《革命军据河口与法人之舆论》，《中兴日报》1908 年 5 月 19 日（农历戊申年四月二
十日）。

② 《关于河口事件〈伦敦和中国电讯报〉消息摘译》（1908 年 6 月 16 日），载章开沅等主编
《辛亥革命史资料新编》（7），湖北人民出版社 2006 年版，第 108—109 页。

第二节　河口起义的意义和影响

河口起义的意义和影响，长期以来并没有得到充分的认识和肯定。仅就现在学术界所承认的，即河口起义是孙中山从策动会党向策动清军转变的转折点，亦足以令人为之刮目相看。如果将这次起义放在晚清那特定的环境中，与其他起义相比较，研究其性质、其规模、其对双方的影响、其地位和意义，我们会发现，河口起义有许多方面被忽略了。

河口起义是辛亥革命前一次声势最大、持续时间最久、影响也最大的革命起义，它集会党游勇的反清斗争、清政府的兵变、同盟会革命方略等多种因素于一身。

一　河口起义是孙中山发动的"十次起义"中规模最大、持续时间最久的革命起义

河口起义的规模，就参加人数而言，并没有 1906 年 12 月的萍浏醴起义那么多，但就声势而言则超过萍浏醴起义。萍浏醴起义虽然参加人数多达数万，且有同盟会员刘道一、蔡绍南等几人参与策动，打出了"中华民国革命军南军先锋队"的旗号。起义失败后，孙中山也承认"此为革命同盟会会员第一次之流血也"，但并没有将之列入"十次起义"，而是视之为"同盟会会员自动之义师"①。虽然有研究者认为这是孙中山"把西南边境起义当作同盟会正统的策略措施所产生的一种偏见，很明显，萍浏醴起义应当作为同盟会领导的首次起义而载入史册"②。但这不能改变此次起义浓厚的旧式会党暴动的色彩，也不能改变孙中山没有将之视为"十次起义"之一的观感。在孙中山看来，组织同盟会，就是鉴于过去各自为战使革命难以成功的教训，要将所有革命力量纳入同盟会，统一规划，以同清政府决战。萍浏醴起义是在同盟会建立后发生的，却不在同盟会计划之内，仍旧沿袭各自为战的做法，因此，孙中山并不赞同，也就没有将之纳入"十

---

①　孙中山：《有志竟成》，载朱正编《革命尚未成功——孙中山自述》，湖南出版社 1991 年版，第 63 页。

②　章开沅、林增平主编：《辛亥革命史》（中册），人民出版社 1980 年版，第 242 页。

次起义"。

所谓"十次起义"，是孙中山在回忆自己的革命历程时所列的历次失败，从第一次失败到第十次失败，分别指 1895 年的"乙未广州之役"，1900 年郑士良等在惠州发动的"庚子之役"，1907—1908 年在粤桂滇发动的"潮州黄冈之役"、"惠州之役"、"钦州防城之役"、"镇南关之役"、"钦、廉、上思之役"、"河口之役"，1910 年倪映典指挥的"广州之役"，1911 年的广州"黄花岗之役"。孙中山早期革命的这些次失败，在国民党的历史上被称为"十次起义"，如台湾所编的大型革命历史文献《革命文献》第 67 集，便以"十次起义史料"作为主题。

在十次起义中，在历史书中最为人们熟知的，当数 1911 年 4 月 27 日（辛亥年三月二十九日）的黄花岗起义。"黄花岗七十二烈士"之英名及事迹，也一直为人们所传颂。此次起义失败未及半年，武昌起义（10 月 10 日）打响了辛亥革命的第一枪，又未及半年，清王朝宣告灭亡（1912 年 2 月 12 日）。黄花岗起义与武昌起义的关联性，因孙中山、黄兴、宋教仁等伟人的宣传而为世人所公认。讲辛亥革命，必讲武昌起义；讲武昌起义，亦必讲黄花岗起义。孙中山认为："是役也，集各省革命党之精英，与彼虏为最后之一搏。事虽不成，而黄花岗七十二烈士轰轰烈烈之概已震动全球，而国内革命之时势实以之造成矣。"[①] 更有感人肺腑之言辞称："是役也，碧血横飞，浩气四塞，草木为之含悲，风云因而变色，全国久蛰之人心，乃大兴奋，怨愤所积，如怒涛排壑，不可遏抑，不半载而武昌之大革命以成，则斯役之价值，直可惊天地，泣鬼神，与武昌革命之役并寿。"[②] 相比之下，其他起义在一定程度上只是被用数字囊括在内而已，如多次起义之类。那么，是不是黄花岗起义的规模宏大，超越其他次起义呢？肯定不是。上述引文，已经可以看出，孙中山等人之所以最看重黄花岗起义，是因为党人精英在此役中牺牲的惨烈及其影响所造成的时势，而非起义规模的庞大，也非起义声势的浩大。而且，孙中山似乎忘记了其所定的革命方略是策动清军，而不是黄花岗起义那样齐集党人去搏杀。武昌起义正是策动清军的结果。

---

　　① 孙中山：《有志竟成》，载朱正编《革命尚未成功——孙中山自述》，湖南出版社 1991 年版，第 53—67 页。

　　② 孙中山：《〈黄花岗烈士事略〉序》，载《孙中山全集》第 6 卷，中华书局 1985 年版，第 50 页。

　　革命党人第一次大规模地成功策动清军，正是从河口起义开始的。河口起义的规模，相比于只有一两百人参加的黄花岗起义，人数要多一二十倍。河口起义发动时也只是两三百人，占领河口后已发展到两三千人，到三路进取的全盛时，更达到三四千人，至少有报载"初六日，革党率众四千余人，由河口进攻蒙自"①。孙中山当时也声称"日来我云南军所至皆捷，清兵之归降者已盈四千有余"②。并将此消息以"本馆特电"发布于《中兴日报》1908 年 5 月 12 日（农历戊申年四月十三日）上。还有的说是"降者日众，达五千人"③。就算其中有虚张声势的成分，但见之于法国情报，由越南总督报给驻滇副领事的"河口有革命党贼五百名，由河口沿铁路至南溪有两千余贼，由河口至蛮耗有一小队贼，未悉数目"④ 的消息也说明革命军不会少于 3000 人。其中，按照胡汉民报告书中所做的分析："河口原有之义师三百余人，在河口收降者，警察汛营及巡防四营，李兰亭来降一营，黄茂兰来降二哨，胡华甫一哨，王玉珠一哨，其余新街、蛮耗尚有降者。"⑤ 仅归降清军就有 6 营，即使清军各营腐败吃空饷，不满每营 250 人的编制，这 6 营总有 1000 人左右。如此将清政府驻边防重镇的军人大多数都策反参加起义，是孙中山革命以来从未有过的。河口起义军兵分三路，由攻而守，与清军交战 20 余日，撤离河口后又在中越边境转战 4 个月之久，使清军疲于奔命，难以安定。结果在这几个月中，清军因病减员不下于此前与革命军在河口地区交战的减员。清军为此役付出的代价，也超越镇压其他九次起义。因为革命军也是以倒戈投降的清军为主要力量，这本身就是清军最大的损失。

　　孙中山为发动河口起义，也投入了一大批革命党精英和华侨骨干。除了黄明堂、关仁甫、王和顺的旧部和他们策动的人，有相当一批华侨以工人身份辗转到河口参加起义。胡汉民坐镇河内指挥，黎仲实、黄隆生、甄吉亭等居间联络，黄兴亦奔赴前沿，孙中山、汪精卫等四处筹款，田桐、

---

　　① 《云南革党分股进兵纪闻》，《申报》戊申年四月二十一日（1908 年 5 月 20 日）第三版。
　　② 孙中山：《复邓泽如函》（1908 年 5 月 12 日），载《孙中山全集》第 1 卷，中华书局 1981 年版，第 367 页。
　　③ 伧父：《十年以来中国政治通览·上篇·通论》，《东方杂志》第 9 卷第 7 号大增刊。
　　④ 《法驻滇副领事苏烈为河口、南溪、蛮耗有革命党人活动致锡良函》（光绪三十四年四月十日），云南省档案馆：《河口起义前后的清政府与法帝国主义》，《云南档案史料》1984 年第 7 期，第 11 页。
　　⑤ 《胡汉民之报告书》，载冯自由《革命逸史》第 5 集，中华书局 1981 年版，第 150 页。

冯自由等在新加坡、香港的报界鼓吹，河内海防侨领杨寿彭、刘岐山等在越南为革命军奔走，新加坡侨领张永福、陈楚楠等为安置河口败军操劳，如此等等，无不为河口起义的成败拼命、拼钱、拼力。还有一大批为响应河口起义而跃跃欲试的各地党人，如杨振鸿、居正等在东京的留学生，广东梅县松口体育会的姚雨平、黄嵩南等，无不成为革命的骨干。而河口起义暴露出的军事人才的缺乏，促使孙中山、黄兴要求在东京的留学生多学习军事，由云南革命党人李根源利用暑假，"在东京成立大森体育会，为革命党人讲授军事学。同任教者有赵康时、仇式匡。参加学习的有林时爽、焦达峰、陶成章、刘揆一、乔宜斋、赵伸、孙武、夏之时、张大义、刘九畴、李贞白、李奇英、包绍杰、吴永枬、熊璵藩、喻培伦、段雄、丁石僧等七十八人"①。这些人后来也成为辛亥革命的骨干，其中的孙武，正是武昌起义的关键人物之一。

二　河口起义对清政府的打击和影响

对清政府而言，河口革命军的声势和影响，亦超越此前的历次革命党举事。因革命党"声势颇盛。朝廷引为南顾之忧，枢臣束手无策，相顾失色"②。不仅仅云南全省风声鹤唳、草木皆兵，邻近各省亦惶恐不安，特别是广西，"因云南之事，人心甚为惊动，并谣传有革党潜入城内，居民尤为恐怖"，以致在南宁"日夜派勇梭巡，各城门均于五点钟以前一律关闭，以备不虞"③。清政府从地方到中央的慌乱，于此可见一斑。

清政府为镇压河口起义，尽管没有如革命党所宣称的是合滇桂川黔四省之兵前来镇压，但在筹防、筹饷、协械时，邻近的桂川黔各省无不紧张备防，或出兵、或出饷。即使是远离云南的两湖总督、两江总督，亦受命筹饷协械。当时的报纸载称："革命党侵犯云南，以蒙自为中心，蔓延云贵两广四省之地，约有三百余里之广。该党运动专与官吏富豪为难，其余

---

① 李根源：《辛亥前后十年杂忆》，载中国人民政治协商会议云南省委员会文史资料研究委员会编《云南文史资料选辑》第41辑（辛亥革命在云南），云南人民出版社1991年版，第33页。
② 《论河口克复之未可恃》，《申报》戊申年五月初一日（1908年5月30日）第三版"论说"。
③ 《南宁有革党窜入警耗》，《申报》戊申年四月二十一日（1908年5月20日）第三版"紧要新闻"。

民众则不加害，以笼络人心。"①

　　清政府之所以因河口起义而感到惊惧，是因为革命与边疆危机交织在一起，且发生在多民族的地区。革命动摇了清政府对政权的控制，边疆危机则使清政府为法国的侵略和滇边国防藩篱的丧失而忧虑。革命军有外部的背景，清政府自己的边防军却在革命军策反下瓦解，足见边防之虚弱。

　　由于革命军是从越南过来的，清政府颇怀疑革命党背后有法国暗助，不得不为"外人借口干预，横生枝节"②而担忧。还有，锡良接连电奏所称："此次革匪数千乃系由保胜直过铁桥而来，竟是明目张胆"，"匪之来防不胜防，匪之过剿无可剿，势成束手，祸已噬脐，此固不仅桂、滇之边患，实全局莫大切近之忧也。"③"该逆匪党羽众多，根底深固，迨谋成事集，粮足械精，而后悉锐内犯。其逆谋之狂妄，匪势之嚣张，实与图扰一隅之丑类迥异。"④"是该匪有至便至利现成之铁路，添兵添粮添械不竭之来源，反客为主，着着占优。以滇省之转运极艰，饷械两乏，即勉集多师，以与匪角，有此强大阴为之助，实属牵制多虞。"⑤无不在渲染革命党声势之浩大及外有强援之背景，以致"两宫览奏，大为震动"⑥。再加上法国有助剿或干预的明示或暗示，清政府担心出现锡良所奏的情况，即"拒之则无以除匪类，允之则适遂其谋横生枝节，河失则全滇多事，滇患则大局必不能安"⑦。也就是说，这不仅仅是镇压革命党的问题，还是可能引发外战的问题。

---

　　①　《云南军报汇志·革党在滇之举动》，《申报》戊申年五月初一日（1908年5月30日）第三版"紧要新闻"；另《中兴日报》1908年5月30日（农历戊申年五月初一日）的"各省新闻"中也有类似报道。

　　②　《光绪三十四年四月初五日军机处寄云贵总督锡良电旨》，载中国史学会主编中国近代史资料丛刊《辛亥革命》（三），上海人民出版社1957年版，第272页。

　　③　《光绪三十四年四月初五日云贵总督锡良致外务部电》，载中国史学会主编中国近代史资料丛刊《辛亥革命》（三），上海人民出版社1957年版，第273—274页。

　　④　《光绪三十四年四月初六日云贵总督锡良致军机处请代奏电》，载中国史学会主编中国近代史资料丛刊《辛亥革命》（三），上海人民出版社1957年版，第275页。

　　⑤　《光绪三十四年四月初六日云贵总督锡良致外务部电》，载中国史学会主编中国近代史资料丛刊《辛亥革命》（三），上海人民出版社1957年版，第276页。

　　⑥　《廷寄桂抚派军往滇助剿》，《申报》戊申年四月十九日（1908年5月18日）第三版"紧要新闻"。

　　⑦　《云南军报汇志》，《申报》戊申年五月初一日（1908年5月30日）第三版"紧要新闻"。

　　锡良在奏报时，对清军倒戈投降革命党的情况轻描淡写，但因当时国内外报刊的报道，清军倒戈和民众响应的情况，还是逐渐为人们所知。从1895年清廷开始探知有孙文为首的革命党举事以来，革命党经历次镇压，反而越来越大，越来越赢得同情和理解。有论者就问，革命党每次举事初始不过数十人，随后呈现出"几有一呼百应之势"，"传闻河口一役，边民从乱者极多，并有军队倒戈为之内应"，这是为什么呢？主张改良的人认为，"向非革命党者皆因专制之手段而尽变为革命党也。政府若因恐其爆裂益加压制，而不图政治之改良，不谋人民之乐利，是无异促乱党之进行而张其势焰也"①。立宪派更进一步将革命党举事原因，归之于未能实行立宪，说是"今日一般国民，期望立宪之成立者，固如大旱之望雨矣……倘政府而果能以实行立宪之决心，听舆论之向背为措施而万事不专断于一己之私意，则孙汶虽狡，终亦无从借口。盖彼得以大声疾呼，倡言起事者，皆由于政府之不能实行立宪而彼得有词以鼓动徒党"②。清廷对于这些言论，未必就能够采信，但在一定程度上也推动了清政府的立宪进程。另外，河口边防军顷刻间瓦解，亦不能不令清政府有所思考。锡良原定的裁兵计划③不得不停办，变成一面加强防营，一面编练新军，其军费支出大为增加。这对清政府困难的财政，无疑是雪上加霜。

　　当然，清政府感到欣慰的，是划分边界后初具国家认同意识的云南边疆少数民族，其上层支持了清政府。清政府清楚，对于边疆少数民族，稳定其上层，也就稳住了听命于他们的部众。稳定上层的方法，已经不是维护其领导地位那么简单，而是要鼓励他们出来为政府效力。原为哈尼族土司的龙济光、龙觐光、龙裕光三兄弟所统带的哈尼族兵勇土勇，白金柱统带的回族兵勇，还有项从周所带的苗族土勇，均成为清政府镇压革命军赖以依靠的力量。龙氏兄弟和白金柱的事，前已多有论及，项从周的事在此可以稍微介绍下。

　　项从周（1856—1914），亦名项崇周，是开化府安平厅（今文山州马关县及西畴县一部）著名的"苗王"，中法战争前后曾领导当地苗人捍卫

---

① 《论剿革命党》，《申报》戊申年四月十七日（1908年5月16日）第二版"论说"。

② 《论滇省革命党乱事原因》，《申报》戊申年四月十六日（1908年5月15日）第二版"论说"。

③ 《滇省绿营官兵分别酌拟裁留折》（光绪三十三年十二月二十四日），载中国科学院历史研究所第三所工具书组整理《锡良遗稿　奏稿》（第二册），中华书局1959年版，第748页。

疆土抗击法军，受封猛洞土司，成为法国人的眼中钉，1903 年又配合龙济光、白金柱等部镇压会党，恢复地方秩序。河口起义的革命军撤离河口东向后，项从周亦严密布防，并让儿子项国恩率部参与清军的追堵。法国方面企图构陷项从周暗通革命党，借机除之而后快，说是越南土司黄文光、黄文登"与猛洞苗人头目等串通匪党"。为此锡良曾电奏说明："惟头目项从周，此次经陈守邹丞禀准，发给枪械，分守要隘，极资得力，其子项国恩从营剿匪，异常奋勇，何至通匪。该团练为法所忌，每思中伤，早在洞鉴。"① 锡良的信任，使项从周苗部深感厚恩，强化了其国家认同的意识。

通过镇压河口起义，清政府在滇东南边疆少数民族地区进一步树立了其国家正统的观念，加强了这些少数民族对中央政府的认同和支持。

为杜绝革命党从越南卷土重来，清政府通过外交手段，成功使法国签署了《禁止逆党章程五条》，以国际法的形式，使法国放弃了对中国革命党的支持和同情，法国对孙中山革命的态度由此发生了根本性改变。直到辛亥革命，孙中山的革命党再没有机会重新以越南为据点在粤桂滇边举事。这实际上断绝了法国有些人想乘中国革命之机生事入侵云南的可能，对稳定云南边疆版图客观上发挥了重要作用。

三　河口起义是孙中山革命策略的一个重要转折点

河口起义的失败，实际上宣告了孙中山以越南为据点在中越边境发动革命的策略已经失败，孙中山虽然在此后仍旧坚持以华南为中心的总体革命方略，但在具体的运作上，还是因此而有重要改变。学术界承认，作为辛亥革命前孙中山领导的十次起义中的第八次，河口起义是孙中山革命策略的一个重要的转折点，即它成为同盟会从策动会党革命到策动清军革命的转折点。这是革命党人在反思这次起义后所得到的经验教训。

发动会党与运动清军，是孙中山历次起义所倚重的方案。而历次失败后的原因总结，不是未能充分发动会党，就是运动的清军背弃同盟。但是，河口起义既充分发动了会党，也空前成功地运动了清军，可还是失败了。孙中山等人通过总结失败原因，终于看到了以前不愿意看到或还没有证实的一面，即依赖会党和运动清军，均不可靠。

---

① 《光绪三十四年八月十二日云贵总督锡良致外务部电》，载中国史学会主编中国近代史资料丛刊《辛亥革命》（三），上海人民出版社 1957 年版，第 318 页。

作为这次起义总指挥的胡汉民，"事前负责策划，事后为之接应"①，其对起义失败的原因有超越其他人的体验，也有更深沉的反思。这从他后来对河口革命军的严厉批评中可以看出来。尽管这些批评有片面之处，如他认为黄兴离开河口是起义失败的重要原因，便值得商榷。②但这支主要由会党和倒戈的清军组成的革命军队伍，确实存在无款即不发动、无款即不进兵、无款即不听指挥等行为。从中，胡汉民发现了致命的缺陷。在河口起义发动后，他曾致电孙中山谈及起义军，谓"就其素质与动机，恐无甚奢之希望，因此次以河口变军为主力。此军队实未受革党主义之陶熔，其变而来归，虽然受党人运动，但只因其乏饷与内部之不安而煽动之；其军官向来腐败，尤难立变其素质，而使之勇猛进行"③。到香港时，他与赵声（赵伯先）商谈了这些问题，赵声认为："以后举事，民军简直不可用，非运动新军不可。民军太无战斗力，太无训练。"这与胡汉民可谓英雄所见略同。④胡汉民到了新加坡，汪精卫论及未能募集巨款资助河口的事，胡汉民即说："河口失败，决不能以军费不给为解，其初已呈弱点；及克强被逐出境后，该军更无勇气前进，纵得多金，亦无益事矣。"在同孙中山计划今后的革命方略时，胡汉民便提出不再依赖会党而当策动新军的问题，说明会党首领"难用"，部属也是乌合之众"不足恃"，今后"当注全力于正式军队"。孙中山表示："会党性质我固知之，其战斗自不如正式军队，然军队中人辄患持重，故不能不以会党发难。诸役虽无成，然影响已不细，今后军队必能继起。吾人对于革命之一切失败，皆一切成功之种子也。"胡汉民说："先生所言，不啻革命之哲理，党人自应有必收最后胜利之确信。余察军队中标统（团长）以上官，往往持重，其部队未有革命之思想，则更无怪其然；军队运动，宜加注重于连排长以下。"孙中山深以为然，接受了胡汉民的建议，"于是密下数令于党员之负有任务者"⑤。从此开始注重策动新军。基于此，学术界认为，"革命军事进行的方针，

---

① 蒋永敬编：《民国胡展堂先生汉民年谱》，台湾商务印书馆1981年版，第87页。
② 参见范德伟《黄兴与云南河口起义》，《中国国家博物馆馆刊》2011年第5期。
③ 《胡汉民自传》，传记文学出版社1982年版，第27页。
④ 《胡汉民自传》，传记文学出版社1982年版，第27页；《胡汉民讲述南洋华侨参加革命之经过》，载冯自由《革命逸史》第5集，中华书局1981年版，第205页。
⑤ 《胡汉民自传》，传记文学出版社1982年版，第32页。

由运用会党而转向新军，实由于河口之役失败的经验"①。"这是革命战略政略一大转变"②，"就这样，以河口起义为契机，革命派策划武装起义的活动重点，开始转向正式军队、特别是新军。……军队和会党，在革命派策划的武装起义活动中一直是两大方面军；只是轻重之间在这以前和这以后，是发生了明显变化的。""这种把策划武装起义的运动重点转移到正式军队、特别是新军方面来，在辛亥革命准备时期内，无疑是一个重要的进步。"③ 胡汉民悄然促成的这一转折，3 年后演变成了全国新军的大革命——辛亥革命。

有些出人意料的是，为镇压河口起义，清政府在云南编练的新军第一次投入战斗，那时，他们是清政府忠实的拥戴者。标统赵金鉴、营长周国祥均被赏予巴图鲁勇号，但这批拥戴者随着锡良的调离而调离，协统陈宧也得以员外郎调陆军部，1909 年云南新军的扩编和创办云南讲武堂所吸纳的留日士官生，恰恰是参与响应河口起义宣布云南独立的人，他们都是具有革命意识的人才。1911 年，他们在昆明发动"重九起义"响应武昌起义，宣布云南独立。从这个意义上说，河口起义开创了宣布革命的新方式——宣布独立。

四　河口起义开创了宣布革命的新方式——宣布独立

革命不仅仅要在行动上打倒旧政权、旧体制和成立新政府，更需对内对外宣布革命宗旨，阐释革命的正义性，以期在内部能够唤起国内民众，使之响应或至少安于变故，在外部能够取得国际的谅解与同情。孙中山的历次起义，无不以布告、传单、宣讲等方式来担负此任务。为统一革命的宗旨与口径，1906 年秋冬孙中山、黄兴、章太炎所拟定的《中国同盟会革命方略》中，专门撰写了《军政府宣言》《安民布告》《对外宣言》等布告，以备起义时宣布。河口起义时所发布的文告、传单，文字虽因事因地与其他起义有出入，精神无不与革命方略一致，并按照此方略宣布建立军政府——云贵都督府。

在东京的云南革命党人在得知河口起义的消息后，跳出了革命方略的

---

① 蒋永敬编著：《民国胡展堂先生汉民年谱》，台湾商务印书馆 1981 年版，第 90 页。
② 吴相湘：《孙逸仙先生传》上册，台湾远东图书公司 1982 年版，第 600 页。
③ 金冲及、胡绳武：《辛亥革命史稿》第二卷《中国同盟会》，上海人民出版社 1985 年版，第 340 页。

窠臼，选择了一种更直白、更简单、也更惊人的宣布革命的方式——宣布独立。

从世界革命的历史看，宣布独立一般是殖民地欲摆脱宗主国的方式，它不以打倒、消灭宗主国为目标，只是宣布摆脱宗主国统治而另立一国，同时承认宗主国为另外一国。细思孙中山的革命纲领，从建立兴中会时用以表明革命宗旨的"驱逐鞑虏，恢复中华"，本就有中华沦为鞑虏殖民地的认识，其意也指向宣布中华独立。接受孙中山此思想的云南革命党人，与在东京的其他省的革命党人，于5月24日在东京神田锦辉馆召开声援河口起义的大会，宣布要使云南不成为埃及、缅甸、越南、朝鲜，只有独立，与清政府断绝关系，既不受清廷之支配，亦绝不受他国之干涉，并使云南独立成为中国独立之基础。[①]

从1903年邹容在《革命军》之"呼天吁地，破颡裂喉"而喊出"竖独立之旗，撞自由之钟"后，中国独立之声时有所闻，如章太炎在1908年4月出版的《民报》第20号上撰有《印度独立方法》的时评文，便有支那（中国）、印度独立而结成神圣同盟的说法。但云南或某一省独立之说，则未见。河口起义发生，《申报》在论及法国是否承认革命军为交战团体时，说："自云南河口失陷以来，攻南溪、犯蛮耗、窥蒙自，革命之势力，滔滔进行，殆将以滇边为根据地，外与香港、新加坡联络，为创建独立国之原本乎？"[②] 提出革命党以滇边为根据地创建独立国的可能性。云南革命党人是否受此启发，不得而知。但他们所宣布的云南独立，并非实现此种创建独立国的方式，而是独立于清政府之外。由云南独立，倡其他省独立，独立各省组建中华共和国。这是一种前所未有的宣布革命的方式。由《云南留日革命党之宣言》所倡议的"竖独立旗，撞自由钟"，深刻印在革命志士的心目中。3年后，在辛亥革命中，起义各省对国内外宣布革命的方式，均为"竖独立旗，撞自由钟"，并按照《云南留日革命党之宣言》所提出的程序，独立各省联合组建中华民国临时政府。就此而言，河口起义时的云南革命党人可谓勇开风气，引领革命方向。

---

① 《云南留日本同志檄国内反对清政府借外兵文》，载中国科学院历史研究所第三所编《云南、贵州辛亥革命资料》，科学出版社1959年版，第20—22页。
② 《法人果认云南革命党为叛乱团体乎？》，《申报》戊申年四月十八日（1908年5月17日）第二版"论说"。

附录一

两篇论文

周云祥与革命党[*]

范德伟　王丽云

摘要： 周云祥是 1903 年临安起义的领导人，此次起义从 5 月 14 日发动到 6 月 27 日失败，历时一个半月。从清政府档案和地方文史资料中，找不到周云祥与孙中山革命党有任何关系。但获知临安起义的革命党人，撰写了《书周云祥事》一文，加入周云祥曾经受"某革命党文士"鼓动的情节，使云祥成为了以孙中山革命目标为目标的人物。之后，有丁怀瑾、夏思痛自认或被认是策动周云祥起义的人。而国民党党史专家冯自由、邹鲁等人虽然没有采信丁、夏之说，却以周云祥响应 1908 年河口起义的说法，进一步肯定了周云祥的革命性，使周云祥成为逐满建国革命的一面旗帜。

关键词： 周云祥；临安起义；革命党；河口起义；丁怀瑾；夏思痛

1903 年（农历癸卯年）发生的周云祥率个旧矿工占据临安的事，至今已经 110 年。此事集"厂匪聚众起事"、革命、起义、民变、工人运动等多种记述于一身，在晚清最后十年，它不仅仅是震动云南的大事，从全国来说，也是义和团运动之后高举反洋旗子而令清政府惊恐的大事。然而

---

* 本文原发表于《中国国家博物馆馆刊》2013 年第 8 期，第 119—127 页，此处略有修改。

史学界对于此事，除了清末革命历史著作、地方史志和文史资料的介绍，迄今鲜见专门的研究。而且，革命史与地方史志的记录，还有诸多不同处，其中最明显的不同，就是周云祥是否与革命党有联系的问题。本文依据清政府档案材料、地方史志、文史资料，对革命史所录有关周云祥与革命党关系的起源与流变，进行论证，以期廓清相关史实，还原周云祥事件的真相。不妥之处，敬请行家斧正。

一 周云祥起义始末

周云祥（1872—1903），建水县西庄人。当时建水是临安府所在地，也称临安。周云祥可能是因幼时出水痘处理不当，面部留下痘瘢，人们多呼之"周大麻子"。据《建水县志》，他在 15 岁时即到个旧锡矿当砂丁。[①]他体格魁梧，膂力过人，加上生性粗犷、豪爽，轻财重义，结交了不少朋友。清末云南举人赵甲南（1874—1959），参与在河西（今属通海县）守御周云祥军的进攻，在周云祥败亡后，他即撰文《纪周云祥之乱》，称周云祥"性慷慨、好施以，故亡命多归之。因纠党数百，横行临郡"[②]。云贵总督丁振铎亦奏称周云祥"夙假孝义之名，以欺世惑人，即绅富亦多信从之者"[③]。当时个旧锡矿日益兴盛，来自各地希望干矿发财的人们，往往以乡情旨趣拉帮结伙、烧香结拜。各帮派常为开赌占尖、"争尖夺碨"而发生械斗。[④] 勇武有力、轻财重义的周云祥，通过多年打拼，获得矿工们的信赖，尤其是与在个旧经营"朱恒泰"商号的建水巨商朱氏互为依靠后，势力和影响迅速扩大。他耳濡目染，对官府的作威作福、欺压百姓日益不满，与官府的矛盾也就越来越大。传闻他在西庄做过团练领班，因愤清兵在沈某家出殡时调笑哭丧女眷，出头打抱不平而开罪临元镇总兵马柱，被

---

① 建水县地方志编纂委员会编：《建水县志》，中华书局 1994 年版，第 762 页。

② 赵甲南：《纪周云祥之乱》，载云南省总工会工作运动史研究组编《云南工人运动史资料汇编（1886—1949）》，云南人民出版社 1989 年版，第 163 页。

③ 《署云贵总督丁振铎等奏收复临安石屏州城池请奖折》（光绪三十年五月十六日），载中国第一历史档案馆、北京师范大学历史系选《辛亥革命前十年间民变档案史料》（下册），中华书局 1985 年版，第 675 页。

④ 贺宗章：《幻影谈·蛮河之役》，载方国瑜主编《云南史料丛刊》第 12 卷，云南大学出版社 2001 年版，第 96 页。"争尖夺碨"为个旧矿山方言，意思是争夺采矿权。"碨"指矿地，"尖"指矿点。

通缉后跑到个旧准备造反。① 他仿历代起义者造谶的做法，"谓西庄常见异气"，并造谶语传说他该"有十八年大运，堪为地方保障"，结果乡民、砂丁奉若神明。而且法国势力侵入，人们"常虞外人侵占"②。再加上滇越铁路勘修，更是人心浮动，"谣诼纷腾，群焉思逞"③。为进一步扩大势力，周云祥与河口三点会联合，准备于光绪二十九年三月十九日（1903 年 4 月 16 日）起义。三点会派人购买武器，积储粮草，并约驻蒙自附近的清军骆、韦、黄三管带反正。因临安开广道魏景桐及时回蒙自，三点会"所购枪械亦未到齐，乃改期五月十三"④。魏景桐得其情，电请密速拿办。光绪二十九年四月十八日（1903 年 5 月 14 日），蒙自知县孙家祥与管带麦贵安秘密带兵准备进抵个旧，缉拿周云祥。周云祥侦知，即率众设伏花扎口，突然出击。孙部 300 余人尽溃，麦贵安受重创而殒命，孙家祥脱靴得乡民献马而逃。个旧同知闻讯，亦仓皇而逃。周云祥乘胜火烧个旧衙署而宣布起义。

周云祥起义，提出了以"仇洋""拒洋"为中心的三个鼓动性口号："拒修铁路""阻洋占厂""保厂御外"⑤。这些口号，把个旧矿主矿工的利益与朴素的民族主义联系在一起，因而获得了地方上的普遍认同与广泛响应。按云贵总督丁振铎的奏报："各厂硐砂丁常数万人，良莠不齐，一闻周逆阻洋占厂之谣，群思蠢动，加以外来闲亡，遂致为彼啸聚，众又逾万。"⑥

随后，周云祥以张曜（张耀）率一军佯攻蒙自，焚蒙自东门外新建之

① 张若谷：《周云祥起义始末记》，载红河哈尼族彝族自治州政协文史资料委员会编印《红河州文史资料选辑》第 1 辑，1982 年，第 251 页。

② 《云南巡抚林绍年关于周云祥起义的奏报》，载云南省总工会工作运动史研究组编《云南工人运动史资料汇编（1886—1949）》，云南人民出版社 1989 年版，第 148—149 页。

③ 《署云贵总督丁振铎等奏收复临安石屏州城池请奖折》（光绪三十年五月十六日），载中国第一历史档案馆、北京师范大学历史系选编《辛亥革命前十年间民变档案史料》（下册），中华书局 1985 年版，第 675 页。

④ 贺宗章：《幻影谈·蛮河之役》，载方国瑜主编《云南史料丛刊》第 9 卷，云南大学出版社 2001 年版，第 150 页。

⑤ 《署云贵总督丁振铎等奏周云祥聚众攻陷临安派兵堵剿折》（光绪二十九年五月初四日）、《署云贵总督丁振铎等奏收复临安石屏州城池请奖折》（光绪三十年五月十六日），载中国第一历史档案馆、北京师范大学历史系选编《辛亥革命前十年间民变档案史料》（下册），中华书局 1985 年版，第 655、675 页。

⑥ 《署云贵总督丁振铎等奏收复临安石屏州城池请奖折》（光绪三十年五月十六日），载中国第一历史档案馆、北京师范大学历史系选编《辛亥革命前十年间民变档案史料》（下册），中华书局 1985 年版，第 675 页。

税务司及帮办公馆等洋楼 12 座①，自己亲率大队于四月二十一日（5 月 17 日）轻取临安。接着，周云祥分兵进取周边各地，由郭景义率一军占曲江攻通海，王显忠（亦作王显宗、王显琮）率一军，"诈称带团入守"②，赚开石屏城门而拘禁石屏知州方绍濂等人，同时，从蒙自撤军的张曜则转进开远，后入文山界败亡③。

河口的三点会本有呼应之势，但在周云祥发动之前，清政府已命开化府文山县知县贺宗章率军前去镇压。

周云祥起义，是义和团之后一次大规模的反清排洋事件。一时间，"风声所至，不逞之徒到处响应，麋集益多，省城大震，各属鼎沸"。"当是时也，省城人心惶惑，一夕数惊。"而且法国表示要从越南出兵入滇，护侨"助剿"。④ 云贵总督丁振铎和云南巡抚林绍年一面奏报朝廷求援，一面派兵进剿。慈禧太后有鉴于义和团运动，知道洋人不能开罪，即于 5 月 19 日下谕旨给丁振铎："着即迅饬该镇、道等严督各军，赶紧扑灭，擒拿首要，务获惩办。并将路工及洋员人等切实保护，毋稍疏虞。"⑤ 并谕旨两江总督魏光焘，要求准备派军从海路取道越南"驰往会剿"，继又动员两湖、贵、川、两广等地出兵、协械、助饷。⑥

清政府从各处会集的"兵勇计用至五十余营，团丁又万余众"⑦，以云南按察使刘春霖总统，从通海、蒙自等两路会攻建水。6 月初，刘春霖军

---

① 云南省总工会工作运动史研究组编：《云南工人运动史资料汇编（1886—1949）》，云南人民出版社 1989 年版，第 160 页。

② 《临安石屏失守各员分别办理折》（光绪二十九年闰五月），载方国瑜主编《云南史料丛刊》第 9 卷，云南大学出版社 2001 年版，第 150 页。

③ 张若谷《周云祥起义始末记》载，阿迷士绅徐森林等准备迎张曜，"而张曜卒未至，乃辗转而至开文交界，为文山团总万里恩所擒而肢解之。"载红河哈尼族彝族自治州政协文史资料委员会编印《红河州文史资料选辑》1，1982 年，第 260 页。

④ 《署云贵总督丁振铎等奏收复临安石屏州城池请奖折》（光绪三十年五月十六日），载中国第一历史档案馆、北京师范大学历史系编选《辛亥革命前十年间民变档案史料》（下册），中华书局 1985 年版，第 675—676 页。

⑤ 《清实录·德宗实录》卷 514，第 11 页。转引自《云南工人运动史资料汇编（1886—1949）》，云南人民出版社 1989 年版，第 146 页。

⑥ 《清实录·德宗实录》卷 514，第 14 页；卷 516，第 6—7 页。转引自云南省总工会工作运动史研究组编《云南工人运动史资料汇编（1886—1949）》，云南人民出版社 1989 年版，第 147 页。

⑦ 《署云贵总督丁振铎等奏收复临安石屏州城池请奖折》（光绪三十年五月十六日），载中国第一历史档案馆、北京师范大学历史系编选《辛亥革命前十年间民变档案史料》（下册），中华书局 1985 年版，第 677 页。

在进取石屏后即围攻临安城。由于清军借机随意指民为匪，沿途烧杀抢掠，附近人民多避入城墙坚固的临安城协防。刘春霖眼见武力攻坚一时难以奏效，乃变计诡言招抚，并出示恐吓："若不及早受抚，城乡内外，剿洗四十里，玉石俱焚，鸡犬不留。"①

刘春霖的恐吓，使临安城人心惶惶。人们都相信临安城不守只是早晚问题，如果真如告示所言，对于临安将是空前的灾难。周云祥作为临安人，他在占领临安后，严格约束部众，并没有扰民害民的事发生。当时有官员奏报说："该匪周云祥踞城月余，于官绅商民及衙署仓库均无所损。"②民国时期所修的《新纂云南通志》据此论称："周云祥之反，出于救死，本无大志。又以临安为其故里，颇能约束其党，无烧、杀、淫、掠等事，故临父老至今怜之。"③但是官兵前来镇压，烧杀抢掠，无恶不作。御史徐士佳忍无可忍挺身而出奏报说："官军淫掠焚烧之惨，残忍酷虐所不忍言。如曲江坝一带村寨林立，人民殷富，自官兵过后，则一片焦土，鸡犬无声。又兵至临安城下，无暇攻城，专事焚掠。""匪特该匪周云祥所不为，即古来剧寇亦无此惨毒。"④这就是说，刘春霖的恐吓极有可能变成现实。

在此情况下，周云祥及其部下开始动摇。周云祥实不愿意因自己而给临安人民带来灭顶之灾。在他犹豫不决时，其妹婿"小斗广"邓广云投降，被赐五品顶戴。周云祥在母亲劝说下，最终决定投诚。他派人去向刘春霖提出投诚的条件：任命自己为临元镇总兵。刘春霖假意答允，暗中准备除去周云祥。6月27日，周云祥在母亲及6名部署陪同下赴刘春霖大营中。刘春霖"一见喜甚，既夸其勇，又怜其冤，抚慰备至。随命妥送其母熊氏回城，云祥则留营效力……入夜后，春霖设宴款云祥等，席间伏出，

　　① 张若谷：《周云祥起义始末记》，载红河哈尼族彝族自治州政协文史资料委员会编印《红河州文史资料选辑》第1辑，1982年，第263页。
　　② 《御史徐士佳奏云南临安之役官军焚掠大员失察徇隐片》（光绪三十一年八月初五日），载中国第一历史档案馆、北京师范大学历史系编选《辛亥革命前十年间民变档案史料》（下册），中华书局1985年版，第689页。
　　③ 李春龙、牛鸿宾点校：《新纂云南通志》1，云南人民出版社2007年版，第132页。
　　④ 《御史徐士佳奏云南临安之役官军焚掠大员失察徇隐片》（光绪三十一年八月初五日），载中国第一历史档案馆、北京师范大学历史系编选《辛亥革命前十年间民变档案史料》（下册），中华书局1985年版，第689页。

云祥等六人遂遇害。"① 周云祥被枭首剖腹，其"胆大如鸡卵"，其首级传示省垣昆明。②

周云祥的起义，表现了滇南地区的工人、农民，甚至地主、资本家对清政府勾结法人、出卖国人利益的不满，这是一种自发的民族主义精神，也有传统的敬爱乡土的情结。这也正是临安父老怀念周云祥的一个原因。临安、个旧的人民曾传唱一首《周大麻点兵歌》，内有"腊月点兵腊月八，家家青菜煮嘎嘎，一边干活一边唱，唱个云祥周大麻"③ 之类的歌词，对周云祥的怀念溢于言表。

二 革命党人引周云祥为同党

上述有关周云祥事件的始末，是依据清政府相关档案资料和地方史志的资料而撰写，其间看不到与革命党有直接的关联。但在中国革命党人的笔下，周云祥起义成为他们宣传"吾道不孤"的力证，引为同党。

在周云祥起义前后，正是逐满革命思潮在日本的中国留学生中流行之时。被海外媒体誉为中国革命领导人的孙中山，于 1902 年 2 月到日本。留日学生秦力山、章炳麟、刘成禺等前往拜会后，排除了以为孙中山"枭杰难近"的猜疑，开始认同孙中山为革命领导人。1903 年 1 月 29 日，学生们在东京举行新年团拜，在清政府贝子载振、驻日公使蔡钧、留学生监督汪大燮到场的情况下，事先受孙中山鼓动的马君武和刘成禺，先后登台发表排满革命演说，鼓吹推翻清王朝。④ 此后，留学生创办一系列报刊公开鼓吹革命。5 月，留日学生邹容到上海出版了《革命军》。上海的《苏报》也正式延聘章士钊为主笔，表现出赞同革命、反对康有为变法的强烈倾向，鼓吹"今日新社会已少有康有为立锥之地"。6 月 29 日，《苏报》发表章太炎的《驳康有为论革命书》，终于激怒清政府查封《苏报》，抓

---

① 张若谷：《周云祥起义始末记》，载红河哈尼族彝族自治州政协文史资料委员会编印《红河州文史资料选辑》第 1 辑，第 264 页。

② 赵甲南：《纪周云祥之乱》，转引自云南省总工会工作运动史研究组编《云南工人运动史资料汇编（1886—1949）》，云南人民出版社 1989 年版，第 164 页。

③ 《周大麻点兵歌》是按月编写的歌谣，每月四句。此句中的"嘎嘎"是方言，意思是"肉"。

④ 参见［美］史扶邻《孙中山与中国革命的起源》，丘权正、符志兴译，中国社会科学出版社 1981 年版，第 227 页；罗刚《中华民国国父实录》第 1 册，台湾正中书局 1988 年版，第655—656 页。

捕章太炎、邹容，演变成轰动一时的《苏报》案。在东京的留学生，并没有屈服于清政府的淫威，其中有湖南人黄藻，收录当时各家论述45篇，编辑为《黄帝魂》一书，交章士钊付印。此书"集当时革命著作言论的大成"，达到了"一册在握，数十卷已停刊或被禁的重要文字都在其中"的效果，故"流传极广"，"清廷禁止尤严"①。

《黄帝魂》中收录了《书周云祥事》一文，这是笔者所见最早介绍周云祥起义的文章之一。这篇文章，在记述周云祥的事迹中，已将周云祥引为同党和榜样。作者以生花妙笔，第一步是美化周云祥的江湖豪侠身份，将31岁的周大麻子说成是"年二十四"的伟岸青年，"身躯修伟，智力过人""倜傥好义"；第二步是赋予他革命的组织性，将周云祥奉为自立党首领。周云祥确实通过结拜会盟结成自己的会党性质的组织，但没有公开的名称，更没有称"自立党"。查"自立"的政治主张，是从自立会传播的。自立会是1900年由维新派成员唐才常、革命派秦力山等人，联合长江中下游的反清会党而组成的，他们一反当时义和团"扶清灭洋"口号而以反清自立相号召，其鲜明特征是不反洋、专反清，"废弃旧政府，建立新政府"②。《书周云祥事》说周云祥是自立党首领，明显受此影响，而且为符合自立会的宗旨，在文中还刻意抹去周云祥提出的"拒修铁路""保厂御外"的仇洋口号，声称他"绝无仇视西人戕害教士之事，为有文明风焉"，并欲联络海内外同志"共襄大举，力覆满清"；第三步则干脆引周云祥为同党，说在1903年3月中旬，有"革命党文士"专门去"访谈"周云祥。他们谈及康有为、梁启超的保皇党与孙中山的革命党，周云祥侃侃而言，称："康梁辈舞文弄墨，乳臭未除，即一部新广东，亦犹小儿学语耳，乌足以语大事"，"当今之世，可与云祥共事者，惟中山其人欤"；第四步是否认周云祥败亡，设想出周云祥在清朝大军前来时主动"退保于三猛山中，锐意训练，兼事屯垦，遥为广西声援"的结局，声称周云祥失败被杀是"清官之借以邀功"的说法。③

可以看出，通过以上四步，草莽英雄周云祥摇身一变而成为革命党的领导人。笔者未查到该文的真实作者和最先刊载之处，但可以判断，作者是支

---

① 吴相湘编撰：《孙逸仙先生传》（上册），台湾远东图书公司1982年版，第358—360页。
② 见杜迈之等编《自立会史料》前言部分，岳麓书社2009年版。
③ 《书周云祥事》，载罗家伦主编《中华民国史料丛编·黄帝魂》，中国国民党中央委员会党史史料编纂委员会印行，1979年，第283—285页。

持自立会宗旨、反对康梁保皇党、并竭力为孙中山革命造势的人士，并且，他在后来也没有机会指出真相，譬如秦力山（1877—1906）这样的人。秦力山参加过自立会起义，随后与康有为决裂，在东京又是最先去拜会孙中山并竭力支持孙中山革命，后潜往缅甸转入滇边策动干崖土司，不幸病逝。[①]

　　对照周云祥起义的史实，可以看出《书周云祥事》一文，具有宣传孙中山革命的强烈意识，有明显的超越历史事实处，是基于周云祥事迹的革命想象的结果，很难作为实录看待。试想，周云祥这样一个15岁就到锡矿打拼、靠体力和江湖义气吃饭的人，一个远离京城政治的人，可能从来没有听说过孙中山，又怎么可能痛斥康梁而一口咬定要干孙中山的革命呢？为此，文中以某"革命党文士"前来访谈做弥补。殊不知，这一弥补更显得虚构。因为当时的革命党并非国内土生土长，而是受到西式教育民主思想熏陶者才具有仿洋革命的思想。换言之，这一革命党文士，只可能是有西式教育背景的人。这样的人在当时的云南可谓凤毛麟角。即便可以由外而来，但在滇越铁路开通前不可能有"顺道"情况，只能是专程。如果是专程从海外而来的革命文士，他如此推介孙中山，当知道孙中山一些行踪。当时的孙中山就在与云南相邻的越南。从1902年12月直到1903年7月，孙中山在越南的西贡、堤岸、河内、海防等地积极吸纳华侨参加革命，建立了兴中会分会。[②] 如果真有这么一个人前来促使周云祥干孙中山的革命，他们当设法去联络孙中山。还有一个情况也很值得注意，这就是：越南华侨多的是三点会成员，有人回忆："华侨中最大的秘密组织，是洪门三合会，据我所知，从事体力劳动的侨胞，十之八九都参加了这种秘密结社。"孙中山到越南后，曾"召集各帮三合会的堂口首脑开会"，调解他们的纠纷。[③] 当时三点会沿红河发展到河口、蛮耗，控制了红河航运。周云祥起义前曾与三点会秘密联络过。如果周云祥要寻找海外的孙中山，三点会是最好的途径。随后蛮耗、河口的三点会在贺宗章率军镇压下受重创，其头目之一关仁甫即逃到河内参加了兴中会，并受孙中山之命在粤桂滇边活动。[④]

――――――――――

　　①　《秦力山事略》，载冯自由《革命逸史》（初集），中华书局1981年版，第85—92页。

　　②　陈锡祺主编：《孙中山年谱长编》（上册），中华书局1991年版，第282—290页。

　　③　刘汉翘：《孙中山对越南华侨进行革命宣传忆述》，载黄国安、萧德浩、杨立冰《近代中越关系史资料选编》（下），广西人民出版社1988年版，第774页。

　　④　关仁甫述：《革命回顾录》，载中国人民政治协商会议全国委员会文史资料研究委员会编《辛亥革命回忆录》第7集，中华书局1962年版，第241页。

这就足以说明，周云祥侃侃而谈革命是作者的革命臆想，"革命党文士"也应该是杜撰的人物，至少也是一个无法证实的人物。没有其他材料能够证明周云祥与革命党有联系，从其主张与行动上，也看不出有逐满建国的革命宗旨。因此，1904 年到东京留学后来成为云南辛亥革命重要领导人的李根源，就认为不能把周云祥当革命者，写下"厂匪周云祥，那得冒革命"①的诗句。民国时编修的《新纂云南通志》，在记述周云祥事后，亦加按语称："谓为革命党者，妄矣。"②

有些难以置信的是，《书周云祥事》一文，被革命者当作了真实记录。在革命者心目中，周云祥一直被当作是同道中人。因为其中的两个伏笔，又被革命者重楼叠阁地丰富起来。

三 革命党人对周云祥革命性的丰富

《书周云祥事》一文中"访谈"周云祥的情节，预留下了一个无具名的"革命党文士"的伏笔，人们多期盼这一传奇人物能够现身。其结果是，至少有两个革命党人或主动或被动地站出来对应这个传奇人物。他们一个是云南宾川人丁怀瑾，一个是湖南益阳（今桃江）人夏思痛。他们或声称是或者被当作策动周云祥起义的人。

夏思痛（1854—1924），原名夏寿华，字卓春，晚年以思痛自号。笔者所找到的记述夏思痛策动周云祥起义的资料，是《夏思痛集》的前言和附录。前言是编者所写，附录多是从 1933 年所修《枫田夏氏五修族谱》中选的介绍夏思痛生平的文章，其中有国民政府立法院副院长覃振撰写的《夏思痛先生革命事略》，内记：参加自立会起义失败后流亡日本的夏思痛，"癸卯潜归，走云南，与周云祥谋。旋云祥起兵个旧，克临安。先生先赴省城，阴结蔡荣九、荣谦为内应，遣云南候补县丞张鹤琴往速师，惜云祥未即发而被围，事遂败。"③从另外一篇《夏思痛小传》判断，此文是 1933 年覃振为夏思痛"刊行革命事略并领衔请恤"④而作。其他几篇提

---

① 宋文熙：《云南辛亥革命时期诗词辑要》，《思想战线》1985 年第 5 期，第 72 页。
② 李春龙、牛鸿宾点校：《新纂云南通志》1，云南人民出版社 2007 年版，第 132 页。
③ 覃振：《夏思痛先生革命事略》，载夏思痛著，王佩良、张茜等编《夏思痛集》，岳麓书社 2009 年版，第 378 页。
④ 《夏思痛小传》，载夏思痛著，王佩良、张茜等编《夏思痛集》，岳麓书社 2009 年版，第 378 页。

及夏思痛策动周云祥起义的文章，包括王景峨所撰《夏公寿华先生行状》①、殷选青所述《爱国诗人夏思痛》，以及《夏思痛集》编者以《辛亥志士夏思痛传论》为题发表在《长沙大学学报》2009 年第 5 期的文章，都照录覃振的记述。但笔者翻阅《夏思痛集》，见夏思痛对自己经历多留有诗文，却未见与周云祥相关的只言片语。在他去世时，他的儿子和胞弟在追思其事迹时，也都没有提及策动周云祥事，他们反倒强调，夏思痛是在宋教仁、黄兴等组织同盟会后，"始毅然以推翻满清为职志"，在此之前，夏思痛还有上书请开国会之事。② 这就是说，在参加同盟会之前，夏思痛并没有革命职志。因此，覃振所说，并没有任何旁证，不足为凭。

相比之下，丁怀瑾的情况要复杂得多。

丁怀瑾（1879 —1956），字石生，晚年皈依佛门后改号为石僧，云南大理州宾川县丁家庄人。他是 20 世纪初期留学热潮兴起时最早赴日本留学的云南人之一，比云南第一批官费留日学生还早数月到东京，也是云南较早加入中国同盟会的革命志士之一，参加过辛亥革命、二次革命、护国运动及之后孙中山广州的革命运动。孙中山去世后，丁即归隐而潜心佛事，1956 年病逝于昆明。

丁怀瑾达到东京留学，时为 1904 年春。此时留学生中正流传《黄帝魂》。来自云南的丁怀瑾自然会成为人们探悉周云祥事迹的信息来源。丁怀瑾对周云祥起义的了解，从他不知道周云祥被诱杀的结果来判断，实没有超出《书周云祥事》一文。但不知从何时起，丁怀瑾开始声称是自己策动了周云祥起义，并说明自己被捕出逃的情节，使自己成了传奇的"革命党文士"。丁怀瑾不但自称策动了周云祥起义，而且还自称策动周云祥参加了 1908 年的河口起义。经他和他那后来在台湾写成《北洋军阀史话》的儿子丁中江的宣扬，有相当一部分人采信并助推此说。对此，笔者曾撰写有《丁怀瑾（石僧）早期事迹考》一文，从丁氏父子所述存在的时间、地点、人物、事件经过等诸多瑕疵入手，考证此说并不可靠。③ 此不赘言。需要补充说明的是，《纪周云祥之乱》一文的作者赵甲南，是参加过公车

① 王景峨：《夏公寿华先生行状》，载黄季陆主编《革命人物志》第 3 集，台湾"中央"文物供应社 1970 年版，第 454 页。

② 夏秉震：《夏寿华思痛先生讣闻》，夏寿莱：《胞兄思痛先生堂奠文》，收入夏思痛著，王佩良、张茜等编《夏思痛集》，岳麓书社 2010 年版，第 371、373 页。

③ 参见范德伟《丁怀瑾（石僧）早期事迹考》，《中国国家博物馆馆刊》2012 年第 11 期。

上书的进士，与丁怀瑾同是大理人。如果真有一个同乡人策动周云祥起义而且作为主犯被捕后出逃，赵甲南没有理由避而不谈，而且他在 1904 年秋也东渡日本留学，只是没有同革命党交往。

四 国民党革命史专家对周云祥事件的记述

早期的国民党革命史专家，以冯自由和邹鲁影响最大。冯、邹均为国民党元老，身兼革命的亲历者、记录者与研究者等多重身份，著作颇丰。对周云祥起义，冯自由有《癸卯周云祥临安之役》一文，但基本上是照搬《书周云祥事》，唯对"革命党文士"访谈的情节有所发挥，称：

> 是年四月初旬。有革命党员某到锡厂演说独立自强之说。赠云祥以革命新书多种。嘱以外交欧美。内逐满人。故其举兵发难。一依文明军律。闻云祥尝读新广东一书毕。哑然笑曰。两广人羊质虎皮。焉能干此伟大事业。揭独立旗。击自由钟。当今之世。舍我其谁云云。其自负如此。戊申河口一役。驻越南革命党机关部事前派员与之联络。约以在临安附近响应。云祥极力赞成。后以义师失败。遂不克如期发动云。①

在冯自由笔下，自立党首领周云祥已经成为一个接受革命书籍的读书人，知道"外交欧美，内逐满人"，更以"揭独立旗，击自由钟"自况。要知道，独立旗和自由钟，这是 1908 年河口起义时在东京的云南留学生宣布云南独立所揭的口号，当时提出"竖独立旗，撞自由钟"，还要专门解释独立"实对于清政府而宣告也，非对于我皇汉同胞而宣告独立，非对于中国宣告独立"。② 如果周云祥此前已经倡独立自由，经几年濡染，似乎没有专门解释的必要了。冯自由沿袭《书周云祥事》称周云祥是自立党首领的说法，到他编写《中国同盟会史略》一文时，突然有了变化，改为"云南临安周云祥等之保滇会"，并将之视为"同盟会成立前之革命党"中的一个。③ 另外，冯自由还以"蒙自保滇会"记入其编写的《中国革命

① 冯自由：《中华民国开国前革命史》（上编），中国文化服务社 1946 年版，第 143—145 页。文中标点照录，是用句号表断句。

② 《云南留日本同志檄国内反对清政府借外兵文》，载中国科学院历史研究所第三所编《云南、贵州辛亥革命资料》，科学出版社 1959 年版，第 20—22 页。

③ 《中国同盟会史略》，载冯自由《革命逸史》第 2 集，中华书局 1981 年版，第 135—136 页。

运动二十六年组织史》中，但不再提周云祥独立自由的革命宗旨，而是反法护滇，称：

> 云南蒙自人周云祥以矿业起家。愤清廷将滇省矿省权利许给法国。因倡保滇会以抵抗之。癸卯四月蒙自知县孙某派兵围捕。云祥号召矿工起事。连占临安阿迷宁州各地。复派其戚黄显忠攻石屏州。取之。清滇督迭派大兵四路围攻。卒以众寡不敌解散。云祥隐居山中韬晦以终。①

实际上，保滇会是戊戌变法时期在京的云南人仿保国会成立的一个组织②，与周云祥没有什么关联。

至于说周云祥"极力赞成"的河口起义，是对《书周云祥事》文中的第二个伏笔的演进。《书周云祥事》否认周云祥败亡，设想出周云祥率部主动"退保于三猛山中，锐意训练，兼事屯垦，遥为广西声援"的结局。限于当时的政治、交通和传媒等方面条件，在东京的革命党人难以知晓真实的情况，对这样的符合心理期盼的结局多信以为真，故在孙中山欲从中越边境发动起义夺取云南时，他们自然想到要联络周云祥部。于是，在冯自由的《戊申河口之役》③和邹鲁的《戊申云南河口之役》中，都留下了革命军欲联合周云祥军攻蒙自的记录。冯自由说关仁甫率军趋蛮耗，欲"上个旧，合临安周文祥之兵，以攻蒙自"④。邹鲁亦记，关仁甫"进攻蛮耗，克之，合周云祥之兵攻蒙自，是为偏师。同时临安亦已发动"⑤。也就是说，河口起义时，确实以为还有周云祥作为援兵。有此

---

① 冯自由：《中国革命运动二十六年组织史》，上海书店 1990 年据中国文化服务社 1946 年版影印版，第 68—69 页。

② 见张玉法《清季的立宪团体》，台湾"中央研究院"近代史研究所专刊（28）1985 年版，第 205 页。

③ 《戊申河口之役》，最初是《中华民国开国前革命史》中编第 48 章，后以《戊申云南河口革命军实录》为题编入《革命逸史》。见冯自由《革命逸史》第 5 集，中华书局 1981 年版，第 140—154 页。

④ 《戊申云南河口革命军实录》，载冯自由《革命逸史》第 5 集，中华书局 1981 年版，第 143 页。

⑤ 邹鲁：《中国国民党史稿》第 3 篇，上海书店 1989 年据重庆商务印书馆 1945 年版影印版，第 746 页。

铺垫，声称策动了周云祥起义的丁怀瑾，自然就会是再去策动周云祥的最佳人选。但周云祥既已不复存世，策动的使命就成为不可能完成的任务。声称已成功联络周云祥，也就只是一种暂时的策略。丁怀瑾自称并策动河口驻军参加起义的事，也不能当信史。① 丁怀瑾虽然坚持自己的说法，但从他临终前一个月回忆判断，他已经知道周云祥的结局。当时，他虽然坚持说自己和吕志伊奉命从东京赴河内见孙中山，但没有如以前那样明言孙中山派自己和吕志伊去策动周云祥，而是含糊其辞地说孙中山"命滇籍同志从速潜入滇境"，将本应该是用第一人称的"我们"或"我等"，变成了第三人称的"滇籍同志"；而且对过去说的联络对象周云祥，也改口说是"联络临安起义失败后流散之众"。更重要的是，他表现出了"不胜遗恨之情"，只是记录者相信丁怀瑾策动了周云祥起义和河口起义，将其复杂的遗恨，解读为"除念念于1903年临安起义外，对1908年河口起义之失败，亦不胜其遗恨之情"②。

冯自由、邹鲁对自己书中所录，自称是来自当事人。冯自由称："本书材料搜集二十余年。无一字无来历。除著者躬亲参与者外。……防城镇南关钦廉河口诸役事实。系得自黄克强王和顺黄明堂诸君。"③ 邹鲁在修订《中国国民党史稿》时亦表示："本书增订所据之材料。除亲自主持者来件及著者本人所知之者外。其他材料。必另询与事件有关系之人证实。始敢采用。"④ 因此对他们的著作，也可以看作是当事人、知情人的回忆。他们没有提及丁怀瑾策动周云祥和河口起义，但他们对周云祥的记录，也影响了后来的一些学者，尤其是在台湾难以找到更多的相关资料的学者。如台湾著名史学家张玉法，在《清季的革命团体》一书中便把周云祥当作革命的团体来介绍，称："……于是云南人思图拯救，先后有保滇会、死绝会、保界会等之设，其声势最大者，则为周云祥之抗拒满兵，思图独立。"⑤ 张

① 见拙文《丁怀瑾（石僧）早期事迹考》，《中国国家博物馆馆刊》2012年第11期。

② 见附于《云南留日本同志檄国内反对清政府借外兵文》后由陆大声记录丁怀瑾回忆的后记，中国科学院历史研究所第三所编《云南、贵州辛亥革命资料》，科学出版社1959年版，第22—23页。

③ 冯自由：《中华民国开国前革命史》上编，上海书店1990年据中国文化服务社1946年版影印版，"本书大意"第8页。标点为原文所用。

④ 邹鲁：《中国国民党史稿》第1篇之"凡例"，商务印书馆1945年版，第2页。标点为原文所用。

⑤ 张玉法：《清季的革命团体》，台湾"中央研究院"近代史研究所专刊（32），1982年版，第244—245页。

玉法所依据的还是《书周云祥事》，并参考冯自由的发挥，只是没有说周云祥有自立会。他以"革命团体"为研究主题而不提自立会，本可以视为否定自立会的存在，可因他没有任何说明，当罗刚编《中华民国国父实录》时，又引用张著编入了"云南自立党周云祥起义于个旧"的条目。①到了台湾著名作家李敖搞《国民党研究》，直接将"云南临安周云祥等的保滇会"，与日知会、华兴会、光复会等并列，作为中国同盟会的来源之一。②

五　结论

周云祥起义，本与革命党没有直接的关联。但限于当时的政治、交通和传媒条件，海内外人士要获取事实真相是很困难的。于是，有人从宣传革命的需要撰写了《书周云祥事》一文，使周云祥起义成为革命党运动的结果，更使周云祥有了自己的革命组织——自立党。文中留下的"革命党文士"访谈和周云祥"退保于三猛山中"的情节，成为可以加以"完善"的两个伏笔。第一个引出了丁怀瑾、夏思痛来对应"革命党文士"；第二个引出了河口起义时去策动周云祥的动议。国民党党史专家冯自由和邹鲁虽然没有采信"革命党文士"为丁怀瑾或夏思痛，但他们以周云祥赞成或参加河口起义的记录，完善了周云祥"退保于三猛山中"的伏笔。冯自由还进一步发挥，凸显了周云祥的革命性。在台湾的治史之人，难以获得周云祥起义的第一手资料，又经丁中江在《北洋军阀史话》中有意将临安起义与河口起义糅在一起，编为"丁怀瑾、周云祥在河口起义"③，即使如张玉法、罗刚这样的学者，虽然不相信丁怀瑾、夏思痛策动周云祥起义的事，也难免相信周云祥确实受革命人士鼓动要干孙中山的革命。而认为周云祥革命难以置信的人，譬如吴相湘，他在名著《孙逸仙先生传》（台湾远东图书公司1982年印行）中，在难以证实也难以证伪的情况下，也只有采取避而不谈的办法。但就周云祥与革命党这一论题而言，周云祥是否真与革命党有联系，是否真受某革命人士鼓动，事实本身已经改变不了经革命想象而形成的革命形象。革命党人对他充满敬重与期盼，形成了以其"革命精神"鼓舞革命志士的新现象：敬重他是反满建国革命的英雄，期

---

① 罗刚：《中华民国国父实录》第1册，台湾正中书局1988年版，第673页。

② 《国民党建党有九十年吗？》，载李敖《国民党研究》，中国友谊出版公司2006年版，第5—6页。

③ 丁中江：《北洋军阀史话》第1集，中国友谊出版公司1992年版，第169—171页。

盼他仍旧保存一支没有败亡、随时待机复出的力量。

戊申云南河口之役革命军都督考[*]

范德伟　庄兴成

摘要：1908 年，同盟会在云南河口发动起义，占领河口达 27 天。起义的领导人主要有三人，即黄明堂、关仁甫、王和顺。已有的研究论著都认为，河口起义的革命军，是由南军都督黄明堂领导，关仁甫、王和顺只是黄明堂的助手。但清方档案的文献中记录关仁甫是革命军都督，再佐证以其他材料，可以判断关仁甫是河口革命军的都督。至于其名号，应该是他自己所说的云贵都督。

关键词：河口起义；革命军都督；关仁甫；黄明堂；王和顺

1908 年 4 月 30 日（农历戊申年，光绪三十四年四月一日），同盟会在云南河口发动了震惊中外的起义，起义的领导人主要有三人，即黄明堂、关仁甫及王和顺。黄兴也曾一度现身河口，但不到 3 天即离开。起义军分兵北上，进抵蛮耗、白河桥一线，终因饷弹不继等原因，于 5 月 26 日（四月二十七日）放弃河口而退入越南。

对河口起义这一历史事件的记述，以国民党党史专家冯自由和邹鲁的著作①影响最大。冯、邹均为国民党元老，身兼革命的亲历者、记录者与研究者等多重身份，在他们的著作中，对河口起义的记述比较系统、详

---

　　* 此文收入范建华主编《云南省社科界纪年辛亥革命 100 周年的论文集》，云南大学出版社 2011 年版，第 290—301 页。此处略有修改。

　　① 冯自由著《中华民国开国前革命史》（上中编）在 1929 年初版，随后不断著文编辑为《革命逸史》出版，到 1948 年出版到第五集，《革命逸史》第 6 集完成但未出版，1981 年北京中华书局才以"内部发行"形式在删除他人撰写的序言和题词后，将六集全部出齐，2009 年新星出版社推出新版。笔者所使用仍旧是中华书局版，其第 5 集第 140—154 页为"戊申云南河口革命军实录"。冯自由另外还著有《中国革命运动二十六年组织史》等书；邹鲁著《中国国民党史稿》在 1929 年由上海民智书局初版，后补充增订再版，达 200 万字，1944 乃节略为 30 万字之《中国国民党史略》，由商务印书馆出版。上海书店 1989 年开始推出《民国丛书》，将《中华民国开国前革命史》《中国国民党史稿》纳入。

细。而且，他们的著作中，还有黄兴及河口起义主要领导人黄明堂、王和顺三人的传记。① 为补关仁甫传之遗缺，玉军等人撰写了《关仁甫事略》一文，发表在《八桂侨史》1992 年第 2 期上，对关仁甫事迹做了较为详细的介绍。但该文对河口起义的叙述，和其他研究和介绍河口起义的论著一样，基本上都取材于冯自由、邹鲁的著作。这些论著都认为，河口起义的革命军都督是黄明堂，关仁甫、王和顺只是黄明堂的助手。即便是对于河口起义研究比较详尽的著作，如金冲及、胡绳武著的《辛亥革命史稿》第二卷，和云南省历史学会编的《云南辛亥革命史》两书，他们肯定了关仁甫在河口起义准备、发动、进兵等过程中的作用，但也没有怀疑关仁甫的助手身份。②

　　笔者检索河口起义相关文献资料，发现已有的论著有意无意地回避了一个问题，即：为什么在清方档案中河口革命党的都督不是黄明堂而是关仁甫（关萌臣）？为什么在东京中国留学生声援河口起义的大会上也把河口起义称为关仁甫起义？笔者以为，这两方面的资料，足以质疑关仁甫的助手身份，表明关仁甫在河口起义中，至少是一个作用、地位与影响都不逊于黄明堂的人，他也是河口起义军的都督。

　　为解开此一问题，有必要再来梳理有关河口起义最具原始性质的资料。有关河口起义最重要的具有原始性质的资料，已发表者主要有：四名重要的当事人的回忆，两名最早的国民党党史专家的记录，两份报告起义情况的原始文件，以及清政府的档案。

一　有关河口起义的回忆资料

　　有关河口起义，有四名重要当事人留下了回忆录，他们是：孙中山、胡汉民、关仁甫这三个革命党领导人，和率军镇压起义的贺宗章。孙中山的历次回忆，后人已辑为《革命尚未成功——孙中山自述》③ 一书。胡汉

<hr />

①　《革命逸史》第 2 集有"南军都督王和顺"目，《中国国民党史稿》则有"黄兴传""黄明堂传"目。

②　金冲及、胡绳武：《辛亥革命史稿》第二卷《中国同盟会》，上海人民出版社 1985 年版，第 332 页；云南省历史学会编：《云南辛亥革命史》，云南大学出版社 1991 年版，第 54—55 页。

③　朱正编：《革命尚未成功——孙中山自述》，湖南出版社 1991 年版。

民有《胡汉民自传》① 传世。关仁甫则述有《革命回顾录》② 一文。贺宗章为清政府云南省自治总局副局长，临时受委南防营务处提调，统率清军之西路攻蛮耗，与中路之临安知府王正雅，和东路之开化镇总兵白金柱合围河口。1920 年，他以"己巳居士"为名，在上海书坊印发记述自己经历见闻的《幻影谈》③ 一书。

这四人在回忆录中，谈及河口起义最主要的领导人时，有两种说法。

第一种说法是孙中山和胡汉民说河口起义由黄明堂领导。孙中山是这样叙述 1908 年初他因镇南关起义而被法国驱逐出越南后的情况的：

> 予于离河内之际，一面令黄克强筹备再入钦廉，以图集合该地同志；一面令黄明堂窥取河口，以图进取云南，以为吾党根据之地。④
>
> 予抵星洲数月之后，黄明堂乃以百数十人袭得河口，诛边防督办，收其降众千有余人，守之以待干部人员前往指挥。时予远在南洋，又不能再过法境，故难以亲临前敌以指挥之，乃电令黄克强前往指挥。不期克强行至半途，被法官疑为日本人，遂截留之而送之回河内；为清吏所悉，与法政府交涉，乃解之出境。而河口之众，以指挥无人，失机进取，否则，蒙自必为我有，而云南府亦必无抵抗之力。观当时云贵总督锡良求救之电，其仓皇失措可知也。黄明堂守候月余，人自为战，散漫无纪；而虏四集，其数约十倍于我新集之众，河口遂不守。而明堂率众六百余人退入安南。此为予第八次之失败也。⑤

---

① 《胡汉民自传》，大陆方面在社科院编的《近代史资料》第 45 辑（1981 年出版）收录；台湾方面由传记文学出版社 1982 出版单行本。

② 查关仁甫口述之回忆录，根据玉金等人的《关仁甫事略》一文注释判断，最初应该是 1939 年发表在桂林的一份期刊《逸史》第一卷第二、三号上，由龙振济记录，题为"关仁甫四十年革命回顾录"，龙并发表《关仁甫访问记》一文。笔者几经访寻，也未找到该杂志及该文。但中国人民政治协商会议全国委员会文史资料研究委员会编的《辛亥革命回忆录》第 7 集（中华书局 1962 年出版）中，有关仁甫口述之《革命回顾录》一文，从 1906 年讲起，虽不是回顾录的全文，但河口起义及部分相关事件已在内。

③ 贺宗章《幻影谈》一书的有关篇章，收录在方国瑜主编《云南史料丛刊》第 12 卷，云南大学出版社 2001 年版。

④ 孙中山：《有志竟成》，载朱正编《革命尚未成功——孙中山自述》，湖南出版社 1991 年版，第 64 页。

⑤ 同上书，第 64—65 页。

孙中山的说法，得到了胡汉民的印证："先生既往星加坡，克强旋率梁少庭等人入钦廉，余独留河内，为之策应。既又承先生方略，使黄明堂袭取云南河口。"①

持第二种说法的是关仁甫和贺宗章，他们说关仁甫才是河口起义的领导人。关仁甫回忆："余加入兴中会后，即受孙先生命，于粤桂滇边活动。孙先生乃赴南洋美洲，策动华侨，成立兴中支会，并于光绪三十二年（1906年）至日本，鼓动留日学生，扩大革命组织，改兴中会为同盟会，加入者踊跃，胡汉民、汪精卫亦均是时始与盟者也。革命势力既大，孙先生遂谋起事于西南，并念余活动有年，时机或已成熟，乃于光绪三十三年三月复至河内，于甘必达街六十一号社机关，策划革命军事。""翌年（光绪三十四年）戊申，孙先生命胡汉民来越，嘱余于滇南举义，并嘱王和顺黄明堂为助，余等乃在越会商，参与是次会议者，尚有黎颂实、殷吉廷二人。"在起义军成功占领河口后，"次日，收点枪枝，布告安民，即于河口成立云贵都督府，及总司令部。余与黄明堂王和顺分任之"②。

作为关仁甫对手的贺宗章，在回忆中印证了关仁甫的说法："忽有河口之变，革党以关辅臣为都督，煽惑河口防营黄体良、李美、岑德贵三营同叛，河口副督办王正藩被害，遂踞河口，上犯坝洒、新街、蛮耗、王布田。"③

二　有关河口起义的历史记录

对河口起义记录最详细的，是两名最早的国民党党史专家，即冯自由和邹鲁。他们的著作，是最早的、最全面的国民党党史方面的专著。在记述河口起义方面，冯自由有《戊申云南河口革命军实录》一文④，邹鲁有

---

① 《胡汉民自传》，传记文学出版社1982年版，第27页。

② 关仁甫述：《革命回顾录》，载中国人民政治协商会议全国委员会文史资料研究委员会编《辛亥革命回忆录》第7集，中华书局1962年版，第241—247页。"殷吉廷"应为"甄吉廷"之误，甄吉廷，又为甄吉亭。

③ 贺宗章：《幻影谈》，载方国瑜主编《云南史料丛刊》第12卷，云南大学出版社2001年版，第109页。

④ 《戊申云南河口革命军实录》一文，在冯自由最初的著作《中华民国开国前革命史》中，是以《戊申河口之役》为题列入第四十八章，在《革命逸史》中才改用此题，但内容文字基本没有改动。

《戊申云南河口之役》一章①。他们对自己所录的历史事实，自称是来自当事人。如邹鲁在修订《中国国民党史稿》时说："本书增订所据之材料。除亲自主持者来件及著者本人所知之者外。其他材料。必另询与事件有关系之人证实。始敢采用。"② 冯自由则称："本书材料搜集二十余年。无一字无来历。除著者躬亲参与者外。……防城镇南关钦廉河口诸役事实。系得自黄克强王和顺黄明堂诸君。"③ 因此对他们的著作，也可以看作当事人、知情人的回忆。他们基本采信孙中山和胡汉民的说法，认为在河口起义中，黄明堂是最主要的领导人，关仁甫、王和顺是黄明堂的助手。

冯自由是这样记述的："滇事于镇南关发动以前，早已着手运动，至戊申（民前四年）三月，事机渐熟，总理乃派黄明堂主其事，王和顺、关仁甫佐之。"④ 邹鲁虽没有如此明确主次的说法，只是以一句"军事则委黄明堂、关仁甫、张德卿统之"概述，但最先提到的也是黄明堂。他的记述是："云南之举义。注重河口。以图蒙自。进取云南。以胡汉民驻安南主其事。军事则委黄明堂、关仁甫、张德卿统之。明堂等将镇南关之役退至安南燕子大山之众。潜师于边界者百余人。其散布于车路一带。装为苦力者二百余人。"⑤ 不过，邹鲁的记述，某种程度上可以解读为是把黄明堂、关仁甫、张德卿（即王和顺）作为并排的首领，这从后文解释孙中山派黄兴前往河口指挥，是因"我军无主帅主持"⑥ 可以得到验证。如果他认为黄明堂是主帅，是不会用这样的措辞的。像冯自由就是用"是役革命军以未得智勇双全之主将调度一切，所预定进兵方略多未克实施，总理深以为忧"⑦。意思是黄明堂是主将，但不是智勇双全的主将。

---

① 《戊申云南河口之役》，是邹鲁《中国国民党史稿》的第 3 篇（甲）之第十六章，以下本文引用，不再注释章题，而直接注该书及页码。

② "凡例"，载邹鲁《中国国民党史稿》第 1 篇，上海书店 1989 年据重庆商务印书馆 1945 年版影印，第 2 页。

③ "本书大意"，载冯自由《中华民国开国前革命史》上编，上海书店 1990 年据中国文化服务社 1946 年版影印，第 8 页。

④ 冯自由：《革命逸史》第 5 集，中华书局 1981 年版，第 141 页。

⑤ 邹鲁：《中国国民党史稿》第 3 篇，上海书店 1989 年据重庆商务印书馆 1945 年版影印版，第 745 页。

⑥ 同上书，第 746 页。

⑦ 冯自由：《革命逸史》第 5 集，中华书局 1981 年版，第 143 页。

三　两份有关河口起义的报告书

两份报告起义情况的文件，是 1908 年 5 月 7 日和 13 日，胡汉民两次致孙中山的报告书。冯自由、邹鲁在记述河口起义之后，均附有 1908 年 5 月 7 日胡汉民致孙中山的报告书，这是有关河口起义最重要也最原始的资料之一。孙中山曾将此报告书转发给池亨吉、邓泽如等人，文字虽然略有出入，但内容并没有改变。此报告中有多处提及黄明堂、关仁甫、王和顺三人，一为"急催我军首领黄明堂、关仁甫、张德卿速发"，二为"此次德卿仁甫踊跃用兵，发愤进取，而发难之始，则功在黄明堂"，三为"黄明堂、关仁甫为旧日会党首领，张德卿亦著名于广西，今皆聚而为我用，各尽其能"①。虽然未明示三人谁主谁次，但从行文习惯排序来看，应该可以确定黄明堂的主要地位。

另外，笔者还看到有的书附有一份"中华民国南军都督布告"的图片②，内容为七言通俗诗句，共 24 句，表示"布告河口民众，吾等今起义师，推翻满清是宗，建我民国是旨"。其落款加红印均为"黄明堂"，日期为"光绪三十四年五月一日"。从其使用现代标点可以判断其形式是后人伪作。从其使用光绪年号判断，其内容也值得怀疑。因当时同盟会已经很在乎采用什么样方式纪年，同盟会机关刊物《民报》从第 1 期就采用黄帝纪年，同时附公历、日本明治、光绪三种纪年，与 1906 年秋冬孙中山所拟定《军政府宣言》开篇之"天运岁次　年　月　日，中华国民军　军都督奉军政府命，以军政府之宗旨及条理，布告国民"③ 的格式颇不相同。黄明堂发布告的事，从各种记载看确有其事。但布告的样式与具体内容，笔者未找到详细记载，因此，笔者不敢判断此布告为原始文件。笔者读到的，是起义军以中华国民军政府的名义，向各国发布的对外宣言。宣言开宗明义表示革命之目的："本军政府今起国民军，欲推倒现今之清政府，

---

① 《胡汉民之报告书》，载冯自由《革命逸史》第 5 集，中华书局 1981 年版，第 147—153 页。另，孙中山在《致池亨吉函》（1908 年 5 月）中也附有此报告书，见广东省社会科学院历史研究室、中国社会科学院近代史研究所中华民国史研究室等合编《孙中山全集》第 1 卷，中华书局 1982 年版，第 370—372 页。

② 李涛主编：《话说红河·河口》，云南人民出版社 2009 年版，第 64 页。

③ 《中国同盟会革命方略》（1906 年秋冬），载广东省社科院历史研究室、中国社会科学院近代史研究所中华民国史研究室等合编《孙中山全集》第 1 卷，中华书局 1981 年版，第 296 页。

建造社会的民主国家；同时，对于友邦各国益敦睦谊，以维持世界之和平，增进人类的幸福。"因此，"在军政府占领地内之一切外国人民财产，一概保护之"；"在军政府占领地内，外国人于条约上已得之权利皆得继续有效力"；但"外国人若有援助清政府妨害国民军者，国民军即将其认作敌国"；"外国人如以战争用品接济清政府，则国民军立即没收之"①。这份宣言，代表了当时同盟会对对外关系的认识，其中对外国人的竭力保护也曾招致批评，《民报》第 22 期专门登载了《革命军约法问答》，对批评做出回答。批评者称："满洲异族。惟知俛首摇尾以媚泰西。而视皇汉族之裔如草芥。吾党仗义兴师。为民请命。亦有所轩轾如是乎。"章太炎答辩称："言种族革命。则满人为巨敌。而欧美少轻。以异族之攘吾政府者在彼不在此也。若就政治社会计之。则西人之祸吾族。其烈千万倍于满洲。""然以利害相较，则革命军不得不姑示宽容，无使清人白人协以谋我。我军中约法。半为利害。不尽为是非也。"②

另一份原始文件是胡汉民 5 月 13 日的报告书，冯自由以《戊申胡汉民上孙总理续报告云南河口军务书》为题，编入《革命逸史》第六集。因时局动荡，1948 年《革命逸史》前五集出版后，第六集未及时出版，直到 1981 年才由中华书局出版。此报告亦没有明确谁是都督。报告中提及关仁甫在蛮浩［耗］误信柯积臣部百余人"伪降"，在登山攻击时突遭其变，不得已"急走避"，遭遇"小挫"。报告中对黄八（明堂）、张德卿（王和顺）颇多微词，如王和顺未能攻克古林箐，"队出三日，又以粮缺而复返"河口；黄明堂"故技复萌，遇事放弃"，不听从黄兴的谋划与指挥，黄兴"乃如客矣"等。③

四 清政府的档案

清政府的档案，已公布的相关奏折、谕旨、电文等共 80 多份。④ 这些

① 陈春生：《戊申河口起义记》，《革命文献》第 67 辑，第 136、137 页，转引自金冲及、胡绳武《辛亥革命史稿》第二卷《中国同盟会》，上海人民出版社 1985 年版，第 333 页。

② 公是先生问，太炎答：《革命军约法问答》，中国科学院历史研究所第三所编《民报》合订本等四册，科学出版社 1957 年版。

③ 《戊申胡汉民上孙总理续报告云南河口军务书》，载冯自由《革命逸史》第 6 集，中华书局 1981 年版，第 193—196 页。

④ 《云南河口起义清方档案》，载中国史学会主编中国近代史资料丛刊《辛亥革命》（三），上海人民出版社 1957 年版，第 269—320 页。

档案记录了清政府对河口起义的认识与应对方略的基本情况。内中反复提到"股匪"为"孙汶逆党"，且为镇南关败退之"匪"。可是在这些档案中，并没有提及黄明堂是"革匪"统领的事，甚至连"黄明堂"一词也没有明确提出，仅有一处以"黄［王］和顺、黄八、关仁甫等匪，均回河内"的形式提到黄明堂。① 这非常令人奇怪。因为按照冯自由、邹鲁的记载，革命军占领河口，即下令安民，粘贴"中华民国南军都督"黄明堂署名布告，清政府不至于连如此公开的事也不知道。从云贵总督锡良的奏折来看，清政府更加重视分路统军北上的关仁甫和王和顺，对坐镇河口的黄明堂几乎是一无所知。如前引贺宗章的回忆亦说明他并不知道有黄明堂这个大头领。锡良的奏报，有两处特别强调关仁甫为首要。一处是河口起义发生后的第 5 天，即 5 月 4 日，锡良奏报称："查此股匪首为关莿臣、黄和顺，皆孙汶所领大头目。关莿臣者，本曩年滇边著匪，逋逃越南。去年法人曾将该犯与梁蓝泉一犯在越同时拘获，经滇桂两省一再指索交犯，而法人始终未允者也。前据王镇邦探禀，关莿臣仍在越纠党图犯，复又专告法领事，属电越督查办，佯诺而不理。"② 另一处是河口起义被镇压的 11 天后，即 6 月 6 日，锡良转而奏报世增、高尔谦从河口电告起事经过时称："闻起事时，有匪数十，执军械从保胜地面越界前来，攻我营盘……此次匪党风声起时，副督办有照会杜领转告保胜地方官防范。又闻帅座在省亦有照会滇领、警告越南政府。果尔，更非寻常疏忽可比。且匪党既在保胜境内违警犯法，即为彼地方上之罪人，副督办函请夹击，乃以反攻革党相待，自居局外。既据河口，于四月初二日八钟，匪首王和顺骑马捧伪都督印，率党七十名，荷枪排队，由保胜过桥，送交关匪接受。旋即勒索掳掠民商银货无所不至。一经击败，匪首关黄王等仍逃入保胜，散匪多匿越界新坡等处。"③ 如果说 5 月处 4 日的奏报对关仁甫的任职尚不清楚，那么 6 月 6 日的奏报，则非常明确地表示关仁甫为都督，

---

　　① 《光绪三十四年六月初一日外务部致驻法公使刘式训电》，见《云南河口起义清方档案》，载中国史学会主编中国近代史资料丛刊《辛亥革命》（三），上海人民出版社 1957 年版，第 317 页。

　　② 《光绪三十四年四月初五日云贵总督锡良致外务部电》，见《云南河口起义清方档案》，载中国史学会主编中国近代史资料丛刊《辛亥革命》（三），上海人民出版社 1957 年版，第 273 页。

　　③ 《光绪三十四年五月初八日云贵总督锡良致军机处外务部电》，见《云南河口起义清方档案》，载中国史学会主编中国近代史资料丛刊《辛亥革命》（三），上海人民出版社 1957 年版，第 313 页。

且由王和顺亲自送交都督印。此情报是来自随军进占河口的云南提刑按察使世增和云南交涉使高尔谦，他们理应看到革命党的布告。从他们用"闻起事时"开篇来看，他们在河口是调查过的，不至于连革命军谁是都督也搞错。

五 结论

从这些记载中，可以看到最大的不一致处，就在于谁是河口革命军的最主要的头领或都督。孙中山、胡汉民作为遣派黄明堂、关仁甫、王和顺到河口发动起义的人，他们坚持是派黄明堂"主其事"，关仁甫、王和顺只是助手。一般来说，他们不至于搞错。但作为被派遣的关仁甫，却以为自己才是主事人，王和顺、黄明堂只是自己的助手。这已经使人怀疑孙中山、胡汉民内心中虽然倾向派黄明堂主事，但为笼络关仁甫，鼓动发挥关仁甫的潜力，也可能单独对关仁甫说由他主事。问题是，清政府的前方将领贺宗章，亲临河口的官员世增、高尔谦，以及坐镇后方行辕的云贵总督锡良，却都以为关仁甫是革命军都督。这说明河口革命军宣传时，确实是以关仁甫为都督。

证明关仁甫是河口起义最主要首领的，还有一份来自日本外务省档案的材料。据该材料，1908 年 5 月 24 日（四月二十五日），约 800 名留学日本的中国学生，在东京神田锦辉馆召开"中国留日学生全体大会"，声援河口起义。大会把河口起义称为"关仁甫起义"，并做出决定，向国内外宣布云南独立，祈求同胞支援，反对外国干涉。[①] 参加过此会的章炳麟、宋教仁等人在讲话中没有提及黄明堂、王和顺，而是介绍说"云南革命军之首领关仁甫系久居法国之人，此次革命军也是由法领安南进入的。法国对革命军表同情，并提供武器和给予其他方便"。如果他们的信息是来自清政府，他们把河口起义宣传为关仁甫起义并不奇怪。可他们却声称："革命军有关情况亦经由法领安南《民报》社送来，然而大约近一周未有任何通信《民报》社。因为如今各国到处均有通信机关，革命党在法领安

---

① 日本外务省档案，明治 41 年 5 月 24 日，乙秘第 366 号。转引自陈锡祺主编《孙中山年谱长编》（上册），中华书局 1991 年版，第 432 页。另，章开沅等主编《辛亥革命史资料新编》6，湖北人民出版社 2006 年版，第 126—127 页载有同样选自该档案的《云南问题中国全体会之状况》，说会议确定的名称为"云南经营会"，也没有提到"关仁甫起义"，不知是否是选择与翻译问题。

南已为此次起义准备有通信机关。"① 这就是说，在东京的革命党人所得有
关河口起义的信息，不是来自清政府，而是来自同盟会的机关报《民报》
派驻越南的通信机关。这应该是第一手的信息。

如果对东京同盟会如此说法还存在怀疑，以为离越南太远，其情报可
能来自清政府，那么有一份算是亲历者的回忆，可以进一步佐证。这份回
忆的作者是谭人凤。河口起义时，他亲自带数人，从香港起程前往河口增
援，不幸被法方截留遣送。他回忆说："迨王和顺、关仁甫突起于河口，
报载房军望风而溃，声势熊熊。王关本两广绿林中有势力人物，河口又为
滇省要冲，且闻蒙自亦有人谋响应，蒙自一下，即可进窥省城，诚最好机
会也。"② 他根本没有提黄明堂。

还有《关仁甫事略》一文还提供了两个细节。其一为：河口起义失败
撤退，关仁甫到新加坡，于 1908 年 6 月 10 日，谒见孙中山于晚晴园。孙
中山趋前抚其肩而跷其拇指说："汝外表若儒者，而竟勇敢若是，表扬我
革命果敢精神，不愧为革命先锋，论功应居第一！"在座者有陶成章、黄
耀庭、邓子瑜、黄兴、胡汉民、汪精卫等人。黄兴将此役写成小册子，题
曰《革命先锋》，封面绘一革命英雄，手持青天白日旗，跃马前趋，以表
彰关仁甫的忠勇精神。时流亡新加坡的河口起义军余部六百余人因经费缺
乏，生活无着，孙中山指示当地同盟会负责人陈楚楠、张永福、林义顺代
觅工作，遂得在一矿场开石出售。关仁甫任工目，躬自率领，自力谋生。③
其二为：吉隆坡中和堂总理尤烈，邀请关仁甫去参加中和堂并出任副总
理。关仁甫抵达时，中和堂弟兄无一不手持"欢迎关都督"的旗帜到车站
迎接。该文作者为此细节加了个括号注释，说是"指河口起义云贵都督府
副都督"④。殊不知，关仁甫的"云贵都督府副都督"之名，笔者没有找
到任何记载。倒是关仁甫自己回忆称：革命军占领河口后，"即于河口成

---

① 《清国革命党人士谈云南起义》，载章开沅等主编《辛亥革命史资料新编》6，湖北人民
出版社 2006 年版，第 128 页。

② 谭人凤：《石牌词叙录》，载中国社会科学院近代史资料编辑组编《近代史资料》1956 年
第 3 期（总第 10 期），第 38 页。

③ 玉军、壮强、善愚：《关仁甫事略》，《八桂侨史》1992 年第 2 期。此处据《胡汉民自
传》，胡汉民到 6 月底才化妆逃出河内（传记文学出版社 1982 年版，第 28—29 页），故 6 月 10 日
不可能在新加坡，应该排除在座之列。

④ 玉军、壮强、善愚：《关仁甫事略》，《八桂侨史》1992 年第 2 期。

立云贵都督府，及总司令部余与黄明堂王和顺分任之"①。

　　由此可以对黄明堂、关仁甫到底谁是河口起义的主事人，或者说谁是革命军的都督这一问题做出判断：关仁甫确实是河口起义革命军的都督，至少也是一个与黄明堂并驾齐驱的都督，而不是黄明堂的助手。

---

　　①　关仁甫述：《革命回顾录》，载中国人民政治协商会议全国委员会文史资料研究委员会编《辛亥革命回忆录》第 7 集，中华书局 1962 年版，第 247 页。

附录二

河口大事记（1869—1909）

一 1869—1907 年间，同治八年至光绪三十三年

1869 年，同治八年，夏，刘永福黑旗军占据保胜，次年在红河与南溪河汇口的三角洲上建设新街，成为河口的雏形。

1873 年，同治十二年，法国商人堵布益（Jean DuPuis）探寻红河水道。次年，法国迫使越南宣布红河水道可自由航行。

1883 年 12 月至 1885 年 6 月，光绪九年十一月至十一年四月，中法战争。

1885 年 6 月 9 日，光绪十一年四月二十七日，中法签订《中法会订越南条约》（《中法新约》，简称《越南条款》），中国放弃在越南的宗主权，承认越南为法国保护，越南沦为法国殖民地。

1885 年 6 月 25 日，光绪十一年五月十三日，刘永福率所部 500 余人，合并家眷约 3000 人回国，进驻文山县之南溪，9 月 12 日（八月初四日）离滇赴桂。

1886 年 4 月 25 日，光绪十二年三月二十二日，中法签订《越南边界通商章程》。

1886 年 10 月 19 日，光绪十二年九月二十二日，中法签订《滇越边界勘界节略》。

1887 年 6 月 2 日，光绪十三年五月六日，中法签订《续议商务专条》。

1887 年，光绪十四年，云贵总督岑毓英奏准将与越南交界的三府，即迤东道领的开化府（驻今文山州）、广南府（驻今广南县），和迤南道领的临安府（驻今建水县），分割出来，增设临安开广道，驻蒙自县。

1889 年，光绪十六年，蒙自海关正式开关，下设蛮耗、马白（今马关）分关，另在蒙自西门外、河口设查卡。

开设河口电报局，次年（1890 年）开通蒙自至河口的有线电报。

1895 年 6 月 20 日，光绪二十一年五月二十八日，中法签订《续议商务专条附章》，中国允法方将蛮耗分关移至河口，法国驻蒙自领事可派员驻河口。

1896 年 5 月 7 日，光绪二十二年三月二十五日，中法签订《中越边界会巡章程》，规定将中越边界按照与越南接壤的粤桂滇三省分段，建立对汛，双方各派大员会同巡查。

1897 年 6 月 13 日，光绪二十三年五月十四日，中法签订《滇越界约》，完成陆路勘界工作。

1897 年 7 月 1 日，光绪二十三年六月二日，河口分关正式开关。

1897 年，光绪二十三年，清政府正式将临安开广道沿边各地划为对汛区域，以临安开广道道尹兼任对汛督办，"设置副督办二员：一驻河口，分辖龙博、那发、新店、老卡五汛；一驻麻栗坡，分辖茅坪、天宝、攀枝花、董干、田蓬五汛。十汛地以那发汛为极西，田蓬汛为极东。河口与麻栗坡既设副督办，各设营房一所。十汛各设汛房一所。两副督办各带练勇一营，每汛各设汛弁一员、书识一名、汛兵三十名。"首任河口对汛副督办为黄河源。

法国在河口建副领事馆。

1897 年到 1903 年，光绪二十三年到二十九年，蛮耗、河口地区的三点会迅猛发展，涌现出四个大的首领，他们是严效平、曾秀兰、钟五孝（韶）和关仁甫，他们基本上把控了红河的水运护航权。

1899 年，光绪二十五年，王和顺率天地会众起义，转战于柳州、庆远、南宁、思恩、镇安、泗城六府，多次击败清军。到 1904 年冬失败，逃避越南，于 1905 年冬天晋谒孙中山，加入同盟会。

1900 年，光绪二十六年，孙中山首次莅临越南，结识侨商李竹痴、曾锡周、马培生等。

1901 年，光绪二十七年，滇越铁路越南段从海防开始修筑，至 1903 年已修通至河口对岸之老街。

1902 年 12 月，光绪二十八年十一月，孙中山应法国驻越南总督韬美（Paul Doumer）之邀，到河内参观博览会，趁机在越南之西贡、堤岸、河内、海防以及泰国曼谷等地活动，积极吸纳华侨参加革命。

1902 年，回族将领白金柱、哈尼族土司龙济光、富州通判王正雅等部

联合，先后在皈朝、普厅打败会党、游勇武装，到 1903 年初，他们擒斩
"大匪首李二老板"，将滇桂边界的会党基本肃清。龙济光率滇军入桂继续
围剿会党武装。

1903 年 5 月 14 日至 6 月 27 日，光绪二十九年四月十八日至闰五月三
日，周云祥带领个旧矿工攻占临安城。清政府以云南按察使刘春霖为总
统，率兵 50 余营，从通海、蒙自等两路会攻建水，诱杀周云祥等人，平
息此事。

1903 年 5、6 月间，光绪二十九年四五月间，文山县知县贺宗章率犒
吾卡土司龙裕光等部，剿平蛮（耗）河（口）三点会，擒杀严效平、曾秀
兰、钟五孝（韶）等头目。关仁甫败逃越南，谒见当时在越南活动的孙中
山，并加入了兴中会，受命于粤桂滇边活动。

1903 年，光绪二十九年，夏，在日本东京的中国革命党人发表《书周
云祥事》一文，说周云祥是在接受孙中山革命党影响下发动起义的，面对
清军压境，为保存实力，周云祥退居三猛地区。

1903 年 10 月 29 日，光绪二十九年九月十日，中法签订了《滇越铁路
章程》。同日，滇越铁路滇段正式开工修建。

1903 年至 1907 年，光绪二十九年至三十三年，随着滇越铁路开工，
大量人口涌入，河口疟疾大流行，死亡极多，仅滇越铁路筑路工人就死亡
四万多人。

1904 年，光绪三十年，老街通河口的铁路桥竣工。

1905 年 2 月，孙中山在巴黎对法国人表示，目前广西的暴动便是在他
的领导下，由他的党提供基金，由他的拥护者们进行的。广西的暴动两年
来使官兵受困、束手无策。

1905 年，光绪三十一年，广西会党的反清武装斗争已进入低潮。

1905 年 8 月 20 日，光绪三十一年七月二十日，中国同盟会成立。

1905 年 10 月 7 日，光绪三十一年九月初九，孙中山携黎仲实（黎永
锡）、胡毅生、邓慕韩等人离开日本，于下旬抵达越南，组织同盟会分会，
网络会党领袖，争取华侨支持。

1906 年，光绪三十二年，秋冬，孙中山、黄兴、章太炎在东京拟定了
《中国同盟会革命方略》。

1906 年 12 月 4 日，光绪三十二年十月十九日，同盟会会员刘道一等
策动会党龚春台等，发动了江西萍乡和湖南浏阳、醴陵的起义，旋失败。

1907 年，光绪三十三年，春，孙中山带胡汉民、汪精卫、池亨吉等人离开日本抵河内，于河内甘必达街（Gambetta St，越南独立后改称陈兴道街）61 号设立革命军之总机关部。

1907 年 5 月，光绪三十三年四月，许雪秋发动潮州黄冈之役。孙中山称之为"此为予第三次之失败也"。

1907 年 6 月，邓子瑜发动惠州七女湖之役。孙中山称之为"此为予第四次之失败也"。

1907 年 9 月，光绪三十三年七月，王和顺发动钦州、防城之役。孙中山称之为"此为予第五次之失败也"。

1907 年 12 月 1 日至 9 日，光绪三十三年十月二十六日至十一月初六日，黄明堂、关仁甫、李佑卿等发动镇南关之役，孙中山称之为"此为予第六次之失败也"。

二 1908 年，戊申年，光绪三十四年

1 月，因镇南关事，法国殖民当局迫于清政府外交压力，下令驱逐孙中山出境。孙中山于 1 月下旬转赴新加坡。同时，法方拘捕了部分参与其事的中国革命党人，到 2 月，法国方面的情报说，他们拘禁的革命党人共有 58 人。

3 月 27 日，二月二十五日，黄兴率 200 余人进攻钦州发动起义，在钦廉、上思、防城地区转战 40 多天，多次以少胜多，并由此而享誉海内外。

4 月 14 日，三月十四日，关仁甫入河口，召集三点会旧部，运动清军防营，立即就见成效。

4 月 24 日，三月二十四日，胡汉民向孙中山报告河口起义准备情况，说："黄八之件。据其同行者，皆云事已急切，而黄八时上时落，恋色贪财，阻误不细。渠于二十复上，再求助百四十元。然查其人则正以收山兄弟已无伙食，而安南人之允借金者不能践约，营盘中人要求伙食，黄八更无以应，亦不敢再向吾等饶舌。弟以其事之真相及如何供给调度，非得亲信可靠有用之人上不可。仲实适归来，其所得诸经验者不少，因使其于今晨带一千元上，戒以必事发动，方给伙食，事发若有所为，则径直往为照料因粮筹款之事。张翼书以黎上，伊亦应允，如河口果能起事，伊亦往为办外交云。"据冯自由记载，此前胡汉民已派黎仲实、高德亮、饶章甫、麦香泉、梁恩、陈二华等 8 人，前往河口对岸之越南老街设立革命机关，

"预备起义后办理民政及因粮事宜"。但黎仲实当时在黄兴军中，分身乏术，4 月 18 日才由钦州返河内。

黎仲实带款千元赴老街，负责老街同盟会机关，准备河口起义后办理因粮筹款事宜。

同日，关仁甫"闻河口半鹅村骆管带家，有银三千两，适由蒙自解到，因思倘得此银助饷，于事可大有为。乃设计于二十四日夜由老街出发，与马大等率十一人，直破此村，果尽俘获"。这成为河口起义发动的经费。关仁甫向清军许诺，"凡绝清投降，携械至新坡者，即与银一元"。在黄明堂、关仁甫运动下，管带黄体良、守备熊通等军官均同意起义，"清军暗约反正投降者日众"。

4 月 25 日至 26 日，三月二十五至二十六日，关仁甫抢掠骆管带家的事，使清政府名正言顺地照会法方，要求协助缉匪，引渡要犯关汉臣。法方乃查禁老街革命机关所在地，缉拿黎仲实等 8 人，并继续搜查，将关仁甫、翟西铭二人缉捕。还好，法方在审知关仁甫即将举事后，对于王镇邦的引渡要求决定投机取巧，以所抓的是关仁甫，不能证明是王镇邦所求之关汉臣为名，"讵不引渡"。

4 月 28 日，三月二十八日，在当地华商各店户联名保释下，法方将关仁甫、翟西铭释放。不过，为了向清政府表态，法方仍旧扣留黎仲实等 8 人不放，直到 5 月初才按国际法例将他们遣送香港。关仁甫获释，于当夜找到黄明堂、王和顺商议，表示"今明日必须起事"。黄明堂、王和顺已得到胡汉民催促发动的命令，即同意 29 日半夜发动。

4 月 29 日至 30 日，三月二十九日至四月一日，革命军发动起义攻占河口。29 日半夜（已是 30 日凌晨）2 点，起义的枪声打响。由于河口军警多响应，到下午，清副督办王镇邦拒绝投降，被与革命党通款的守备熊通所杀，革命军占领河口城区和周围炮台，建立革命政府。黄明堂以南军都督名义发布安民告示，关仁甫自称云贵都督，王和顺任革命军总司令。

5 月 1 日，农历四月初二日，王和顺骑马捧都督印，率党七十名，荷枪排队，由保胜过桥，送交关仁甫接受。

5 月 1 日和 3 日，四月二日和四月，胡汉民分两次让甄吉廷、黄龙生各带 2200 元急送前方，以催动进兵。

5 月 2 日，四月三日，关仁甫祭旗誓师，"率众数百人，配九响枪四百枝，出发红河以绕攻蒙自"。红河沿岸本是关仁甫过去领导三点会时的活动基地，闻关仁甫率大军来，蛰伏的余部纷纷响应，"清兵闻关某之名，皆纷纷来降"。同日由宁大率一部沿铁路突进南溪，作为先锋队。

锡良电饬临安开广道道员增厚、开广镇总兵白金柱飞调蛮耗、开化防营分道星夜驰援，要求近边各营衔接进扎，又饬白金柱及临安府知府王正雅招募惯战土勇数营以为之继。

5月4日，四月五日，王和顺率主力2000余人的大军北上，会同宁大的部队，收降黄茂兰部，推进到了距河口78公里的白河（今屏边县白河乡）。

清廷电旨：开缺云南布政使刘春霖着加恩以三品京堂候补，派令帮办云南边防事务，所有派往前敌各军均归节制调遣，会同锡良妥筹防剿事宜，遇有紧要军情，准其专折奏事。该员未到差以前，仍责成锡良督率各将领认真筹办，勿得稍涉逶误。白金柱增募凑足5000人为一军。

5月5日，四月六日，锡良奏称兵分三路，迎头痛剿：饬由白金柱亲率新旧各营，由古林箐地方横截而出，以当匪冲。由知府王正雅统领各营，由中路沿铁路而下，遇匪痛击。同知贺宗章统领各营，专剿西路蛮河一带窜匪。前敌三路，均归白金柱总统，随时与南防营务处蒙自关道增厚会商机宜。同日奏请增援：请派龙济光统军，度支部筹款。

5月6日，四月七日，王和顺大军折返河口，王和顺驻南溪。同日分兵一路东进，以袭占古林箐（今马关县古林箐乡）拦阻白金柱部。

5月7日，四月八日，胡汉民向孙中山发出有关河口起义详细情况的报告书。

东路白金柱的姜含章营在古林箐迎击获胜。

西路贺宗章部前锋马廷芳、周国祥两营赶至蛮耗，形成柯树勋、曾国桢、马廷芳、周国祥四营合击关仁甫部的情况，得获大胜。

关仁甫退守新街，化整为零，扰袭清军，清军不敢推进，双方呈现对峙状态。

法国殖民部电令印度支那总督：必要时采取行动，不要使中国政府对我们有任何不安之心，拘捕可疑分子。越南当局遵照此指令，将黎仲实等8人驱逐出境，之后，又在保胜捕获数人。

黄兴赶到河口。黄兴是在5月4日率部属从钦州退入越南先安，接到孙中山电令，于5月5日晚从海防连夜乘火车到河内，向胡汉民了解情况后，即于5月7日晨从河内上火车，经12小时的车程，到老街时已是夜间。黄兴没有敢耽搁，连夜过桥入河口。

清廷电旨广西巡抚张鸣岐、两广总督张人骏、湖广总督陈夔龙、两江总督端方，令广西提督龙济光统率精锐驰援河口，饷械分由度支部和张人骏、陈夔龙、端方迅速设法源源输济。

清廷紧急饬令由镇江、芜湖、九江、江汉、宜昌等海关调拨白银23万两作为白金柱的军需。

5月8日，四月九日，西路清军新军营长周国祥，以柯树勋营右哨官刘某通匪，残杀该哨全部50余人。

5月9日，四月十日，黄兴从河口到河内，与胡汉民商议后于10日再上河口。

5月10日，四月十一日，王和顺率一部革命军发动了对古林箐及附近要隘的进攻，仍未攻克。清军中路军主将王正雅趁机进抵阿白，派谢逢春、李德泳两营暨王正雅从临安募集的邓云广营，顺铁路而下，会合原来的守军向白河攻击。清军居高临下，革命军逐渐不支，只有放弃白河（距河口74公里）撤守三岔河（距河口51公里），且战且退。清军跟进续攻，12日，革命军不得不放弃三岔河而退守地势比较险要的打拉山（距河口约43公里）。王正雅当即禀报说，如果能够将打拉山攻克，"下可进逼南溪，东会合古林箐横出之师，且与西路亦声息相通。已督饬各营力图进取，仍步步审慎，以顾后路"。

5月10日前后，关仁甫自己率二三百人攻入王布田（今金平县城金河镇），找昔日加入过三点会的傣族土司刀治刚求助钱粮。

5月11日，四月十二日，法国拘捕并驱逐了革命党领袖黄兴，并下令对河内到老街的铁路戒严检查。

5月13日，四月十四日，清军东路军统领白金柱进抵八寨，即派营进札普元、水碓湾、大木湾三处，以图进窥南溪。王和顺决定在东路牵制白金柱，以主力击退中路清军，于是再次发起攻势，经两天鏖战，革命军进攻失利，王和顺不得已率部退守老范寨。

5月14日，四月十五日，经两天路程，锡良到通海设行营。清军西路军统领贺宗章到达蛮耗。

5月16日，四月十七日，清军向老范寨猛攻，黄东成等40余名革命军官兵均血战而亡，守住了老范寨。

5月中旬，关仁甫部在三猛土司地区转战，于下旬退入越南，部属多被法方拘禁。

5月18日，四月十九日，法国将镇南关后之役拘禁的中国革命党人60人，遣送到新加坡。5月28日，这批人获释。

5月22日，四月二十三日，清军赵金鉴率新旧各营进占南屏后进攻田房。王和顺乃率王宝才、王文波等300余名将士赶到田房增援，在田房村前左右两山的险要处设防。经过激战，革命军失败，王和顺也负伤，遂退往河口。

王和顺赶到河口，与黄明堂商议。王和顺提出放弃河口而袭取思茅为根据地的战略，得到黄明堂赞同，约定到巴沙（即坝洒）集中。

5月23日，四月二十四日，黄明堂部到下田房被清军击败，退河口，王和顺部亦从南溪退河口。清军中路王正雅乘机督率各营分三股，攻占老范寨，继而攻泥巴黑。东路白金柱部攻击马革寨、龙谷拔寨、马多衣等处，继会攻大小南溪。革命军迭遭攻击而溃散，熊通（熊达卿）不幸中枪而亡。

5月24日，四月二十五日，白金柱部挺进到南溪。王正雅部亦破泥巴黑而进，占车河（距河口29公里），直抵南溪与白金柱会师。

黄明堂、王和顺等人进入越南老街，随即，革命军在何伍（即何护廷，又称何十二）等人带领下，"是夜即弃河口不守，尽携枪炮弹药，分队绕山路进向广南等处"。

赵金鉴、贺宗章率西路清军试探性推进小龙博，并没有遇到革命军。

5月25日，四月二十六日，赵金鉴继续向坝洒推进，仍未遇到革命军抵抗，遂越过坝洒而抵距离河口约15公里的曼峨扎营，不敢往前再进。乘清军中路王正雅与东路白金柱会师南溪，拟攻蚂蝗坡（今蚂蝗堡）之际，革命军从中越边境的林木之间，迂回趋向马白（今马关县）。

5月26日，四月二十七日，清军西路军赵金鉴部入河口，发现河口已无革命军。

5月30日，五月一日，锡良开具请赏名单奏报，包括白金柱等五六十人。清廷于6月3日发上谕照准，并有所提升，"记名提督、云南开广镇总兵白金柱，着赏穿黄马褂，并赏给头品顶戴，换吉里杭阿巴图鲁名号"。

5月30日前后，革命军袭破新店、老卡、小坝子等汛地，马关危如累卵。革命军在此处转战，出没于中越边境近一个月。

6月2日，五月四日，追击的清军同革命军有过激烈交战。革命军不敌又退入越边。清军一路追击过界，造成在越南对汛地飞龙毙伤法越官兵十余人的飞龙事件。

6月14日，五月十六日，法国驻华公使巴思德亲赴清政府外务部面交照会，就飞龙事件提出撤换云贵总督锡良等6项解决条件。11月1日由庆亲王奕劻致函法国公使巴思德，说明已惩办凶手平息事件。

6月16日，五月十八日，越督向法国报告称"骚扰云南的中国革命党人利用山区的复杂地形，瞒过边界监督哨所潜入法国领地，在靠安平社和洱沱的地方集结起两支人数众多的武装队伍。另一方面，大量来自云南的没有武装的中国人进入东京地区腹地"。法方在原来盘查缉拿的基础上，正式下令"使用武力逮捕革命党人并解除他们的武装"，他们明确向清政府表示"我们已派增援部队以保证这些指令的切实执行"。

6月20日，五月二十二日，在宝胜、迤西、班莽地方，革命军与法军交战，枪毙法武官二员，兵丁数十人。

6月26日，五月二十八日，据称，越南船头有法屯两个，被革命军攻破，毙法兵数名，劫去洋银一万有奇。

7月8日，六月十日，清军镇压河口起义的三军总统、开化镇总兵白金柱因病去世。

7月31日，七月四日，奉旨帮办云南军务大臣刘春霖，经两个多月的旅程抵达昆明。

9月，八月，革命军仍在中越边境地区活动。

9月底至10月初，法国人先后将河口起义后被拘禁的中国革命党人600人，分两批遣送到新加坡，由张永福等人垫付每人200元的担保金后获得释放。

10月，八月，到新加坡的河口革命党人，有部分人前往《中兴日报》报社和孙中山住处晚晴园喧闹，要求更好的安置。张永福等人设法安置，陆陆续续介绍一些人到铁路、铁厂、店铺等处工作，剩下的多数人被安置到"中兴石山公司"采矿。后来，这些人中又有许多参加了辛亥革命。

10月25日，九月一日，红河大涨，淹没河口旧街。灾后，对汛副督办许德芬倡议建成新街，即今人民路。

12月20日，十一月二十七日，锡良在《克服河口请奖文武各员折》中所开列的人员清单，武职210多名，文职330多名，合计达540名之多。

三　1909 年，己酉年，宣统元年

1909 年 1 月 4 日，光绪三十四年十二月十三日，《中法交界禁匪章程》（或《中越交界禁匪章程》）签署生效。章程内容五条，是从国际公法的层面，迫使法国撇清与中国革命党的牵连，彻底断绝对中国革命党的支持和同情。这是清政府杜绝革命党可能再从越南进来的法律文件，是清政府自认对法交涉取得的一大成就。

1909 年 12 月 27 日，宣统元年十一月十五日，驻防河口东北约 20 公里处马使克村 3 个哨的清军，由潘广福的内弟、哨弁黄河清等人，发动兵变，有 140 余弁兵以及部分苦力共约 200 人，带毛瑟枪 110 枝，子弹 20 箱（约 2 万发），存饷两鞘，抢百姓马 3 匹驮运器物，于次日凌晨由坝结过界，进入越南。事件很快被平息，参与者多被擒斩。

征引文献

说明：此处只列书中征引过的文献，那些笔者参考过但没有直接征引的文献，一是限于本书篇幅，二为免被误认为有充数之嫌，只能忍痛割舍，敬请这些论著的作者多体谅！

档案史料（含期刊所发档案资料）

朱寿朋编，张静庐等校点：《光绪朝东华录》第五册，中华书局 1958 年版。

中国史学会主编：中国近代史资料丛刊《中法战争》（七），上海人民出版社 1957 年版。

中国史学会主编：中国近代史资料丛刊《辛亥革命》（三），上海人民出版社 1957 年版。

刘萍、李学通主编：《辛亥革命资料选编·第一卷·反清革命》上册，社会科学文献出版社 2012 年版。

章开沅、罗福惠、严昌洪主编：《辛亥革命史资料新编》（1）（6）（7），湖北人民出版社 2006 年版。

王铁崖编：《中外旧约章汇编》第一、二册，生活·读书·新知三联书店 1957 年版。

宓汝成编：《中国近代铁路史资料（1863—1911）》（1），中华书局 1963 年版。

王彦威纂辑：《清季外交史料》第三册，书目文献出版社 1987 年版。

中国史学会主编：中国近代史资料丛刊《中法战争》（一），上海人民出版社 1957 年版。

中国第一历史档案馆、北京师范大学历史系编选：《辛亥革命前十年间民变档案史料》（下册），中华书局 1985 年版。

黄国安、萧德浩、杨立冰：《近代中越关系史资料选编》（下），广西人民出版社 1988 年版。

丘权政、杜春和等选编：《辛亥革命史料选辑》（上册），湖南人民出版社 1981 年版。

萍乡市政协、浏阳县政协、醴陵市政协合编：《萍、浏、醴起义资料汇编》，湖南人民出版社 1986 年版。

蒋永敬主编：《华侨开国革命史料》，台北：正中书局 1977 年版。

中国科学院历史研究所第三所编：《云南、贵州辛亥革命资料》，科学出版社 1959 年版。

中国近代经济史资料丛刊编辑委员会主编：帝国主义与中国海关资料丛编之 09《中国海关与辛亥革命》，中华书局 1983 年版。

全国图书馆文献缩微复制中心：《清代未刊上谕、奏疏、公牍、电文汇编》51，全国图书馆文献缩微复制中心 2005 年版。

中国第一历史档案馆：《光绪三十四年云南河口起义档案》，《历史档案》2011 年第 4 期。

云南省档案馆：《河口起义前后的清政府与法帝国主义》，《云南档案史料》2007 年第 7 期。

中国第一历史档案馆：《清政府镇压孙中山革命活动史料选》，《历史档案》1985 年第 1 期。

相关人物的文集

广东省社科院历史研究室、中国社会科学院近代史研究所中华民国史研究室等合编：《孙中山全集》第 1 卷，中华书局 1981 年版。

黄盛陆等标点：《岑毓英奏稿》（下），广西人民出版社 1989 年版。

中国科学院历史研究所第三所工具书组整理：《锡良遗稿　奏稿》（下册），中华书局 1959 年版。

林绍年撰，康春华、许新民校注：《林文直公奏稿校注》，中国书籍出版社 2013 年版。

湖北省社会科学院编：《黄兴集》，中华书局 1981 年版。

饶怀民编：《刘揆一集》，湖南人民出版社 2008 年版。

刘泱泱编：《黄兴集》第一册，湖南人民出版社 2008 年版。

夏思痛著，王佩良、张茜等编：《夏思痛集》，岳麓书社 2009 年版。

专著

冯自由：《革命逸史》第1、2、4、5、6集，中华书局1981年版。

冯自由：《华侨革命开国史》，商务印书馆1947年版。

冯自由：《中国革命运动二十六年组织史》，上海书店1990年据商务印书馆1948年版影印版。

冯自由：《中华民国开国前革命史》（上编），上海书店1990年据中国文化服务社1946年版影印版。

邹鲁：《中国国民党史稿》第1—4篇，上海书店1989年据重庆商务印书馆1945年版影印版。

邹鲁：《中国国民党史略》，商务印书馆1944年版。

廖宗麟：《抗法名将刘永福》，广西人民出版社1991年版。

廖宗麟：《民族英雄刘永福》，广西人民出版社1997年版。

［英］D. G. E. 霍尔：《东南亚史》（下册），中山大学东南亚历史研究所译，商务印书馆1982年版。

万湘澄：《云南对外贸易概观》，新云南丛书之三，新云南丛书社1946年版。

刘联珂：《中国帮会三百年革命史》，载沈云龙主编《近代中国史料丛刊》（877），台北：文海出版社1976年版。

［日］平山周：《中国秘密社会史》，商务印书馆1927年版。

徐舸：《清末广西天地会风云录》，广西师范大学出版社1990年版。

吴相湘：《孙逸仙先生传》上册，台北：远东图书公司1982年版。

陈锡祺主编：《孙中山年谱长编》（上册），中华书局1991年版。

毛注青编著：《黄兴年谱》，湖南人民出版社1980年版。

石彦陶、石胜文：《黄兴传》，人民出版社2004年版。

金冲及、胡绳武：《辛亥革命史稿》第二卷《中国同盟会》，上海人民出版社1985年版。

［美］史扶邻：《孙中山：勉为其难的革命家》，邱权政、符致兴译，中国华侨出版社1996年版。

邱致中编：《南洋概况》（史地丛刊），正中书局1937年版。

张玉法：《辛亥革命史论》，台北：三民书局1993年版。

张玉法：《清季的立宪团体》，台北："中央研究院"近代史研究所专刊（28），1985 年。

张玉法：《清季的革命团体》，台北："中央研究院"近代史研究所专刊（32），1982 年。

钟文典主编：《广西通史》（二），广西人民出版社 1999 年版。

刘揆一：《黄克强先生传记》，1929 年初版，台北文海出版社 1967 年再版。

文公直：《中华民国革命全史》，益新书社 1935 年版。

贝华：《中国革命史》，1926 年初版，台北文海出版社再版。

左舜生：《辛亥革命史》，中华书局 1934 年版。

陈旭麓：《辛亥革命》，上海人民出版社 1955 年版。

章开沅、林增平主编：《辛亥革命史》（中册），人民出版社 1980 年版。

雷蕾、兰晓丽编著：《黄兴大传——辛亥革命实干家的历程》，华中科技大学出版社 2011 年版。

黎东方：《细说民国创立》，上海人民出版社 1997 年版。

胡绳：《从鸦片战争到五四运动》（下），人民出版社 1981 年版。

尤中：《中国西南边疆变迁史》，云南教育出版社 1987 年版。

李期博主编：《红河哈尼族彝族自治州哈尼族辞典》，云南民族出版社 2006 年版。

罗刚编著：《中华民国国父实录》第 2 册，台北：罗刚先生三民主义奖学金基金会 1988 年版。

回忆录、自传、日记和文史资料

朱正编：《革命尚未成功——孙中山自述》，湖南出版社 1991 年版。

《胡汉民自传》，台北：传记文学出版社 1982 年版。（另中国社会科学院编：《近代史资料》总第 45 辑，1981 年。）

湖南省哲学社会科学研究所古代近代史研究室校注：《宋教仁日记》，湖南人民出版社 1980 年版。

中国人民政治协商会议全国委员会文史资料研究委员会编：《辛亥革命回忆录》第 3、7 集，中华书局 1962 年版。

黄季陆主编：《革命人物志》第 3 集，台北：中央文物供应社 1970 年版。

红河哈尼族彝族自治州政协文史资料委员会编印：《红河州文史资料选辑》第 1、2、4 辑，1982、1983、1985 年。

云南省政协文史资料委员会编：《云南文史资料选辑》第 17、41 辑，云南人民出版社 1991 年版。

河口县政协文史资料委员会编印：《河口文史资料选辑》第 1 辑，1991 年。

政协个旧市文史资料委员会编：《个旧文史资料选辑》第 9 辑，1990 年。

政协金平苗族瑶族傣族自治县委员会编印：《金平县文史资料》第 1 辑，1994 年。

广东省政协文史资料研究委员会孙中山研究室：《广东文史资料》第 25 辑，1979 年。

潭永年编：《辛亥革命回忆录》（下），载沈云龙主编《近代中国史料丛刊续编》第 26 辑，台北：文海出版社 1975 年版。

章炳麟：《民国章太炎先生炳麟自订年谱》，台北：商务印书馆 1980 年版。

中国人民政治协商会议广东委员会文史资料研究委员会编：《广东辛亥革命史料》，广东人民出版社 1981 年版。

地方史志资料

方国瑜主编：《云南史料丛刊》第 12 卷，云南大学出版社 2001 年版。

河口瑶族自治县地方志编纂委员会编：《河口县志》，生活·读书·新知三联书店 1994 年版。

文山壮族苗族自治州地方志编纂委员会编：《文山壮族苗族自治州志》第 1 卷，云南人民出版社 2000 年版。

云南省地方志编纂委员会总纂：《云南省志（卷 33）·交通志》，云南人民出版社 2011 年版。

云南省地方志编纂委员会总纂：《云南省志（卷 1）·地理志》，云南人民出版社 1998 年版。

云南省地方志编纂委员会总纂：《云南省志（卷 80）·人物志》，云南人民出版社 2002 年版。

牛鸿斌等点校：《新纂云南通志》（4）（6），云南人民出版社 2007

年版。

广西壮族自治区通志馆编：《中法战争调查资料实录》，广西人民出版社1982年版。

广西壮族自治区地方志编纂委员会编：《广西通志·大事记》，广西民族出版社1998年版。

云南省历史研究所编：《清实录有关云南史料汇编》卷四，云南人民出版社1984年版。

莫炳奎：《邕宁县志》，台北：成文出版社据1937年铅印本影印。

文山壮族苗族自治州地方志编纂委员会编：《文山壮族苗族自治州志》第1卷，云南人民出版社2000年版。

中国人民政治协商会议广西壮族自治区委员会文史资料委员会编：《孙中山先生在广西》，广西人民出版社1996年版。

云南省水利水电勘测设计研究院编：《云南省历史洪旱灾害史料实录（1911年〈清宣统三年〉以前）》，云南科技出版社2008年版。

广东省政协文史资料研究委员会编：《孙中山与辛亥革命史料专辑》，广东人民出版社1981年版。

张自明修、王富臣等撰：《马关县志》，台北：成文出版社印行之"中国方志丛书·第143号"，1967年据1932年石印版影印。

报刊、论文集资料

中国科学院历史研究所第三所编：《云南杂志选辑》，科学出版社1958年版。

中国科学院历史研究所第三所编：《民报》合订本第4册，科学出版社1957年版。

《申报》1908年。

《中兴日报》1908年。

《论滇事——节录蛰生氏来稿》，《东方杂志》1906年第3卷第8期。

伦父：《十年以来中国政治通览·上篇·通论》，《东方杂志》第9卷第7号大增刊。

朱东安：《关于清代的道和道员》，《近代史研究》1982年第4期。

范德伟：《黄兴与云南河口起义》，《中国国家博物馆馆刊》2011年第5期。

范德伟：《丁怀瑾（石僧）早期事迹考》，《中国国家博物馆馆刊》2012 年第 11 期。

范德伟：《周云祥与革命党》，《中国国家博物馆馆刊》2013 年第 8 期。

谭人凤：《石牌词叙录》；邹永成口述，杨思义笔记：《邹永成回忆录》，中国社会科学院近代史资料编辑组编：《近代史资料》1956 年第 3 期（总第 10 期）。

辛亥革命史丛刊编辑组编：《辛亥革命史丛刊》第 4、6 辑，中华书局 1982、1986 年版。

庄和灏：《列强"襄助"革命的尝试与放弃——以法国与孙逸仙合作为例》，《历史教学问题》2012 年第 12 期。

姜泣群编：《民国野史》（朝野新谭），扬州：广陵古籍刻印社 1995 年据光华编辑社 1914 年版影印。

范德伟、王丽云：《关仁甫与云南河口起义》，《八桂侨刊》2011 年第 4 期。

范德伟、庄兴成：《戊申云南河口之役革命军都督考》，载范建华主编《云南省社科界纪年辛亥革命 100 周年的论文集》，云南大学出版社 2011 年版。

唐湘雨、姚顺东：《再议黄兴与近代粤、桂、滇边起义》，《学术论坛》2007 年第 8 期。

谢本书：《黄兴与云南》，《学术探索》2002 年第 1 期。

郑宪：《中国同盟会革命经费之研究》，载张玉法主编《中国现代史论集》第 3 辑《辛亥革命》，台北：联经出版事业公司 1980 年版。

玉军、壮强、善愚：《关仁甫革命事略》，《八桂侨史》1992 年第 2 期。

后　记

　　对于 100 多年前的河口起义，即使是红河州和文山州的居民，知道的也不算多。在河口，只有小小一间"河口起义纪念馆"会令过往的游客好奇地看上几眼，估计这还是安放在馆旁场地上的那尊大炮的吸引力。游客中的多数人实际上并不知道河口起义是怎么回事。有人进馆参观，看一帧帧的图像和文字说明，或听讲解员讲解，才会知道这里曾发生过如此令清廷震惊的事。两三百革命党人，像滚雪球般裹胁清廷军警，瞬间形成三四千人的队伍。从战争史的角度看，几千人的战役，其规模几乎不值一提。但注意，这不是战争时代的战争，而是和平时代的战争。在因改革、革命等诸多问题而敏感、也深为焦虑的清末，任何风吹草动都会引发风声鹤唳、草木皆兵般的关注。因此，这绝不仅仅是一场难以载入战争史的战争那么简单，还是令清政府心惊肉跳的革命。心惊肉跳也不仅仅是因为从越边冲进来的革命党人，更因自己的边防军摇身一变也成为了革命军。其冲击力度之大，连英国的报纸也评论说："这是自近五十年前太平军造反以来最大的、反对现今皇朝的暴动。"① 这样的冲击力在当时产生的影响，会因为我们对历史的淡忘而忽略。历史就是历史，一旦我们重新认识，仍旧感到惊心动魄。

　　笔者是史学工作者，在蒙自师专——红河学院从事中国近现代史的教学多年，虽然每每讲到河口起义时都会刻意强调河口近在咫尺，但学生似乎并没有太多记忆，除非让他们亲赴起义遗址，他们才会有深刻印象。当然，在相当长的一段时间里，笔者对河口起义的了解也仅限于文史资料上的叙述，主要兴趣和精力是放在抗日战争史方面。随着红河学院明确"地

----

　　① 　关于河口事件的《伦敦和中国电讯报》消息摘译（1908 年 6 月 16 日），载章开沅《辛亥革命史资料新编》（7），湖北人民出版社 2006 年版，第 108—109 页。

方性、民族性、国际化"的特色定位，笔者深感这一定位也应该是自己从事史学研究的定位。既然是搞历史的，总不能对地方的历史一知半解，还不如对中国历史和世界历史那么了解。既然当今史学强调关注社会、关注地方，遂决定多花时间阅读地方历史和民族历史的资料。因为自己兴趣点在近现代历史，于是对地方历史也从近现代入手，河口恰恰是一个只有近现代历史的地方，便对其有了更多的关注，开始收集见到的点点滴滴的资料。此时，笔者有幸参加了庄兴成副教授主持的两个项目，一个是云南省古籍整理委员会的项目《滇越铁路档案资料汇编》，一个是红河州旅游局委托的编写《导游红河》的项目。笔者到河口几次实地调查，又与庄兴成、云南省档案馆研究员吴强、云南省文联李昆以及我校施建光老师一起组团，沿着滇越铁路，探访到河内和海防，对河口起义有了更为直观的感受。随后，王玉芝教授为完成其云南省哲社项目"滇越铁路与滇东南少数民族地区社会变迁研究"，要求笔者写一节"滇越铁路与滇东南少数民族地区革命"，笔者爽快地答应了，而且写成了四五万字的一章，顺带还围绕河口起义写了几篇论文，即《黄兴与河口起义》《越南华侨与河口起义》《关仁甫与河口起义》《戊申河口之役革命军都督考》和《胡汉民与河口起义》。至此，笔者发现河口起义还有很大的研究空间，便想申请个项目支持。

　　对申报项目，红河学院一直很重视，且从采取的鼓励措施来看其趋势是越来越重视。笔者一直热心支持同事们申报，自己却不申报，主要是觉得那些参考选题自己的才学做不了也没有兴趣去做，自拟的选题又很难打动评审专家和项目发放方。看到有越来越多的自拟题目入选，笔者增强了信心，征得庄兴成、王丽云两位同事的同意，组团以"戊申河口起义研究"为题申报云南省哲社项目。该课题获准立项（项目编号：YB2013047），虽在期望中也还是有些小激动。反正有无项目支持都会去做，有项目支持岂不是更好？！做起来才知道，有项目约束对习惯"玩着做学问"（白云教授的谑评之语）的笔者，还是有诸多不适应。

　　项目的目标是完成12万字的专著，经过两年的努力终于超额完成。

　　这两年中，项目组的其他两位成员主要是参与进行一些实地调研的工作，提出一些意见。文献资料的搜集和文稿的撰写，是由笔者担当。考虑到文责自负，自己的水平和能力还有诸多不能令人满意的地方，故没有敢在作者栏加署他们的大名，但我对他们的感激并不因此减少。此外，我要感谢我的妻子和女儿，他们为我的工作一直在默默关注、热心支持！感谢人文学院的领导和同事们的支持和帮助，尤其是前后两任院长路伟教授和张平海教授，他们为我们课题组外出调研、查阅资料提供了方便！感谢学校科技处的领导和同事，他们为项目申报、项目管理默默地做了许多工作！感谢我们实地走访时为我们提供向导并尽可能回答我们询问的每一个河口人！100多年了，他们中的许多人虽然不清楚河口起义的某些细节，但诸多遗迹还需要他们指引。当然，还要感谢诸多从未谋面的网友！在笔者求助某文献资料时，他们积极提供线索，或者直接发过来，或者拍照片贴出来，让笔者省却了许多查找资料的麻烦和时间。没有这么多人的帮助，笔者要完成此研究文稿，几乎是不可能的。

范德伟
2016 年 11 月